国家出版基金项目
NATIONAL PUBLICATION FOUNDATION

馬寅初演講集

（第二集）

馬寅初◎著

山西出版傳媒集團
山西人民出版社

圖書在版編目(CIP)數據

馬寅初演講集·第二集 / 馬寅初著. —太原: 山西人民出版社, 2014.12
(近代名家散佚學術著作叢刊 / 許嘉璐主編)
ISBN 978-7-203-08852-3

Ⅰ. ①馬… Ⅱ. ①馬… Ⅲ. ①經濟學—文集
Ⅳ. ①F0-53

中國版本圖書館CIP數據核字(2014)第289800號

馬寅初演講集·第二集

主　　編　許嘉璐
著　　者　馬寅初
責任編輯　梁晉華
助理編輯　張　潔

出 版 者　山西出版傳媒集團·山西人民出版社
地　　址　太原市建設南路21號
郵　　編　030012
發行營銷　0351-4922220　4955996　4956039
　　　　　0351-4922127(傳真)　4956038(郵購)
E-mail　sxskcb@163.com　發行部
　　　　　sxskcb@126.com　總編室
網　　址　www.sxskcb.com

經 銷 者　山西出版傳媒集團·山西人民出版社
承 印 廠　山西出版傳媒集團·山西人民印刷有限責任公司

開　　本　700mm×970mm　1/16
印　　張　20.25
字　　數　223千字
印　　數　1—3000冊
版　　次　2014年12月　第1版
印　　次　2014年12月　第1次印刷
書　　號　ISBN 978-7-203-08852-3
定　　價　45.00圓

《近代名家散佚學術著作叢刊》編委會

出版説明/

近代名家散佚學術著作叢刊選取一九四九年以後未再刊行之近代名家學術著作共一百二十册，編例如次：

一、本叢書遴選之著作在相關學術領域具有一定的代表性，在學術研究方向、方法上獨具特色。

二、爲避免重新排印時出錯，本叢書原本原貌影印出版。影印之底本皆經專家組審定，原書字體大小，排版格式均未做大的改變，原書之序言、附注皆予保留。

三、本叢書分爲八大類，以作者生卒年編次。

四、爲使叢書體例一致，本叢書前言後記均采用繁體字排版。

五、個别頁碼較少的版本，爲方便裝幀和閲讀，進行了合訂。

六、少數學術著作原書内容有個别破損之處，編者以不改變版本内容爲前提，部分進行修補，難以修復之處保留缺損原狀。

七、原版書中個别錯訛之處，皆照原樣影印，未做修改。

八、所選版本之抽印本頁碼標注，起始至所終頁碼均照原樣影印，未重新編排標注新頁碼。

由於叢書規模較大，不足之處，殷切期待方家指正。

總序／

披沙瀝金，以爲鏡鑒

◇許嘉璐

多年來有一個問題始終在我腦中盤桓：爲什麽在十九世紀末到二十世紀初，在短短的幾十年裏，中國的各個學術領域竟涌現了那麽多大師級的人物？這是中國近代史上一個極爲重要的現象，我認爲，如果不能給出令人滿意的答案，我們撰寫的近代學術史將是不完整的，甚至是缺乏靈魂的。後來我知道，著名人類學家克羅伯曾提出過一個問題：爲什麽天才成群地來？看來這種現象的出現並非中國所獨有，思考其所以然的也大有人在。而在那一次世紀之交中國的情況，似乎應驗了「天才成群地來」這個令克氏久久不解的疑問。錢學森先生曾從相反的方向提出了相同的疑問：爲什麽我們這個時代出現不了杰出人才？後來人們稱這個問題爲「錢學森之謎」。

要回答這些疑問不是件容易的事。與其迅速地囫圇地探尋，不如先多了解那些讓中國近代學術（應該包括人文科學和自然科學）史上閃耀着光輝的大師們的作品和自述，從而在腦海里盡量「復原」他們所處的環境和在那種環境下的心理路徑，從中或許可以得到一些啓示。

有一點是顯然的，這就是他們雖然都已遠離塵世而去，但是他們獨立思考的品性、求知治學的真誠、困厄窮愁中對節操的堅守，恐怕是他們共同的主觀因素，一直影響到現在，而且將會永遠留存下去。

就思想界、學術界而言，二十世紀上半葉是一個新説和舊説碰撞，中學和西學融匯的大時代。那時的學人極爲重視言行操守，同時具備現代知識分子的理想信念；他們的學術研究十分純净，絶少功利因素；他們的視界開闊，以包容的心態和嚴謹的風格造就了成果的大氣與厚重。至於在客觀因素一面，他們實際是在用工業化時代的事實解説着太史公所説的名山之作「大抵聖賢發憤之所爲作」，困厄苦難使得他們「皆意有所鬱結」。這種鬱結，幾乎和個人的名利毫無牽涉，他們永遠不能釋懷的，是民族的存亡、國運的興衰、民衆的福禍和文脈的續斷。

那個時代也是近代歷史上最大規模的中西古今學術調適、創新的時期，學術方法上的交互滲透和融合、創新亦可謂「於斯爲盛」。斯時之學人是要在封閉的屋墻上鑿出窗子的勇士，是使人能够看看外部世界的第一批導夫先路者；或者可以説，他們是在「意有所鬱結」時「彷徨」和「吶喊」的「狂人」。

相對於那時的哲人們，後來者是幸運兒。現在的形勢是，近三十年來學界空前繁榮，衆多學科有了長足之進，其中很重要的一點是學界有了更新穎、更廣闊的國際視野，似乎接續上了百年前的學壇盛事。但細想想，「古」與「今」還是有差别的。其异，主要不在於世界情勢、學術進展、工具改善這些客觀存在，而在於在廣泛吸收各國優長的同時，自身文化的主體性越來越受到重視，換言之，「拿來主義」已經延長了「拿來」的程序，加上了試用、甄别、篩選、吸收、融合、成長。就我孤陋所見，在當今地球上，面向所有異質文明，努力汲取我之所缺，其範圍之大和心態之切，似乎無出中國之右者。從這個角度説，我們已經超越了前輩。但是事情還有另外一面，學術，特别是人文學科，其職業化、「沙龍化」和功利性，以及隨之而來的浮躁病却嚴重了。從這個角度説，是不是我們已經後退得够可以的了？而這是不是我們這個時代出不了大師的原因之一呢？

民國學術界的特點之一是極爲注重對傳統的反省、批判與繼承。他們對傳統文化盡最大的努力進行整理和研究。一方面，由於戰亂頻仍，民不聊生，學者們擔起了讓中華文化薪火相傳的歷史責任；另一方面，他們要通過對中國傳統文化的整理、挖掘來重振民族自信心。這一時期對傳統文化進行整理的全面而深入是前所未有的，舉凡文字學、語言學、經濟學、法學、哲學、政治制度、書法繪畫、金石學……規模之宏大，研究之精微，令人嘆爲觀止。

民國學術推動了現代學科體系的建立。在對傳統文化整理和研究的基礎上，吸收西方的文化思想和理念，推動和建立了中國現代學科體系。例如，在對語言文字和音韵學成果進行整理、研究的基礎上開始着手規範之，建立了國語學；深入研究書法、國畫，將其融入了現代美術學科；在廢除舊有學制後逐步建立起小、中、大學較完整的科目和學科體系。

民國學術也改變了傳統學術方式，建立了新的研究範式。以現代科學考古爲發端，科研的實踐和成果使中國知識界真正認識到在實驗、比較基礎上的邏輯分析對學術研究的重要，推進了中國學術的一大演變。至於我們常説的打破士大夫傳統、走出書齋到田野鄉村和市民中進行調查研究、結束了經學時代、以歷史眼光檢視儒學和諸子等等，都是確立新學術範式的努力。這一轉變，也標誌着中國學術界脱胎换骨，全面進入了現代，爲此後的學術發展奠定了堅實的基礎。當然，西方啓蒙運動以來，在「現代性」和「現代化」裏潛伏着的缺陷和謬誤也傳到了中國，這些不能不在前哲的著作裏留下痕迹。這並不奇怪。類似的情况，古往今來孰能免之？猶如今天的我們，誰敢自稱我之所見就是永恒的真理？在這個問題上兩個時代所異者，或許就在昔時大家創立新説或譯註西學著作，往往是懷着對學術和前哲的敬畏而爲之，故而常常誤不在我；當今則往往出於對學問和他人的輕蔑，或以所研究的對象爲謀己的工具，因而難辭主觀之咎吧。翻閲他們的心血之作，這些復雜的狀況可以顯見，可以視之爲我們的一面鏡子。

滄海桑田，世事變幻，歷史的動盪和時代的遮蔽，使當年許多大師的一些極有價值的學術著作被棄於故紙堆中，不能不令人有遺珠之憾。爲此，山西人民出版社不惜以數年之艱辛，披沙瀝金，編輯出版這套近代名家散佚學術著作叢刊，凡一百二十册，計文學、史學、政治與法律、美學與文藝理論、民族風俗、宗教與哲學、經濟、語言文獻共八大類别。所選皆爲作者之純學術著作，無論是其見解、精神，抑或是其時代烙印，都是後輩學人可資借鑒的寶貴財富。他們出版這套叢書，意在讓世人不忘來程，知篳路藍縷之不易，爲民族文化的傳承再增薪木。

出版社的初衷，與我近年來所思所慮近似，故願略述淺見於書端，以與策劃者、編輯者和讀者共勉。

二〇一四年七月六日

改定於自安東回京途中

前言／精神、历史与事实

◇樊綱

中國古代不乏有趣和重要的經濟思想，但是就形成知識體係的理論或「學説」而言，中國現代經濟學的發展是從嚴復一九〇一年引進翻譯出版英國人亞當·斯密的國富論（一七七六）（當時譯爲原富）開始的。就是説，是從學習西方開始的。也屬於一個落後國家學習與追趕發達國家過程的一個組成部分。

從原富出版（以至更早時期天演論的翻譯和出版），到辛亥革命前後至五四運動時期，中國應該説是發生了第一次思想解放的進程，也就是中國的啓蒙運動，學習研究西方發達國家的科學技術、政治社會理論和人文思想，進入了一個新的時期。在大約半個世紀的時間裏，「大師」成批地出現，進入了一個學術研究的繁榮時期。除了大量翻譯西方的著作，中國人自己的經濟學研究力量也逐步形成，並逐步運用現代的理論和方法，來研究中國的社會、中國的經濟，用現代方法進行的實地調查研究，也多有發生。雖然有連續不斷的內戰和抗日戰爭，學術研究却仍在繼續，陸續出版了許多專著和論文。我們這些在「文化大革命」後才進入學術領域的後人經常會好奇：那麽一個戰亂的時代，那些前輩怎麽還在做研究？怎麽還能做研究？每當看到一本那個時代出版的泛黄的「故紙」，一定是仰慕之情油然而生。

也許正是因爲戰亂，因爲當時的落後與貧窮，許多著作出版了，又散落了。有的没有得到應有的傳播，有的研究被打斷，無法産生大的影響。現在山西人民出版社將一些不大爲人所知和没有再印的散佚經濟學著作收集出版，既是拯救，也是發揚。用現在的眼光看，有的著作也許「淺顯」，但這些著作的價值和從中我們可以學到的，其實首先在於以下的一些東西：第一是精神，那種不求世俗功利，出自好奇心在亂世中探索真理的風骨；第二是歷史，我們中國人的思想史，我們現在學的這些東西是如何從外面舶來而在中國的土壤上生根和發展的；第三是事實，是那一輩學者在艱苦的環境下記録下來的當時和以往的事件與史料，這些已經不可復得，但却是我們在研究近現代中國經濟發展的整個進程時不可或缺的。

一代人有一代人的使命，也有一代人的局限。翻閲古籍，令我們思考我們能爲這個國家、這個民族、這個世界留下哪些遺産，我們的後輩將如何評價我們？

二〇一四年八月二十一日寫於深圳

作者簡介

馬寅初（一八八二年—一九八二年），浙江紹興嵊縣（今嵊州市）人，中國當代經濟學家、教育學家、人口學家，曾擔任南京政府立法委員，新中國建立後曾歷任中央財經委員會副主任、華東軍政委員會副主任、重慶大學商學院院長兼教授、南京大學教授、北京大學校長等職。他一生專著頗豐，特別對中國的經濟、教育、人口等方面有很大的貢獻，有當代「中國人口學第一人」之譽。

馬寅初演講集第二集目次

馬寅初演講集第二集

以科學眼光觀察中國之財政與金融

十三年三月在北京法政大學演講　　姚志崇　尹文敬　筆記

中國目前，無論何事，都是亂七八糟資料雖多毫無系統，最好吾人用科學方法來整理。從前的學者，未始不把各種事實着手整理；惟其所用方法，不甚完備，所以收效極少。前次鄙人在清華學校演講，其中有一段說：『吾人今日讀外國書只須懂其學理爲已足，因他們所講學理，乃用科學方法，分析條理而成。』吾人研求學理，不厭其深，只厭其淺。或謂高深學理，在中國毫無用處，此言確有見地；但惜乎未澈底明白求學之道耳。夫吾人之學問，而爲應用，當然要迎合社會的心理，處於現代之中國，飽學之士，固無所施其才，然此種豺狼當道，不辨是非之狀況，是一時的，是偶有的，將來社會組織改進，飽學之士，當然有所借重。即使退一步而言，吾人欲整理數千年無上價值之資料，也非有高深之學理不可，足見高深學理，到底有應用的地方。今天的題目本定講『中國公債問題』，繼想目下中國之財政與金融，紊亂不清吾人不妨用科學眼光，來觀察他的內容；至於公債問題，也包含在內，一舉兩得，豈不美哉？

近年中國政費之來源，大概有三種：(一)租稅，(二)公債，(三)紙幣。第一第二兩項來源，乃財政範圍內的事情，第三項係金融範圍內的事情。國家發行公債，以爲彌補軍政各費之用，將來當由租稅歸還，此財政範圍內事也。市面發生恐慌，銀行可多發紙幣來救濟，此金融範圍內事也。本來金融是金融，財政是財政，二者不能混而爲一。惟當國庫空虛，政費奇絀之時，政府當局籌款之方法，往往逾越財政界限而侵入金融範圍，此種『飲酖止渴』之政策，前鑑不遠。然而財政當局仍不顧利害，軍政費之款項專在金融界上籌畫者，厥故何哉？蓋亦大有其原因在也！

國家在財政困難的時候，欲增加租稅，頗爲不易，卽使辦到，也往往引起人民的怨恨，於政府大有不利。蓋人民所納稅金，其來源有二：第一節省用款，第二借債。令人民省衣縮食，以納租稅，已非所願；設一無可省，而必賴於舉債納稅，不但人民方面不願，卽貸者方面亦有所不願。大概銀行放款的用途，總在生產方面，而不在消費方面，因爲生產而借債，則將來有實在的貨物可以償還，在貸者方面無一些危險，卽使有之，也屬偶然，無論如何，必定比較貸款於消費者穩當得多。國家增加賦稅，是否爲生產，抑爲消費，係另一問題。不過在人民方面而論，納稅不是生產，確是消費。故增加租稅，卽使人民肯舉債多納；但有誰人敢於貸款呢？是以國家增加賦稅，極爲困難，此種情形，非但中國如是，英美各國，亦莫不然。因此當局鑒於加稅之困難，只有發行公債，以救一時之急需。當歐洲大戰時，美國的費用，取之於加稅者，不過佔全額三分之一，取之於公債者，佔全額三分之二。英國之所費，取之於加稅者，不過佔全額四分之一，取之於公債者，佔全額四分之三。大約人民對於公債，以其能還本付息，當作購置產業，不但富力有餘者，願意購買；卽富力無餘者，亦願舉債購買。而銀行對於此種放款，以爲非消費，乃生產，故樂於貸出。並且美國的銀行對於政府公債，不能拒絕收受，經此規定，公債之發行，更爲容易。因此政府籌款的方法，與其增加租稅，取怨人民，不如發行公債，取悅人民。其實在人民利害方面着想，購買公債，與增加租稅相同，不過名義稍異耳。試述其理由如下：國家加稅之用途，往往在戰事爆發時，為間接的採辦食物和購置器具等用；但一國之生產，只有一定限度，雖有種種方法，可以增加其數量，不過為數極少，照馬爾塞人口論，世界有人多物少之趨勢，所以在平常時候，要求分配平均，已覺困難；況且在戰爭時候，工廠停止，勞工減少，兵額擴張，殘廢增多，此種情形，皆為生產減少，消費加多，物價騰貴，生計困難之最大原因！況其一鎗一彈，消耗不知凡幾，而被炸的地方，其損失又不知凡幾。故國家發行公債之用途，施之於戰爭，究竟是一種消費，即使戰爭終止，和平恢復，然而勞工死了，大礮放了，所有實在的東西，毀傷殆盡，則公債所代表之物，已化為烏有，是國家為戰爭而籌款，在人民方面，購買公債，和多納租稅，同屬消費，不過手段稍異而已。所以鄙人主見，以為發行公債，不如增加租稅，蓋增加租稅，雖為直接剝奪人民一部分的財產；但人民必設法節省一部分的財產，以應納稅之用，於社會幸福，並無大礙。倘以公債為籌款之法，人民視公債為財產，不願節省其他消費品，所有浪費，一如昔日。其實公債所代表者，名為財產，實一紙片，所謂財產者，乃已經消耗於鎗林彈雨之中，化為烏有矣！

德國對於此次戰爭，以為操有必勝的希望，半年之內，可以結束，所有損失，都可取償於敵國，故只須發行公債，不必增加租稅。法國人民，因負擔已重，不願多付租稅，所以政府籌款，亦只有發行公債。依上述數國而論，英美人民，既買公債，又負重稅，愛國之熱忱最切。其他各國國民，雖不願多付租稅，然而購買公債，尚稱踴躍，亦不可多得。若夫中國，則租稅既不願多付，公債又不願購買，其中原因，是否國民缺乏愛國心，尚是疑問。職是之故，政府往往因財政之困難，侵入金融範圍，多發紙幣，蓋除此以外，別無他法可以籌款矣。

現在吾人所應研究者，乃中國國民何以不願多付租稅與購買公債？在歐美各國政府，增加租稅，與發行公債，都在對外戰爭的時候，所以人民因愛國心的驅策自然竭盡義務，至於中國則不然，政府增加租稅，與發行公債的用途，不在外患而在內亂，破壞社會的組織，危及人民的生命，試問政府此種用度，誰肯負擔？其實政府濫發紙幣，受害仍在人民，紙幣一多，物價騰貴，人民對於必需品，惟有可以節省者節省，其結果與增加租稅，募集公債，名異實同，是以中國政府之濫發紙幣，實在是間接的濫增租稅。

現在就中央財政而論，關餘因與整理基金與金價漲落有關係，不能充當政費，故不必計算，其他如煙酒稅，依民國八年預算，年收不過一千六百餘萬元。營業稅中普通商業牌照稅，特種營業牌照稅等，皆有名無實，只有煙酒特許牌照稅，當稅，牙稅，尙有可觀，然而三項合計，也不過四百五十萬元。礦稅收入，爲數極微，而轉嫁單據的印花稅，也無幾許，至於現代世人所認爲最公平之所得稅，尙未完全施行，民國十年曾經專設機關，入手辦理，當時以此項稅收十分之七辦教育，十分之三辦實業，先在京師試辦，繼續推行各省，後因各機關欠薪過鉅，不願在所得幾成現金內，再扣此稅，董康長財政時，以此項機關費用浩大，幾至入不敷出，下令裁併，去年（十二年）該項稅收不過八千元，以此支付辦事人員之薪金，尙且不夠，試問於政府財政，有何補益？鄙意以爲所得稅，確是良稅，因爲牠根據人民的能力，用累進方法徵收。考中國徵稅用意，取保護主義，所以多受政府保護者，多納稅，少受政府保護者，少納稅，因此馮玉祥，吳佩孚等武人，自統兵權，不需政府的保護，可以不必納稅；而中等人家，因沒有一兵一卒的自衞，只有納稅，此種稅制，未免不平！再就徵稅方法而言，中國向用比例制，其缺點也多，如富人有千畝之田，每畝所納之稅率，與貧人五畝之田每畝所納之稅率相等，如此是使富者日富，貧者日貧，貧富階級愈殊，社會安寧愈難。所以稅制之良否，關係很大，鄙人前次演講『中國財政根本問題』言之頗詳，可以參看，今日恕不多述。

政府既不能增加舊稅，推廣新稅，自不得不募債，以圖自救，故年來中央政府，屢思發行公債，以充政費。但是國會方面，不與通過，銀行方面不願承銷，於是財政當局，用欺騙手段，發行國庫券，假使不經某報揭破牠的眞相，恐國會方面至今未明國庫券與公債的區別。國庫券的發行，在各國法律上，不須經國會通過，而公債則非經國會通過，不能發行。因公債亦是直接增加人民之負擔，而國庫券乃一種權宜之計，於人民負擔無關也。政府於歲收不旺，支出極大之時，必須發行國庫券，藉以維持政事的進行，而以日後收得之稅收償還之，所以期限很短，利息極微。在吾國法律上，規定承銷庫券，照額面付款，不折不扣，利息最高至七釐半，年限不得過一年，此次財政部擬發崇關國庫券（以崇文門關稅作抵），照額面九八承銷，利息八釐，並先扣一年利息，期限五年，名爲庫券，實則一變相的公債也。當局明知二者之區別，大不相同，然而所以妄用國庫券的名稱，是利用國內人士對於財政知識，尚未明瞭，掩耳盜鈴，其計極巧，吾輩研究經濟學，對於此種問題，是當以先覺覺後覺，以先知覺後知，所以報紙雜誌上的發表意見，乃我輩分內的事，決不可淡然視之。

政府既不能加稅，又不能募債，豈肯坐以待斃，勢非另行設法不可，其法維何？卽發行紙幣是也。現在各省省立銀行，如春筍怒發，一日千里，考察牠們的營業，皆在濫發紙幣。例如省政府向牠借款一百萬，此百萬之款，乃紙幣而非現金，於是政府以紙幣發軍餉，而軍人以紙幣購物件，如鄉民拒絕不用，則又恐丘八擾亂地方，或竟出於搶刼，兩害相形取其輕，所以只有忍痛收受之一法。當局者察知百姓之心理，以爲增加租稅，不如發行公債，發行公債，不如發行紙幣。蓋公債之購買，多在豪富，或其他團體，數目集中，倘不能還本付息，必引起嚴重交涉。至於紙幣，用於四鄉，散在民間，銀行不兌現時，未必結合團體，作強項之抵抗。因爲省銀行的背後，就是有實力的軍閥，所謂省銀行者，卽省當局之斂錢機關耳！所以他們希望紙幣之流行，愈遠愈妙，愈多愈好，例如某甲以中國銀行的鈔票一萬元，向河南省銀行所分設之漢口分行，匯款於鄭州某乙，當時漢口分行將收入一萬元之中國銀行鈔票，立刻向中行兌現；而某乙在鄭州所得的一萬元，却是河南省銀行之紙幣，此卽他們在漢口吸收現洋，在鄭州多發紙幣之最好方法。又如湖南一省，受紙幣之害處最深，所以近年的紙幣，已經絕跡了，乃此次趙恒惕和譚延闓開戰，趙氏求援於吳佩孚，要求資助餉銀，於是吳氏囑託河南督軍張福來，設法籌措，張氏遂將河南省銀行之鈔票，付予趙氏，於是湖南省中又發現遠從河南來的鈔票了。該省人士，因受害已深，起而抗拒，然到現在，尙無解決之法。又如陝西富秦銀行所發銀票亦如是，陝省流通之貨幣分現銀票銀兩種，當初發行票銀時，每兩概作十錢紋銀計算，後來因財政拮据的影響，限制兌現，於是票銀價值，頓時大跌，每兩票銀，跌至六錢以下。目前省當局，通飭各處禁煙局，對於徵抽煙捐，每十兩中搭收票銀三兩，不過此三兩票銀，不能實算，須有折扣，計每兩票銀，規作六錢，一班錢商得到此項消息後，大行收買，所以近日票銀價值，較前稍高。又如四川省的軍用銀票，以該省造幣廠餘利作抵，造幣而想到餘利，用意已屬不正；況以造幣餘利作紙幣的擔保，試問該廠所造貨幣，其成色尙能合法嗎？現聞該省當局，囑公濟錢莊負兌現軍用票之責；不過公濟錢莊之股東，不肯交股款，所以該省官錢局，只有將印就之銅元票借於公濟股東，使其繳股，公濟收得股款之後，可以銅子票兌換軍用費，以票兌票，實爲罕見。諸如此類，難以盡述，這種層出不窮的紙幣，實爲中國將來極難解決之問題，此種問題，影響於其他問題極大。此次上海一埠，所以不敢廢兩用元者，卽恐銀兩一去，紙幣增加，現銀碼頭，忽而變爲紙幣碼頭，實爲一件極危險事情。欲免此種危險，除非把財政與金融明分界限不可。鄙人極望當局諸公及早覺悟，否則愈鬧愈糟，將來着手整理，決非易事！

據以上所述，知政府籌款方法只有三種：卽(一)加稅，(二)募債，(三)紙幣是也。第一種英美兩國行之，但兼用第二種。(英國亦兼用第三種，但爲數不多) 第二第三兩種，德，法，俄等行之。是美爲最優，英次之，德，法，俄等又次之。今日之中國，既不能用第一種，又不能用第二種，惟第三種是賴。在表面視之，第三種與第一種，似迥不相同，但一經研究，則二者如出一轍。蓋紙幣者，租稅之代替品也，故謂之間接租稅；不過間接租稅之弊，實遠過於直接租稅，如不吾信，請申吾說。

紙幣能代替租稅，又可以數量說證明之：例如國中原有紙幣九百萬張，其總值爲三千六百萬元，是每張等四元 $\left(\frac{9,000,000=\$36,000,000}{1=\$4}\right)$。設政府因增稅募債，均遭反對，乃增發紙幣三百萬張，則國中共有紙幣一千二百萬張，但其總值不變，仍爲三千六百萬元，是每張等三元 $\left(\frac{12,000,000=\$36,000,000}{1=\$3}\right)$。照原有紙幣額九百萬張，以每張等三元計算，則其總值減少四分之一，變爲二千七百萬元 $(9,000,000\times3=27,000,000)$ 計減少九百萬元（原來的總值是三千六百萬元），此數爲誰取去耶？即政府也。是政府不啻無形中增加四分一之稅矣。設政府再增發紙幣四百萬張，共一千六百萬張，每張之值只等二元二角五分$\left(\begin{array}{l}16,000,000=\$36,000,000\\ \quad\quad\ \ 1=\$2.25\end{array}\right)$，而原額一千二百萬張之總值，又減少九百萬元（$4,000,000\times2.25=9,000,000$）政府又不啻增四分一之稅而取去現金九萬百元矣。今設政府再增發紙幣一倍，則國中共有紙幣三千二百萬張，而每張之值只等一元一角二分五釐$\left(\begin{array}{l}32,000,000=\$36,000,000\\ \quad\quad\ \ 1=\$1.125\end{array}\right)$。由是觀之，紙幣逐漸增加，則其總值逐漸減少；總值減少，即人民對於國家之輸納加多。換言之，增發紙幣，即增加租稅也。

政府以紙幣代稅，其利益有四：

（一）紙幣易於普及　政府若加稅，必先調查人民之產業，不動產如房屋田地等，固可按照抽稅；但屬於動產部分之財產，如銀行之存款，購買之公債等等，政府不易調查，勢必有隱瞞脫稅之弊。在紙幣則流行市面，無論何人，均分有幾張，即無論何人均已加稅，故發行紙幣較加稅易於普及。

（二）發行紙幣手續簡單　政府若抽稅，必先設立機關，雇用人員，調查財產，手續殊爲繁重，而經費之支出亦多。在紙幣則除少許印刷費外，即可發行，較之加稅手續殊爲簡便。

（三）人民不覺其苦　政府加稅，乃直接增加人民之負擔，人民必感受痛苦，而起反抗。若紙幣之發行，雖與加稅無異，但係間接增加負擔，人民尙不覺其苦。即如北京銅子票，市民之負擔，何止鉅萬，然一般人並不因此而感多大痛苦也。

（四）紙幣易於磨滅，政府不完全負收回之責　紙幣發出，流通市面日久而磨損敗壞，以至於無價值而自然消滅。故政府發行紙幣，不若募集公債之尚須收回。

以紙幣代替租稅，在政府方面固有種種之利益矣；然在人民方面，則其害尤大於租稅也。蓋增加租稅雖係剝奪人民一部分財產，然與社會之安寧秩序，尚無大礙。設濫發紙幣，勢必驅逐現金銀於流通市場之外，激起物價之騰貴，商業民生，兩受其害。吾故曰：與其濫發紙幣，莫如增加租稅也。

讀第五屆銀聯會議決各案隨抒我見 十三年四月二十七日申報

各地銀行公會所合組之銀行聯合會，在不知實情者視之，以爲係一個強有力之團體：對內可以促公共事業之進行，對外足以抵外力之侵犯。乃默察其過去之成績，則歷屆會議所議決各案，除會計科目名詞審定案與整理內債案二者外，餘皆視同具文。一般代表奉命赴會，照例攜帶各項議案，一到開會地，則或遊名勝，或赴宴會，忙碌異常，大有應接不暇之勢。至前數屆會議議決各案，必如何可以實行，則未有一言及之也。鄙意以爲銀行界最不正當之營業，爲有獎儲蓄，跡近賭博，婦女老幼受其害者不可勝數。數年前，鄙人曾作『有獎儲蓄之害及其推算方法』一文，登於北京大學月刊，京內外各雜誌，均有轉載，該文痛陳有獎儲蓄之種種弊端，預料數年之後，必有極不良之結果。今則果不出吾所料，試問存戶歷年繳入之款今何在乎？第四屆銀聯會有鑒於此，曾提出議案，呈請政府設法禁止，但一年以來，未見有何等成績，禁者自禁，辦者自辦，本屆銀聯會亦未加追究，一任其自由，則今日何貴乎有此聯會，當初何必有此議案？

今年銀聯會所議決各案，其最關重要者，厥維上海之銀洋並用問題與上海造幣廠問題。此兩案之目的，皆在廢銀用元，固爲今日當務之急。雖然，欲整理吾國幣制，固須統一硬幣，尤須統一紙幣，且紙幣之流通力與其弊竇比較硬幣奚啻倍蓰，今銀聯會祇注重於硬幣之統一，而置紙幣於不顧，如之何其能收統一之效也。不寧惟是，今日之紙幣有官發者，如湖北之臺票，東三省之官帖；有私發者，如各銀行之兌換券。前者已至於濫，而猶增發不已，後者已各走極端，今尙競發不已。種類各異，名目繁多，已呈五花八門之象。政府對之，既無法禁止，銀行公會又無權干涉，長此以往，必有霹靂一聲，同歸於盡之一日，泰西濫發紙幣之故事，歷歷可考，盍一研究及之耶？

今日銀聯會之提案，似以爲硬幣比較紙幣爲重要，故硬幣非歸於統一不可，紙幣則可聽其自然。此種見解，極爲妄謬，一旦上海造幣廠成立，規元果然廢去，則銀洋必起而承其乏，試問該時滬上之鈔票，將達到何等程度乎？規元固係一種贅瘤，然於混雜貨幣之中，尙有一種極大之功效，即規元可以充當試金石是也。凡百貨幣，無論良惡，一經試金石之化驗，未有不露其本來面目者。於是良惡可分，危險可免，吾固贊成廢兩用元者也，歷年拙著多注重於此。然廢兩用元，必有附帶之條件，與紙幣亦有連帶之關係，今祇對於規元施其攻擊，而對於紙幣則一字不提，不但不提，而且競發，吾未見其可也。

欲統一吾國幣制，不僅上海造幣廠所能奏效，蓋造幣廠成立之後，成色重量，固能劃一，易得中外人士之信用，殊不知各省之造幣廠，皆在軍閥掌握之中，各省財政當局，皆以幣廠爲利藪，無一不可冒上海造幣廠之名，私鑄輕質之銀洋，混雜其中，使之當滬幣行使。試問滬廠有何方法可以使滬幣不致爲外省所冒鑄？冒鑄之後，一經查出，有何權力可以禁止外省不再冒鑄？如向中央政府呈請設法禁止，試問命令不出都門一步之中央政府，有何力量使之服從？吾故曰，欲統一吾國幣制，固須實行自由鑄造，尤須注重紙幣與各省之造幣廠也。

中外救濟銀根緊急方法之不同

十三年一月十三日在北京民國大學演講

姚志崇筆記

中國金融的恐慌，可否用外國所用的方法來救濟，確是我們讀經濟學者必須研究的問題。據鄙人歷年在金融界上考察的結果，知道處於現在中國金融制度的下面，是斷不可抄襲外國所用的方法，來救濟市面。倘若將來制度改良，信用昭著，當然可以照歐西的先例辦理。爲什麼呢？等鄙人先舉泰西的金融狀況和救濟恐慌的辦法，略爲談談。諸君知道了他們的內容，就可以明白他們的方法應用於現在中國的金融狀況是極不相宜的。茲僅舉英國的救濟方法，以例其餘。

(甲)英國救濟金融的方法

(一)英國金融狀況　英國票據交易很是發達，普通授受都用票據支付，這種票據是定期付現的。銀行對於定期的票據，在未到期前，可以隨時用現金收買，不過扣去未到期日子的利息，這種辦法叫做貼現。譬如說銀行以一年六釐的利率買進千元三月期的期票，從票面額內扣除十五元的利息，以九百八十五元的現銀付給票據所有人，所以叫做貼現。但是人民在平時已慣用票據，非到金融恐慌的時候，不願用重笨的現金，因此一方面把未到期的票據至銀行貼現，一方面又將貼現所得的現金存在銀行。

商業銀行帳

貼現	$1000.00	存款	$985.00
		利息	15.00
	$1000.00		$1000.00

即如上面所記的帳目是銀行付貼現一千元，收存款九百八十五元，利息十五元，存款人到用的時候就可以簽一張支票叫銀行在九百八十五元存款項下撥付，因此支票流行區域極廣。雖則有時此項支票立刻回到銀行，但是在銀行方面也只多費一番轉帳手續，所以在英美各國商業愈發達，應用票據愈多，應用票據愈多，銀行貼現營業愈盛，貼現營業愈盛，銀行存款愈多，存款愈多，支票授受也愈廣。這樣看來，支票應用的多少，根據於商業的盛衰，商業盛的結果，就是應用支票多的原因，應用支票少的原因，就是商業衰的結果。有伸有縮，很覺自然，對於硬貨多少可以說沒有關係。但支票非不兌現之物，如有人欲以支票換現金，在英國可先以支票換英蘭銀行鈔票，復以鈔票換現金。在美國可以支票換政府所發之紙幣，復以紙幣向政府換現金。在中國應用票據習慣尚未養成，所有出入都用現銀收付，況且中國的造幣廠，一般軍閥視爲絕好的營利事業，當市上銀洋需要極旺的時候，加工鑄造，以便從中取利，等到銀洋需要減少的時候，因爲無利可賺，停止鼓鑄，雖則幣制法規訂定法貨都可自由求鑄，但是紙上空談，人民沒有享過此權利，所以要求硬貨的增減其難一。再以用銀而論，所謂大條

銀子多由外國輸入，逢着銀底缺少，急須補充的時候，往往有遠水救不及近火的苦痛，所以要求市面硬貨的增減其難二。因此營業盛，現銀不見其多，營業衰，現銀不見其減，社會金融缺少一種彈力性，在供過於求的時候，貨幣價值下落，在求過於供的時候，貨幣價值上漲，忽漲忽落，捉摸不定，所以在平常時候，金融界已經有不妥的現象，假使一遇意外發生恐慌，更是難於收拾。

（二）英國救濟金融恐慌之辦法　英國銀行制度取集中主義，一般商業銀行上面，有一個中央銀行，世界上有名的英蘭銀行，就是英國的中央銀行。（中央銀行下面，是普通銀行，商業銀行也是普通銀行之一，今為便利計，特以商業銀行為例。）凡普通的營業，如貼現，存款，放款，匯兌等事，多是商業銀行辦理。至於中央銀行的事業，為經理國庫，發行紙幣，保管商業銀行的準備金。假使金融界遇着恐慌，中央銀行出而維持，因為普通商業銀行的營業準備金，在恐慌的時候當然不敷，於是把買入的匯票向中央銀行重貼現。不過說到此處，諒諸位有疑惑的地方，就是市面金融缺乏的時候，商業銀行既受影響，中央銀行亦當波及，為何此時的中央銀行尚有救濟別人的能力呢？我們要解釋這個問題，不能不回想我上面所說的中央銀行，有發行紙幣的權力，所以在恐慌的時候，中央銀行就可以多發行紙幣，救濟市面。這種紙幣因為中央銀行信用可靠的緣故，人民使用視同硬貨，因此金融恐慌的時候，不須用眞實的金銀來救濟市面，只要中央銀行多發一些紙幣罷了。不過中央銀行發行紙幣的數目，英政府亦有一定的限制，在一千八百四十五萬鎊以下可用保證準備，就是以政府欠款與內國公債等來做兌現準備。假使發行紙幣在一千八百四十五萬鎊以上，所超過的數目，須用正貨準備，就是以金幣及金塊爲兌現的準備，這樣辦法，可使中央銀行不能濫發紙幣，兌現基金確實牢靠。不過在恐慌變起，信用墜地的時候，通貨需要勢必增加，中央銀行苟無正貨準備，不能多發紙幣。是法律制限，有不能應市場急需的弊病，幸而英政府早已想到此層意思，所以每在恐慌發生，通貨缺乏的時候，就以行政命令停止銀行條例。在這個時期內，銀行可以在一千八百四十五萬鎊制限額外，多發紙幣，不需現金準備，這是救濟恐慌的取巧辦法。但是所有制限額外發行所得的利益，悉數納於政府，如是一則可免制限額外發行的太濫，再則可使通貨需要一旦減少，額外發行即可收回。其實此種額外發行的事實，都不致實行，因爲恐慌初起的時候，非但急於需款的商人情願增高利息，以求借款，即使目前不急於需款的商人，恐怕銀根愈緊，日後即出高利，也許無款可借，故急於借入。所以相激相蕩，恐慌愈甚，假使停止銀行條例的消息一經傳出，各人恐慌的心思可以消滅，市場金融漸趨平穩，不必實行增發，這是英國救濟金融恐慌的辦法。（此指平時而言，戰時情形當然不同。）

（乙）中國救濟金融的方法（與英國不同）

（一）現在中國內地商人用紙幣的用意　照上面所述而論，英人救濟銀根緊急方法，是預備多發紙幣。我們如回想到中國，在銀根緊急的時候，可否多發紙幣？目前中國的金融情形，在緊急時候，非但不能多發紙幣，並應將已發的數目，預備收回，使他減少，是和上述的英國恰巧處於相反的地位。爲什麼呢？等我把中國商人用紙幣的用意來證明。例如張家口是西北的重鎭，大概包頭，歸綏，豐鎭的土產都要運到張家口變賣，當時他們欲得的貨價很願接受紙幣，不過他們的接受紙幣是一時權宜之計，不是眞實的歡喜，他們的用意大概有兩層意思：

(1)帶了現洋走遠路非但笨重，並且容易爲強盜所刦，其他若運輸要費尚屬小事，現在要免去以上的危險及運費，那是攜帶紙幣要便利的多。所以他們一到了故鄉，就把所帶的紙幣，到當地銀行去兌現。(2)中國幣制沒有統一，所以一般奸商看見兩地洋釐的不同，知道有時以甲處的現洋運到乙處去用，或者以乙處的現洋運到甲處去用，可以賺錢。但是用現洋轉運，難免上述的危險及運費，不如攜帶乙處的紙幣到甲處去兌現使用，較爲便利。是銀行發行紙幣，好像專爲一般奸商盤剝洋釐的取巧手段。

(二)中國鄉人所以不要紙幣的原因　(1)貨幣效用在於流通，現在我國內地的人民消費程度極低，他們的慾望除日常生活必需品外，不需別的東西，所以他們的經濟，很有自足經濟時代的風味。往往把所餘的生產品，運到各處變賣，假使把變賣得來的貨款買進外貨，(外埠的貨物，非一定是外國貨)那是用現洋和用紙幣同。但是因消費程度太低的緣故，他們對於收得的貨款，不需購入外貨，只有貯藏地窖。惟其爲藏貯，紙幣不能貯藏，現洋可以貯藏，當然使一般人民只要現洋，不要紙幣。(2)我國紙幣發行極濫，不論那一種銀行，只要有幾個督軍或總長董事，就可以請給發行權，而幣制局一則礙於情面，再則錢可通神的緣故，貿然批准。然而這種銀行資本雖少，但是放款極多，這種放款多用紙幣，一遇擠兌風潮，勢必停兌，或竟倒閉，銀行自身信用，露出弱點，那是如何使人信用呢？因此銀行紙幣在通商大埠，尚能流通自如，在內地人民，簡直一概拒絕。(3)我國銀行紙幣準備半是公債，現在中國的公債，其中有許多的價格，不到票面額十之二三，即使有幾種公債，以關餘作擔保，但是關餘作保，亦非可靠。爲什麼呢？(A)所有中國海關稅收，都以抵押外債，在債權各國用金，在中國用銀，往往金價趨漲，銀價下落的時候，關銀收入抵押外債外，不見有餘。(B)所有短期外債，當初訂約的時候，雖則不用關稅作抵，但屢次爽約不還，或使債權人憑藉國際上的勢力用種種方法奪取關稅中之一部份。(C)近年來國內政爭的關係，使南北分裂，於是各在勢力範圍內的關餘任意提用，近如南方的孫文提用關餘之舉，已引起國際上的干涉，能否提取，尚有問題。倘然孫氏此舉有成，其他不受北京政府命令的東三省和浙江必起而效法，又將如何是好。照(A)而論關餘究竟能餘不能餘亦無一定，照(B)(C)而論，卽使有餘，然因償還短期外債和各省武人之自由提用，結果無餘。是關餘作保的公債，尚不可靠，其他不言可知。試問以公債作紙幣兌現的標準，前途當然很是危險，無怪人民，不加深信。從此看來，鈔票在平時流通，已無相當的信用，在恐慌時出而救濟金融緊急，那能可以。

(三)多發鈔票不能救濟金融　東三省人口不多，物產豐富，所以對外貿易出過於入，現金只有流入，沒有流出。不幸去年歲收欠登，對外貿易受一極大的打擊，然而沒有別的事情發生，尚能支持，不料日本震災，東京橫濱變成灰燼，欲圖復興，所有食料木料以及其他一切必需品等都要仰給外人。東省物產既富，價又極廉，幷且與日本接壤，運輸更爲便利，東省商人預料該處出口貨必定大增，出口貨增，日金流入必多，日金流入一多，金價必跌，於是乘此機會紛紛抛出期貨，以便日金跌落時補進，以圖利益。不料日本儲存的糧食，該時尚敷分配，木料亦不必亟亟買進，而正金朝鮮兩銀行預知一般商人的心理，早有準備，屆時非但日金不跌，幷且稍漲，一般投機家只有忍痛補入，以便屆時交割，損失甚鉅。滬上商人察其虧耗，於是對於債權，坐索函催，急如星火。然而現在的東三省幾乎成爲一個紙幣區域，平日授受，都用紙幣，但是這種紙幣，只能通行於三省範圍以內，其他各省當然不能流通，所以對於滬商貨款，不能不買申匯（上海規元匯票）以償。乃此次申匯因求過於供的緣故，每百元匯水漲至九元，而東省直接運現銀到上海，每百元運費不過七元，是申匯匯水，竟超過現金輸送點至二元以上。商人與其買申匯還帳，不如直接運現洋還帳的便宜。但是東省的金融，既成爲紙幣區域，如要現金，除非以鈔票至銀行兌現外，沒有別的方法。於是銀行方面就發生兌現的風潮。此時的銀行，既沒有充分的準備，又不能拒絕兌現，救急方法只有以鈔票折價買入申匯，以便由滬運現來滿。譬如滬上商人欠東省某甲貨款若干，或者某甲有款若干存在滬上銀行，於是東省的銀行知道某甲有申匯可以賣出，就將額面百元的鈔票作九十元的價格，買進申匯。這樣辦理，在銀行固然以爲一時救急方法，不知道某甲取去的鈔票，不久卽須回籠。有時滬上現洋尙未運到，而鈔票早已回行，是兌現風潮仍就接續不罷。假使再用鈔票折價的方法，然而此項鈔票去而復來，來而復去，銀行損失，爲數一定不少。所以爲銀行安全計，在平時少發鈔票，在金融恐慌時非但不能多發鈔票，且將已發的鈔票準備收回，否則鈔票愈多，恐慌愈甚，是中國今日的紙幣，非但不能救濟銀根的緊急，并且亦爲中國金融恐慌的絕大原因。這種情形不獨東三省如是，其他如四川，湖南也都如是。今再以長沙與太原證之。

湖南是產米的省份，長沙是湖南聚米的地方，不過目前該省的金融多用硬貨的現銀，至於鈔票，因爲前幾年流毒太深的緣故，人民牢牢記着，不願使用。所以各處米商要到長沙買米，不能不在漢口地方搜羅現銀，以便運往。但是漢口的銀幣亦有一定的數目，并且現在湖北的造幣廠因爲鼓鑄銀幣無利可得的緣故，改鑄銅幣。是銀洋來源幾已斷絕，所以此項銀洋，一經運入長沙後，在漢口市場缺少一部份現銀，以爲流通銀底一虧，恐慌的現象立時發現，補救方法不能不求助於上海。在平常時候，上海的金融或許有救人的餘力，不過在銀洋用旺的時候，未免有自顧不周的地方，并且金融狀況千變萬化，即使有餘力救人的時候，但是一旦有意外事情發生，恐慌又將何如！是漢口金融恐慌的結果，往往累及上海的金融，這種情形，都是市面金融缺乏彈力性的緣故，亦是不能用鈔票救急的緣故。

山西中南路一帶（如祁縣，太谷，平遙，洪洞，運城，介休，交城，晉城等處）爲棉花出產之區，每年天津，漢口商人於秋冬兩季紛紛派人前往辦貨，但往往不帶現洋，空手而去，一則可以節省運現之費，二則可以免除運現之險，三則可以在各處察看市面情形。如市價合算，決定收買，否則，空手而返。收買之時，即向山西當地錢商以津漢匯票換得現洋，大約現洋九百八十元，可以換得津漢匯票一千元，其利甚厚。於是利之所在，趨之若鶩，太原（省城）商人均紛紛運現出城，收買津匯或漢匯，不得不將市面上流通之鈔票，持向發行銀行兌現，銀根頓緊，但不能再發鈔票，以救其急，蓋鈔票愈發，兌現者愈多故也。

（四）結論　據上面所講而論，是中外銀根緊急的救濟方法，恰巧成爲絕對的反比例。但是凡百事情，不是絕對的，是相對的。鈔票在歐西能夠爲救濟銀根的緊急方法，不定是絕對的不可能，大概能不能的問題，關係於信用制度的好不好。信用制度好。鈔票就可以當做救濟恐慌的辦法，信用制度不好，鈔票是不可當做救濟恐慌的辦法。在中國如是，在外國亦如是。現今德國的紙馬克和法國的紙佛郎，牠們的價格比較大戰前竟一落千丈，假使目前這兩國的金融發生恐慌，試問再可以用紙馬克紙佛郎去救濟市面嗎？

近來中國各處的金融，多有不安的現象，尤以上海爲最。因爲上海是全國商業的中樞，也是全國金融的中樞，所以無論何處發生恐慌，沒有不牽及上海。我人爲上海金融安全計，和免除全國金融恐慌計，一方面收縮鈔票，務使已發的紙幣都有充分的準備，使人民信用漸漸堅固，一方面幣制統一，使籌碼一多，金融流通愈易，且中國將來幣制統一，亦須假道於此。不過此事入手，在國民的自動，本來社會的進步，都賴人民善意的自動，那是不但金融界如是，近年來國內的人民知道目今的政府不可靠，都躍躍欲動，雖則這種自動，善意有，惡意也有，不過比較的善意多於惡意，未始非社會進步的好現象。

中國何以如此之窮 十三年五月十七日在北京平民中學演講

童蒙正筆記

我們來講『中國何以如此之窮』，這不是今天一時所能講完的。今天所講的，只就普通所應當知道的來說一說。

依照經濟學原則，世界上任何物件，在一定情形之下，是有限制的，如海裏的水，是很多的，憑你如何去飲，都飲不完，所以沒有價值。但是在城裏呢，就發生價值，因爲城裏水少，而需要量大。又如空氣是沒有値價的，任何人都可以儘量的呼吸，但是在一暗室之中，這空氣就可寶貴了。再如米之所以貴，都是因爲供給少需要大的緣故。因爲有這個需供的限制，所以我們對於一種物件，須得有個經濟的使用法，就是應當先用在要用而急要的地方，不要用在不要而不急要的無謂濫費。這也就是經濟學上最大的一條原則。

譬如山薯在歐戰時節，德比兩國非常缺乏，一個人一天能够得到二三個，已是很好了，然而在中國有些地方多得不得了，都拿來餧猪之用。這就是因爲多的緣故，所以發生濫用。我們來考察中國何以如此之窮，大概也可以歸納到如下的兩個癥結：(一)物品少；(二)濫用。

物品少而又濫用，所以物品尤其少了，因此弄得一天窮似一天。我現在先以家庭作比，來說明這個情形。中國是家庭制度的，一家之內，由一家長作主，家內所需要的米，布，菜肉等等，統由家長一人主持辦理。米是人人要吃的，布是人人要穿的，這是一天不可少的需要品。做家長的人在這些地方就要先有個經濟的預算，先購辦那一天不可少的需要品。有餘時，然後再來購辦那些魚肉之類，如其不然，不管米布重要不重要，儘先購買那些魚肉吃的爽快，將來米缺乏，布沒有穿的時候，如何過日呢？所以這是做家長的最要注意的地方。在這種家庭，大家做大家吃，大家穿，沒有你多我少，虐待種種事體。也可以說是家庭共產。但是到了四五代不分，家庭共產就很難維持了，做家長的人，也不易主持一切，因爲人多分配上總有些不很公平之處，不公平，於是發生噪亂，何況子孫的慾望本來少同多異，做家長者自然不能強之使同，這是事實上屢次給我們的證明，所以我們也就此可以得到如下的兩個斷語：

(一)家庭共產之難維持；

(二)物品少用途大，不能不有經濟的使用法。

以上是以一個家庭來說明一家內有一家長來支配一切用途，那末在社會上又是如何呢？誰來作主分配呢？論理是大總統，然而大總統是不能指揮個個人去買食買穿的。但是社會上也有個主持者，替大家適量去分配一切。這主持者是誰，就是物價。譬如喝茶一般，有買茶的能力，那就去買，沒有買的能力，那就不喝，可以用開水種種來作代替品。然而有些人是一定要喝茶的，非買不可，但是總不能不受物價和購買力的限制。又如中國的樹木，是很少的，因此外國樹木很多的輸運進來，東三省樹木雖然比較的要多，但是他們亂伐濫用，在哈爾濱一帶，竟以木當煤用。又如津浦一路，樹木很少，又不曉得去種植，以致外國樹木輸運進來。中國樹木最貴的是楠木，楠木所以貴，一則是因爲他的質好，二則是少的緣故。若是因爲楠木好，人人都想拿來造房屋製器具，那自然不夠分配了。於是有物價來限制，有能力買得起的人買去用，沒有能力買的人可以用另外的樹木來作代替品。這物價在社會上限制一切，正如家庭內家長主持一切的一般。

但是受這種物價的限制，總是不公平的。譬如山薯的市價，無論買者爲赤貧或豪富，到處一樣，但貧民是拿來當飯吃，富人拿來餵猪餵馬之用。這兩種的比較，自然人吃要緊，餵猪餵馬次之。但是在社會上不能如一家內有家長如此的公平分配，所以貧人不能不受物價的委曲了。因爲富人有錢，可買山薯餵猪餵馬，貧人就是自吃都沒有能力去買。在這種情形之下，就感覺貧富不平的苦痛了。所以有人說，現在社會制度是不人道的，因之有共產主義種種的出現，我們中國近年來許多人提倡這種主義，把蘇維埃列寧的學說儘量的傳播過來。

不過我們在這些地方，尤須仔細考量一下，前面說的共產是家庭共產，然而到了三四代也就很難維持。社會共產雖經俄國這一次的試驗，但是不幸也終歸失敗。因為行了共產之後，有些人儘管吃，不管做，或是做而不用力，主持的人也沒方法來監督全國個個人的工作，因此也就發生不公平的了。猶如一家之內，長子拚命去做，二三子儘好喫，還要嫖賭，那做長子的人，自然也不願意去做了。所以俄國列寧感覺到這種情形，也就無法維持，只得允他們去做。做的所得，歸他們自己所有，於是共產仍舊變為私產。我們中國又是如何呢？論起實業教育，統統沒有俄國的完備，俄國已是失敗了，中國跟着去實行，結果如何，可想而知。

那末，用甚方法來救治呢？我們觀察國內的情勢，和各國歷史上所演來的事實，覺得比較切實而又可行的，還是均產制——也名均富——就是使富者不致於很富，貧者不致於很貧，大家都在均富之中過生活。實行均產方法，最重要的是稅制，各稅之中最重要的，是所得稅和遺產稅，現在略述在下面。所得稅普通可分三種：

(一)勞働所得稅　就是征收勞働者勞働所得的稅，如教員，各機關辦事員等，總照這類稅征收。

(二)財產所得稅　就是征收財產中所得的稅，如不動產的地租房租等，動產的公債息股息之類。

(三)遺產所得稅　就是征收繼承遺產的遺產所得的稅。

以上三種，第一種人是最苦的，憑勞心勞力去謀得生活，所以對於這類人的征稅，應當從輕。第二種人就不然，他們以前雖然用了方法得到財產，可是現在不勞而獲，坐收房租，地租，息票等等，這是社會上很不公平的事，所以對於這類的所得稅，應當重征。第三種人是最便宜的，他們的所得，既不費了心，又不費了力，在前又沒有任何種方法去取得財產，這是完全因他人死了，藉一點親屬的關係，把他的財產承繼過來，無異一種意外之所得，所以對於這類稅，更當重征些。我們看看現在中國的所得稅，是怎樣的，行算是行了，可是第二種第三種反而沒有，現在所行的，僅是第一種，這不是暗幫富人的忙，而明來壓制貧民嗎？

除此以外，所行的田賦，鹽稅兩種重要賦課，貧富人都是一樣征收，鹽照斤征收，田照畝征收，固是所征數目有多少不同，但是富人如此計算並不覺什麽，而貧人卻就很痛苦了。所以這種制度，根本上有改革的商榷，改革最要的原則，就是依照累進法多征富人的稅，我們把這些稅用來作社會的事業，如辦平民學校，病院，圖書館等，使得平民都有受知識的機會，人民有了知識，凡事就好進行，那要國強，也就容易了。

不過中國的貧富階級和外國相比，總還算是平均的。在歐美各國，幾百萬的家私並不算得什麽，而在苦的人呢，家無立錐之地的多得很。但是在中國有幾百萬，確就做富翁了。至於鄉間呢，有二三萬的家私，已經覺得了不得，而大多數人就財產所得，也就可維持過去。不過這裏要知道的，中國人所得的富和外國人根本上有不相同，外國人所得的富，大半是經營實業得來，而中國人大半是貪賄來的。所以對於這種富人我們尤其是要反對的，且講這些富人是誰：

(一)從前和現在的官僚：

(二)現在的軍閥。

中國人做了官，做了督軍巡閱使的，沒有個不滿載而歸。經營實業致富的，可以說不可多覯。中國實業經營最大的，是紗廠麫粉兩種，確是近兩年來都大敗特敗了。所以我們要求救中國的貧窮，并不須要共產，還是要如何去實行均產。實行均產第一步，就是如何去打倒貪賄的官僚和淫威的軍閥，我現在再作一個比較，來證明軍閥官僚致中國貧窮的情形。比如東三省有一商人，向官銀號借銀一萬元，官銀號付他一萬元數目的紙幣，商人收了紙幣，到鄉間收買荳子，收買之後，輸至上海販賣，以期得到利益。假設荳子在上海全數賣出了，所取的價銀，存在上海某某銀行，但是商人欠官銀號這筆款，是要還的，而存在上海某某銀行的銀子，不便搬運，且又不合算，於是只好將銀子賣給官銀號，官銀號又付出紙幣；商人就將前欠數目奉還，此時商人所餘的，自然贏利了。而在這一輾轉之間，銀子已變爲官銀號所有。是以紙幣換來的好了，於是張作霖來了，向官銀號說，你一萬兩銀子先借我用，自然官銀號那能不依從呢。諸位知道張作霖拿去作甚用，購買軍械去了——這裏要知道的，紙幣不能使在國際間，只能在國內使用，國際的買賣，非得現銀不可，所以購軍械須用銀子——試問軍械買來作什麼?可供一般人民的消費，還是可供一切的生產，不但無益，而且正是害人的東西。我們知道東三省所要振興的事業很多，如辦機器墾田畝，辦學校，造森林等等，都是急切很重要的。依照經濟學原則，應當先用在要用而急要的地方，不要用在不要而不急要的無謂濫費，現在把供不應需的銀子，購買無益而有害的東西，自然要加倍的損失了。張作霖如此，各軍閥也要如此，所以中國也就漸漸窮了。

軍閥的財源，不僅在紙幣一端，截留國稅，擅發債劵，亦是籌款的不二法門。強有力的大軍閥，如張作霖，吳佩孚等，且佔據鐵路，不肯放鬆，所有鐵路收入，理應充造橋修路基金之用的，亦移作軍餉。此外一般第二等軍閥，因無鐵路可佔，遂從事於私販鴉片，並獎勵鄉民，改種罌粟，而一般無智的鄉民，因種稻不如種罌粟之有利益，遂相率盲從，以致有用的資本肥澤的地皮，不用於應急之耕種，乃用於有百害而無一利之栽植。社會生產的能力，於以日殺國計民生，也皆受累了。

軍閥既以現銀購買軍械，且競爭購買，如海參威俄國軍械與意大利軍械等案，鬧得滿城風雨，但是這不過還是海關上偷運破獲的一二，其餘沒有破獲的，定然更多，所以軍閥前常有外人作攬售軍械的生意。然而就我們所知道的糜費軍械的損失，已是大大不堪了，這還是直接的，間接的遺害更是大了，且略述一二如下：

軍閥向外人購軍械，而軍閥的小兵又偷去賣給土匪，（此層北京晨報所載之匪窟生涯一篇言之綦詳，）所以中國年來匪亂四起，有兵的地方就有土匪，實在兵匪已是一樣而無分了。社會因之擾亂，人民不得安寧，有資本的不敢投資，一切實業因以停頓，工人也就失業了，學校也弄得關門，畢業學生也沒有事情可做。所以社會上儘見些上等與下等流氓。女子呢，也因經濟的壓迫，不得不去賣皮肉生涯，到了這步田地，還有什麼人格，還有什麼道德，這是何等的傷心事啊！人格既失，生產力又減，中國於是愈窮了。

以上是說軍閥的害，至論官僚呢，所遺的毒，雖然沒有軍閥的大，可是爲害也在不小。他們只管個人的利益，不管人民如何，做了官，政事可不講，地皮不能不先來刮一刮。人民打官司的，呈請的，只要運動費多少，運動費投得上，標官司無有不勝，呈請無有不准。別的且不說，這次外商對於商標法的抗議，就可以知道了。因爲外人在中國所造貨物，所用的商標須得向中國當局註册批准，所以對於管理商標的人，非常重要，外人此次反對最力的，就是要求商標法內訂定須用外人管理，我國不承認，現在還在堅持中。外人反對最烈的，要算英美兩國，他們怕的：一則恐有人喜假冒商標，攘奪他人製造貨物的權利；二則中國官僚靠不住，如冒用者施用運動費，那就不堪聞問了。這是關係於買賣貨物利權很大的，其餘如關稅，郵政等等，所以統統都被外人藉此名義管理去。

總說以上各節，中國的窮，窮在軍閥的濫費，和官僚的貪賄，需要的東西漸漸不夠，所以一天窮似一天。要救濟這種窮決不是共產主義所能辦所能舉行的。目前急切進行還是推倒淫威軍閥和貪賄官僚，第一步防止他們購買軍械，省耗無謂的濫費，第二步平治各地土匪，第三步實行均富方法，然後漸漸達到均富的社會，這就是我們所希望的了！

歐戰後之貨幣

鄒澤焯筆記

貨幣之為物，變化萬千，雖同屬一種貨幣，而今日與昨日不同，甲地與乙地亦異。歐洲大戰，牽動全球，為空前所未有，貨幣之變化，自有莫名其狀者。如戰前美金 $4.8665 = 英金 £1 有一定之比價，戰後則變為美金$3.90 = 英金 £1。至於德之馬克，戰前為馬克 20.429455 = £1，戰後則其變化幾不可以數計，7,500,000 = £1，前後之差，奚啻千萬倍。戰後貨幣之變化，既知其梗概，而於其影響之所及者，亦當考察其情形，方符於現社會之要求，而吾人之研究貨幣，庶幾有用於實際。茲將其影響所及之三端分述於後，以明其情形，亦以見貨幣光怪陸離之態也。

（一）戰後貨幣之影響於投資者　戰前各國之投資 (investment) 者視公債票，股票，以及各種有價證券，如同土地一般，以其每年可得五六釐左右之息金，無危險之虞，而又有一二百年之經驗各項票劵之流通性較之土地爲優，復可任意移轉。故一般富有金錢者，無不盡量投於各項票劵，貧者雖無大量之資財，而以零星儲蓄方法，亦可由銀行間接投於公債以及各種證劵。因此不論貧富，皆有投資之所，則奢侈之風不開，而消費減少。戰前歐洲各國國民經濟之發達，蓋以此也。迨夫戰爭一開，各國政府，大發紙幣，以充軍需，全國皆紙幣，焉能維持其價值。於是發行愈多，跌價愈甚，直等於廢紙一般。投資者還本付息均以紙幣，豈不將數十年之蓄金化爲烏有耶？投資者受此打擊，當然裹足不前，投資者既少，則一方面財富不聚，一方面奢侈之費日增，產業因資本枯窘而日趨凋敝，自然之勢也。所以戰後各國皆呈民窮國困之狀也。

（二）戰後貨幣之影響於營業者　貨幣數量之膨脹與收縮(inflation and deflation of currency)均於營業者 (enterpriser) 有莫大之關係，卽營業者營業範圍之擴張與縮小，與夫營業者之增減，無不隨之而定。例如：甲借洋$100與乙，利息六釐，彼時$100可購買貨物100件，及還本時本利合計爲$106，則甲可以之購買貨物106件，假使還本時物價騰貴（卽貨幣購買力減少）同是爲數$100只能購買貨物90件，卽加上利息爲$106亦只能購95.4件，於是此4.6件前日應歸甲者今爲乙所得，則甲不但利息無着，卽本金亦減少$4.6矣（因損失4.6件）。甲之虧卽乙之盈，故貨幣膨脹而物價騰貴，營業者因可獲益之故，營業之範圍日益擴充，營業者亦日益有人矣。反是若貨幣之數量收縮，幣值必增，物價必落，假定其升漲之度爲百分之十，則昔日之$100今日可以購買貨物110件，本利合計可購116.6件，營業者於還本付息之外(計共106件)尚須虧損10.6件，則何苦而爲此耶？於是不得不將範圍收縮。夫當營業者增加之際，生產亦必增加，生產過剩（overproduction），出售不易，而恐慌起。反之，當貨幣收縮之際，營業者減少，工廠必多停頓，而生產減少，貧苦工人，無工可作，一方面又苦於物價之高昂，四處流離，逼爲盜賊娼妓者日有，則由經濟問題而轉爲社會問題，道德問題矣。故工廠停頓，工人失業，盜賊娼妓日增，乃貨幣收縮之結果也。總之，貨幣膨脹與收縮，均有危害發生，兩害相較，收縮之害尤大焉。近日歐洲各國所呈現者，皆貨幣膨脹之害，德法其著者也。貨幣之膨脹與收縮，既足以影響於營業者，故於金融界中借貸時之利息，亦有關係。當貨幣膨脹之時，假設乙，丙，丁等營業者，向甲資本家告貸以爲營業之資本，而甲資本家貸出款項時，預知日後收回時貨幣購買力之必減，乃提高其利息，以求補償，則利息隨物價之增高（卽購買力減少）而增高矣。但利息之增高，終在物價增高之範圍內，絕不能超過其範圍，故乙，丙，丁等營業者雖受高利之損失，然獲物價增高之利益，挹彼注茲，尙有利潤可圖，終不感覺利息增高之痛苦者，以此也。然而當貨幣收縮之時，物價跌落，借資營業之乙，丙，丁等，不但不能獲利，抑且虧本，故利息雖減至一釐之微，仍覺痛苦，故曰，利息亦有關於貨幣之膨脹與收縮也。

（三）戰後貨幣之影響於勞力者　當貨幣膨脹時，營業固有利潤可圖，而於其勞力（labor）者，仍不增加傭金，營業者獲利之時，卽物價騰漲之時，勞力者以前日物價較低時足以餬口之傭金，而維持此時之生活，其艱苦可知。縱以其生存權與營業者爭一旦之命，取罷工手段，稍得增加傭金，其增加者仍不能償購買力減少（卽物價增高）之所失，勞力者因貨幣膨脹而受損害也明甚。若夫貨幣收縮，則勞力者所得傭金之購買力增大（因物價下落）而傭金額又絕無減少之事實，勞力者當然享受較厚生計稍優，自受貨幣收縮之賜也。然此二者皆戰前之事實，至於戰後因勞力者智識增高慾望日大，團結日堅，稍感生計之艱，即以同盟罷工要求業主增加傭金，並予以優厚之待遇，不問貨幣之膨脹或收縮。若因膨脹而致物價高昂，生活艱苦，固其罷工要求之時也。然則勞力者之生活，可無問題發生，雖當戰後紙幣充塞之餘，亦與之無大關係，從他方觀之，勞心者又何如耶？夫勞心者如一般學者，既無團體可言，又不願取同盟罷工之手段，以要求政府增加薪水，應得者且不能得，遑云額外增加。當茲生活程度增高之餘，自不能不疲於衣食之計，學術之道，則不能不因以荒蕪，於是科學不能進步，文明於焉停頓，紆緩不前，此種文化上之損失，豈可與金錢之損失同日而語哉？若夫欲免此無窮之損失，則不能不使一般學者均有經濟上獨立之可能，乃能使之潛心研究，以求科學之發明，然後精神物質兩方得以並進，前述之損失可免，而將來人類之幸福亦賴於是焉。

整理案內各種公債漲價原因

十三年五月十四日在北京交通大學演講

江東筆記

我國證劵交易，無股票與公司債票買賣，不過臚列開價而已。全部交易，皆以公債為上乘，自今年入春以來，整理案內各種公債，市價狂漲，尤以金融與整六為盛。（最近九六亦超過三折，但別有原因）雖因關餘富旺，抽籤可靠及政治變化各種理由，然就我國近來經濟上之變化觀之，其勢有不得不漲者，茲試分述其理由如左：

（一）保險費之投資　人壽保險公司每年所收保險費，為數甚鉅，如買生存死亡保險者千人同年三十五歲，保險額爲六千元，每年繳納三百三十六元，初年應收三十三萬六千元，不幸次年有二十人病故，每人須賠付六千元，除去此十二萬元外，尙餘二十一萬六千元，次年九百八十人交付三十二萬九千二百八十元980×336總和爲五十四萬五千二百八十元。以週年三釐行息計算，共合本利洋五十六萬一千六百三十八元四角。不幸第三年有三十人死亡，除賠償十八萬元外，尙餘三十八萬一千六百三十八元四角。故每年收入除死亡賠償外，總有大宗餘款，作投資之用。在中國投資之途甚窄，惟有購買公債，故公債之需要驟增，價格自然上漲也。

（二）保證準備金　凡發行兌換劵，須取得政府特許權，一般普通商業銀行以及一般銀號錢莊，何能及此。於是向有發行權之銀行，繳納現金五六成，保證準備四五成，通融代發鈔票，謂之領劵。凡領十萬鈔票，須繳現金六萬，或照年利四釐計息，或不計息，公債照面價算，或照市價算，如應繳四成者，只繳三成，則其餘一成須由領劵行自備，故能以六萬元之現金，作十萬元之用。惟四成保證準備之中，除自備之一成外，其餘三成可以公債繳納之。故公債用途大，其價大漲。近來上海中國銀行新訂之領劵辦法，有以上海房產道契爲公債之代替品，查上海道契雖不如公債票之活動，然其價值較公債爲確實，蓋上海地皮原屬有價之物，近來內地盜風日熾，綁票盛行，有錢者均紛紛攜資購買上海地皮。例如寧波本係樂土，凡出外做生意者，無一不有樹高千丈葉落歸根之思想，乃近來台州人來甬充農工者，不勝其數，白天行刼時有所聞，一般富翁只有避居上海，投資於地皮，上海之道契所以可貴者在此。故以道契代公債，似無妨礙，而一般領劵莊何以要求用道契者，亦以公債太貴，購備不合算耳。

（三）郵政儲金之投資　現今郵政儲金異常發達，存戶至數萬戶之多，所有大宗存款，亦利用買入公債票，獲利爲優，從此公債之需要程度更增矣。

（四）養老金之投資　凡海關郵政所有提存之養老金，皆投資公債，藉以生息，如十一年公債，多爲養老金購去，使領庫劵五百萬，全爲海關養老金購去，均足以增加公債之需用也。

（五）學校基金之投資　如南開學校李純捐助五十萬整六公債作爲基金之一部份，又如香山慈幼院，亦用公債作爲基金，從此公債之需用更大矣。

（六）投機之發展　羣衆人心多喜作賭，多以賭具之中，只有麻雀，撲克牌九幾種，初不知公債買賣亦可當賭具。近來風氣大開，交易所林立，經紀人僕僕奔走，甚形忙碌，一般慣於賭博者流，始知公債亦可當賭具也。遂買賣期貨，賺得差額，轉瞬間不勞而獲大利。老於金融界者，富有經驗，看準行市，因時時爲之，乃近今北京一般官吏，苦於不發欠薪，京畿生計難支，亦相率流入公債之一途，况北京經紀人皆係錢鋪，以吃行市爲專門，手續極便，且無須繳納保證金，憑電話而買，憑電話而賣，不出戶而獲得數百金，較之罷工鬧薪，痛快多矣。是以趨之者衆，投機事業，異常發達，公債之市價，直接間接步步激漲矣。北京公債買賣多在交易所外作成者，然有時買賣兩方均在所內探聽行市，但爲省佣錢起見，此筆交易不記交易所簿册，况彼此均係熟人，不致有圖賴之舉。但在所外交易，即須經過錢鋪之手，蓋錢鋪即經紀人也，素以吃行市（即吃盤子）爲專技，往往不肯以眞行市告人，如託其購九六公債，訂明買價，至多不得過二五元，乃伊以二三元之價買進，報稱二五元，豈不暗吃二元。若託其賣出，則以多報少，是謂之吃行市。若在上海，則此風不行，非在交易所內作買賣不可，且各時各價行市昭然，不能欺騙，不能舞弊，因此北京輕視經紀人，有身分者不肯作經紀人，上海則重視經紀人，而重視之風，始於國外匯兌，凡做國外匯兌者，買賣雙方均須經紀人簽字，如有糾葛，惟經紀人是問。故經紀人必有資本，有經紀人公會，於此可見上海經紀人位置之高矣。

（七）個人買賣　銀行作公債買賣，以放款利率爲主，如放款利率，爲一分二釐，公債利率僅獲一分一釐，則紛紛賣出公債，以爲放款之用。至個人作公債，則以存款利率爲準，如存款利息八釐，買公債可得九釐，則必買入公債。昔日公債多在銀行之手，故於銀根緊急，放款利高之時，銀行遂紛紛賣出，一時市價低落。今則大謬不然，各種公債除九六與十一年外，其餘多入個人之手。於銀根緊急之時，放息雖繼長增高，而存息未見上漲，銀行雖願賣出公債，而個人未見有願賣出者，或者反因市價之低，從事收買。故現在銀根緊急，於公債市價無甚大影響，市價之增高此亦一大原因也。近年整理案內各種公債，其漲勢已達極點，投資於公債殊不合算，但購買者雖較前爲少，而賣出者亦未見其多，雖抽簽無期，而市價之上漲，不啻無形之抽簽也。

所謂銀根緊急，公債必跌之說，係淵源於上海銀拆之漲勢。上海每年三四月之間，絲繭上市，現銀需用甚大，銀拆步漲，公債自受影響，此一因也。又上海之三九長期放款，係以六個月爲期，自今年之三月至九月爲一期，自九月至明年之三月又爲一期，每逢期限屆滿之時（如三月底）借款者勢必紛紛歸還，現金需用孔急，銀根驟緊，於是不能不賣出公債，以作償還。銀號錢莊一面收回上期之放款，一面再放下期六個月之借款，雖放息之大小，須視該時存款之多少，與金融之狀況，以爲斷，然亦不得不提高銀拆，增高下期之放息。銀拆既高，作公債生意者，自不願再借款，以購公債，購者少，而售者多，市價是以疲落也。

（八）置產要品　年來政局多變，四境蕩然，內地盜賊蠭起，富者久不安居，稻穀被掠，有地等於無地，於是變賣田地，捲席遷徙，移居通都大邑，視公債之利，比房地田產爲高，相率購存公債。而銀行猶復有保管庫之設備，有暗匣保管法，置大小各種箱式，由用戶自由租用，以資保管，備鑰匙二，一交用戶，一存銀行，同時合用，始能開箱，存主按期與以租錢。又有露封保管法，所有公債點交銀行，代爲保管，無庸自行封鎖，另由存主付以手續費，如此堅固穩實，既可以防火災，又可以禦盜賊，且公債之利息尤厚，較之置田地而遭兵患者，強過半矣。此公債需要所以增高，市價所以上漲也。

（九）公債易於脫手　股票則反是，當上海交易所發達之時，多以本所股票爲投機品，極不正當，於是市價漲跌不定，全視多頭空頭之勢力如何。各交易所當局亦投入市場，作投機買賣，最易操縱把持，致市面莫明眞象，最易受騙。該時本所股票之買入賣出，皆甚容易。除此之外，凡公司股票皆含有呆滯性質，譬如市上最有價値股票，如商務印書館股票，久大精鹽公司股票，既不易買，亦不易賣，蓋買賣雙方均不在交易所接洽也。況股票爲記名式，必須過戶，手續繁重，固不若公債之買賣自如也。不特此也，吾國之好股票，多落在幾個大股東之手，視之如珍寶，不肯輕易脫手，故市上買賣，只有公債票，遂佔交易所重要之位置，股票已無形見斥於市面矣。因而公債需要量增多，市價更蒸蒸日上矣。

（十）以公債當押金　例如轉運公司與鐵路訂定規約，經營運輸事業，每屆結帳時，總付運費，但恐將來背約，故必先繳納押金。惟此押金，鐵路並不認付利息，該公司亦不願將資金空押，於是與銀行商議，以資金存入銀行，由銀行出具收據，向鐵路公司聲明，此款不能由轉運公司提用，專供押金之用。此以現金作押也。其他則購買公債當押，譬如膠濟鐵路司員甚多，良莠不齊，故各站掌理銀錢職員時有營私舞弊，攜款潛逃情事，該路爲預防起見，規定服務人員須以現金或以公債票繳納保證金，此以公債票作押也。公債用途既廣，其市價自然激漲矣。

（十一）作交易所證據金之代用品　交易所之證據金，必須繳納現金，但公債票有作代用品之可能性，於是發生吸收公債存款之問題矣。上海通易信託公司定有公債存款之辦法，每千元公債，如存入該公司，可得週息若干，當存入時，記錄號碼，以防冒用。然以公債託銀行保管，尚須付手續費，何以通易信託公司不取手續費，反給以存息乎？蓋有人委託公司購買公債，假定百萬元，公司即向交易所訂購，應交付證據金若干萬元（假定五萬）可以公債票爲代用品。通易信託公司即以吾人所存入之公債，繳納於交易所，而委託人所繳納之現金，可以騰出，作該公司活動現款矣。計此款利息，至少須合週年八釐，則所付之公債存息，自有所出矣。彼何樂而不爲哉？此公債存款付息之祕訣也。

（十二）公債匯兌　公債匯兌一時未能辦到，如京滬兩地金融公債，上海價爲八十六元三角，北京爲八十六元五角，於是可以在上海買進，同時在北京賣出，至交割期，必將上海票運至北京，始得完畢。但起運頗不經濟。（A）須納運費　一年之中，每家銀號計算所費不貲，北京前門外某家錢鋪，每年需五六千元。（B）須冒風險　鐵路馬路均有意外之虞，如去年上海馬路上之公債票刧案，損失不小，危險豈不甚大。（C）須耗裝費　裝載包褒雜費，每年亦屬不多，於是頗有人主張，辦理公債匯兌，如京滬兩地開兌，某號在上海某公司交付某種票若干，電知北京該公司交北京某號同樣公債若干，取納匯費。如此各種風險，既已免除，運費亦可省卻，公司與銀號彼此均有利益。蓋匯兌共同所得者，必小於錢鋪之所耗，其年耗運費六千元者，至此只付手續費三四千元足矣，此公債匯兌之所以爲必要也。然則何以遲遲不辦乎？曰力量不足耳。萬一上海有人以金融公債二百萬，請匯兌公司匯至北京，倘北京存貨不足，不能照交，豈非貽笑外人。况有時京滬兩地收支不能適合，如上海收進者多，付出者少，而北京付出者多，收進者少，勢必將公債票由上海運至北京以相抵冲，此外無救濟之方矣。公司方面仍不能免除運輸之風險也。以此之故，主張創辦者倘有所顧忌也。萬一此事成立，公債之買賣，當更進一步，於公債本身不無影響也。

中國財政與教育之關係

在中華教育改進社南京大會演講

現在中國財政，腐敗已達極點，學者議論，多謂中國財政一日不整理，則一切事務一日不能舉辦。但兄弟主張，則與多數學者相反（卽主張不整理）。蓋整理財政，第一須與行政及弊制同時整理，第二必具三種要件，卽（一）裁兵（二）議會立法監督，（三）審計院監督。諸君試思：今日之中國，有一能合於上述之條件乎？弊制之紊亂，不堪設想，議會之立法監督，此時尚談不到，至審計院本係監督財政之重要機關，然在今日事前既不能監督，事後且無法審查（其故在軍閥把持）則其職務，亦未能克盡也。以此情形，而談整理，其流弊所及，必至整理一次，不過爲政府營造一次借債之機會。夫借債以整理政治，則雖增重吾民負擔，然爲中國政治計，尙能容忍一時，乃考歷屆所借內外各債，往往移花接木，供給軍閥，以爲戕賊吾民之用。然則整理財政，不過爲借債之預備，而募借債款，卽爲戕賊吾民之利器。今吾敢鄭重爲諸君言曰：吾民欲保護生命之安全，必阻遏軍閥之暴行，欲阻遏軍閥之暴行，必斷絕其經濟之源泉，由是言之，中國財政更萬萬不能整理也。

中國財政弊竇百出，不勝枚舉，約略述之，可得數種如下：（詳見葉景莘先生所著之中國財政整理計畫）

（甲）在收入方面　（一）經徵機關與收稅機關之混合不清也　外國對於稅款經徵機關（卽徵收員）僅有通知人民納稅之權，而無直接收納稅款之權，人民應納稅款大都繳於代理國庫之銀行代管，倘人民不將應納稅款，如期繳付，經徵機關卽可通知主持官員懲辦。權限分明，營私舞弊之機，當然可以減少。中國收稅辦法與外國異，經徵機關與收稅機關同爲一人，故弊竇百出，無從究詰。徵收稅款超過稅率，而一切手續等費，每由徵收員自由上下，吾人試爲審查，每至無法處辦。茲設一喩，闡明斯理。如銀行存款，營業部管理登記，出納課管理收支，權限分明，營私舞弊之機，自然可以減少，經徵機關與收稅機關必須分離之故，其理正同。（二）包辦制度之不合理也　中國徵收辦法，多取包辦制度，如某項稅率由商投標包辦，眞正稅額應爲三十萬，至包辦時之稅額則變爲二十萬。一轉移間，國家卽損失十萬，而商人於無形中收得十萬元之鉅款。在政府未嘗不知其病源所在，然使取消包辦制度，深恐數目不確，損失更大。（三）軍閥之截留稅款　民國五年以後，中央應得稅款，悉被各省督軍截留，中央政府無法顧問，而各省地方稅又被督軍下之各師旅長等截留，其結果中央政府，一貧如洗，無法補救，大小軍閥，慾壑難塡，不得不更盡其收刮之能力，而財政之狀况亂矣。尤可異者，大小軍閥於截留稅款之外，另闢奇異之財源，其法維何？卽勒種鴉片，抽收煙稅是也。近來軍閥有時私闢，不知者謂其擴充勢力，實則不過爭奪勒種鴉片之地盤耳。此軍閥囊槖無不充實，而社會經濟從此亂矣。

（乙）在支出方面　（一）一帳兩開　所謂一帳兩開者何？卽一種款項，在一處開帳，在另一處再開帳也。如某督軍練兵一師，假定軍費共二十萬，先向省政府具領二十萬，再向中央政府索取二十萬，如此軍閥一款兩取，對方卽一帳兩開，省政府損失乎？中央政府損失乎？二者必居其一也。（二）清理舊帳　舊帳應當清理，此理至顯，須知此之所謂清理者，與彼異，試爲言之，以揭其弊。如某前廣東督軍在洪憲前後，盤踞廣東之時，曾向政府索餉四十萬，政府當時以財政困難，先付二十萬，其餘聲明續付，某督亦佯稱暫爲借墊二十萬，如此政府帳上已登載某督墊款二十萬矣。其實某督對於該項軍餉，未嘗墊款，而政府帳上增添一筆欠款，其後某督下臺，此筆帳目（卽二十萬之墊款向政府註册者）已經忘掉，然財政部以有利可圖，慫恿某督向政府催索，其利益交換條件，財部方面允償某督現款五萬，某督方面將來領款時須於收條上簽領二十萬，其餘十五萬應歸財部員司分肥。一轉移間，某督無端享受五萬元之利益，而財部員司亦可暗得十五萬元之贓款。試問此種清理方法，能合於財政之要素乎？吾敢斷言曰：國家損失則有之，而言清理則未也。以上所述均爲財政收支上之弊病，以下再述內外各債。

（丙）外債　中國外債之第一批起於前淸同治初年之英商借款，總額約計一百三四十萬鎊，其時因俄國占據伊犁，該款卽爲贖還伊犁之用。第二批爲同治六年之上海洋商借款，款額爲一百零二萬兩，其用途供給左宗棠討伐捻匪之用。第三批在同治十三年，清政府因欲贖還臺灣向洋商借二百萬兩。第四批爲英，俄，德法洋款，前後共十二起，其數有三千一百萬兩三千八百萬鎊七百五十萬馬克四萬萬佛郎。以上各種借款用途，不外下列三種：(一)中日戰費及給付日本賠款，(二)倡辦新政，(三)訓練海軍。第五批卽近日喧傳人口之庚子賠款，總額爲四萬五千萬兩。以上各款，或由海關擔保，或由各省分攤，皆有着落，無所用其整理。至該款擔保基金，概由滬海關道保管，轉存於錢莊（其時中國尚無銀行），旋因外人堅持用金交款，中國堅持用銀交款，因用金用銀之爭，停付賠款三年，該道所得利益之大，可想而知（當時滬道有肥缺之稱）。其後辛亥革命，各省紛紛獨立，外人以擔保無着，遂將關稅概歸稅務司經管（從前由海關道經管）。所有關稅，提存於匯豐，道勝，德華三銀行，此爲關稅存於外行之始。以上皆前清所借之外債。第六批瑞記洋行之兩筆借款，共七十二萬鎊，名稱爲維持北京市面，由前清訂定，後由民國取用。第七批華比借款，一百萬鎊，此種款項，爲南北政府用罄，如何用途，吾人無從知悉。第八批克利斯浦借款，英金五百萬鎊。第九批善後借款，二千五百萬鎊，名爲善後，實則供給二次革命之軍餉，且因擔保問題，遂特設稽核所，置於外人管轄之下。第十批中法實業借款，欽渝借款，二者合併約一萬三千萬幾百萬佛郎。第十一批奧國借款，四百萬鎊。第十二批美國芝加哥銀行借款，款額五百五十萬美金。第十三批太平洋拓業公司借款，爲五百五十萬美金。第十四批第二次善後借款，日本墊款，爲三千萬日金。第十五批西原借款，總數爲一萬二千五百萬日金。此項借款，包含七種：(一)交通借款，(二)電信借款，(三)礦林借款，(四)吉會借款，(五)

蒙滿借款，(十六)高徐濟順借款，(七)參戰借款。其借款名稱，未嘗不言之動聽，實際則爲安福部所浪費。他若交通部方面，亦有兩筆借款，挪作政費之用：(一)隴海路借款四百萬鎊，(二)同成借款墊款一百萬鎊，此款本意用爲建築鐵路，實際路尚未築，款已用罄。

(丁)內債　上述爲吾國外債史之大概，茲再將未經還清之內債，略陳梗概焉：愛國公債，軍需公債，爲數尚少，整六公債四千八百萬，整七公債一千一百萬，七年長期公債四千五百萬，五年公債一千八百萬，金融公債尚有三千五百萬，九六公債九千六百萬，十一年公債一千多萬，其他零星借款，有一百餘起之多。此種小借款之內容，黑幕重重，不可思議，試舉數例，以爲左證：(一)名義上之利息，須在一分八釐以上。(二)如借款百萬，只付九十萬，其餘十萬，當作回扣。(三)如財政部向上海借款，交付地點按例應在上海，而財部要在北京使用，該款勢不得不匯到北京，其匯水比較普通匯水爲高。(四)如某項借款期限三年，債權人交款時，先在借本項內預扣一年之利息，所以名義上利息一分八釐，實際在三分以上。(五)外幣轉折，例如某項借款，訂定佛郎百萬，而政府所需要者，則爲銀洋，此時銀行謀利方法，非常奇巧，聲言佛郎存在上海，故所借之款(卽百萬佛郎)先由佛郎折成上海規元，由上海規元折成北京公砝，再由公砝折成北京通用銀洋。如此輾轉變換，層層剝削，債權方面，賺利固多，債務方面，受害不少，而國家財政損失，定必不貲。至於經手當局，更利用機會，從中漁利，此種弊竇，諸君聽之，勢必目爲怪事，不知當局舞弊之大，尚有甚於此者，試再言之。(A)現在銀行股東，多半爲財政當局，若輩每乘財政紊亂之秋，從中侵蝕。譬如財部向銀行借款五十萬，當時銀行所交付者，只有現洋五萬，其餘四十五萬則以不值錢之國庫劵交付，是則銀行得利，財政當局亦從而得利，蓋銀行股東即財政當局故也。(B)如某項借款，總額爲六十萬，當時銀行先交十萬，餘五十萬當作存款，串同朋分。凡此種種弊病，在董康長財時代，曾發現債款利息有三分五分不等。

財政弊病，及內外借款，均經說過，下所欲言者，即財政之監督機關是。

(戊)國會及審計院之失職　民國成立以來，國會忽而解散，忽而召集，多數議員每況愈下，對於國家大政從未能盡力監察，他且弗論，即以預算而言，外國政府每於年度開始前，將一切歲出歲入編成預算表，提出國會，要求通過，國會根據政府預算，加以審查，及至預算通過，政府此後對於財務行政，完全根據國會所通過之預算表支配，如年度終了，決算數目溢出預算範圍之外，政府應交國會追認。彼國會對於監督財政，非常嚴重。反視吾國，則十三年間，國家預算曾經國會通過者，只有四次，(元年一次，三年一次，五年一次，八年一次，)自民國九年直至民國十二年，政府預算決算，從未見過，是實世界各國所無，而中國所特有也。至審計院之責任，是事前監督用款，事後稽核帳目。吾國審計院不啻爲一駢枝機關，各省財政均在軍閥勢力之下，無權顧問，即咫尺間之財部，亦不能調閱案卷，可知審計院現在所居地位，實在有名無實。由此言之，國會既不能嚴視監督，審計院又無實力審查，如此財政安得而不紊亂哉？方今軍閥跋扈，中央政府已失重心，各省省庫早成軍閥外庫，假使現在即去整理財政，不過使一般貪官汚吏借整理美名，兜攬外債，從而收取回扣，以充自己私囊，否則供軍閥，以固自己地位。從此看來，吾之所言『財政整理一次，即外債多借一次，外債多借一次，即多增軍閥殺人之資本，軍閥一日存在，卽財政一日不能整理，』諸君試爲思之，當亦知斯言之不虛也。

年來政費大半依賴關稅收入，惟中國關稅爲協定關稅，非自由關稅，所以一舉一動，事事受外人牽制，研究財政學者對此一端，未嘗不痛心疾首。蓋年來工商業不興，未始非受協定稅則之遺害，然細審政府措置關稅卽使自由，不過增添政府聚斂之法，轉以增人民之負擔，至於改良關稅（卽改爲自由關稅）以爲保護工商業之預備，恐政府心中，並無此種意思。前次華府會議，各國允許中國增加二五關稅，此二五關稅之用途，雖未明白規定，惟友邦人士所屬望者，爲整理積欠及裁減軍隊兩項。乃自華會以來，各地增兵加餉，歲無已時，照此情形，不要說增加二五關稅不足以滿足軍閥之慾望，就是增加三五或四五，恐未見卽能充裕財政也。

當歐戰熱烈時代，國中實業，稍有起色，及至歐戰停止，新辦實業，如麪粉棉紗等等，完全失敗。考其失敗原因，不外三種：（甲）國內交通不便，採辦生貨，運費多而費時久，較之運自外國者更貴，又以紗賤棉貴，一般紗商遂至相繼歇業。（乙）國內兵匪交閧，歲無寧日，創辦實業者非但須負營業上之危險，且須負兵匪之危險，以致商人裹足，未敢投資，如前次奉直戰事，鄭州紗廠幾遭不測，此種實情，大足阻礙實業之進步。（丙）中國關稅稅則，是與各國協定（已詳前段）關稅保護政策無法適用，工商各業受外國經濟之壓迫，每至無從發展。年來實業界對於教育事業，無不極力援助，教實攜手，確是一種好現象，不幸萌芽初放，遽被摧殘，此乃教育界之不幸，抑亦中國之不幸也。

綜觀以上所述，可知今日之教育經費，既不能仰助於政府，又不能取給於實業，補救之策，惟有利用庚子賠款，及實行捲煙稅之兩法。

(一)捲煙稅　江蘇教育界決議，陳請當局，厲行捲煙稅，以充教育基金。此種建議，兄弟極端贊成，蓋實行煙捲特稅，既可寓禁於征，又可收獲大宗之教育經費，一舉而二善俱備。且抽收煙稅，乃為吾國內政問題，外人絕無干涉理由。如禁止鴉片，為吾國剷除惡習之政策，決不能謂其運自外洋，而吾國即無權禁止也。此次實抽捲煙之理由與禁止鴉片完全相同，深願江蘇教育界及行政界實力奉行，且願各省聞風仿效，早觀厥成。而教育界方面，急宜聯合一起，組織保管委員會，以保管此款，務使該項稅款不為官僚所侵蝕，及軍閥所攘奪而後已。

(二)庚子賠款　退還庚子賠款之議，各國醞釀已久，近且見諸事實，吾國教育界對此亦頗注意。按庚子賠款為數甚鉅，以之振興教育，大可有為，希望教界諸公羣策羣力，一德一心，力謀所以對付官僚，對付軍閥之策，務使此款全部，劃歸教育經費。現在退款之議，已經發動，大小軍閥早已虎視眈眈，巧立名目，藉圖染指，吳佩孚近竟主張用以建築鐵路，即以鐵路盈餘，撥充教育基金，函電紛馳，昌言不諱，軍閥忍心害理，舉世所知，欲其稍分餘潤，不啻與虎謀皮，試舉數例以為左證：(A)軍閥派遣鐵路局長，提取鐵路盈餘，以充軍餉，早已成為慣例，如此次收回之膠濟鐵路，當時(即在收回時)主張收回開辦後，即以路餘充作贖路基金，然自實行收回之後，吳佩孚即派親信人員充當局長，暗以盈餘，撥充渤海艦隊軍餉，以至贖路基金毫無着落。(B)民國十年之車輛借款，原定還本付息，指定京漢鐵路盈餘撥付，其後車既購到，而鐵路盈餘竟為軍閥悉數提去，無法支付。(C)湖北象鼻山礦，當時因開掘經費無着，由官錢局發行紙幣，吸收現金，以充開辦經費，訂明以礦局盈餘為紙幣之基金，現在礦務發達，歲有盈餘，而所發行之紙幣，至今尚未收回，而盈餘已作別用。由此言之，官僚軍閥之言語，決不可信，萬望教界諸公，奮起力爭，以達撥歸教育基金之目的，此千載一時之機，幸勿交臂失之也。

中國銀行界前途之危機 在漢口銀行公會演講

今天講的題目是『中國銀行界前途之危機』不過所說的話須請在座諸君原諒，本題包括兩個問題：一即公債買賣，一即發行紙幣，暫且來研究一下。昨天君勱先生問我，中國政治與經濟有沒有關係，我以爲中國政治與經濟的關係實在大極了，就中公債問題最要緊，公債中又以九六爲最動人耳目。查九六之起源爲財政部之零星鹽餘借款，自民八以來，外債間斷，欲借內債則信用薄弱，故財政總長欲見信於銀行界，必尋稽核所的外人簽約，聲明以鹽餘爲擔保以取信。但起初鹽餘只有三四百萬（假定）以此爲擔保，借款三四百萬，日後外人以借款太濫，不肯擔保，乃轉求洋商銀行之買辦擔保，待董康審查完竣，發覺鹽餘借款竟至一萬幾千萬，眞是駭人聽聞。於是審查結果，其認爲合格者給與九六公債，認爲不合格者作違法論，暫置不理，不給九六公債。此問題遂從政治變爲經濟，九六之基金原爲鹽餘，現已改爲切實值百抽五增加之關餘。因總稅務司堅持優先次序，不肯以增加之關餘充九六基金，於是九六之基金問題迄未解決，因基金不確，價格變遷不一，波瀾甚大。現在北京公債買賣並無現貨，大家皆做期貨，買進現貨賣出近期，或買進近期賣出遠期，以作套頭，套利既大，利率自高，商人無從借款，即使有款可借，利息奇高，也不上算。講到上海方面，錢莊往往得二層套利，譬如洋釐小時，即買洋錢，又以洋錢買進近期公債賣出遠期（假定九月期）及交割時以公債繳出收進洋錢，該時新穀棉花上市洋釐大漲，遂賣出洋錢。如是做法可得套利兩層：一爲洋釐上之套利，一爲公債上之套利，叫做雙套。賺錢更多利息也更高但是危險也最大。銀行之設本以助商爲主，但是以現在這種情形非特不能相助，且有相害，這就是政治影響於經濟的所在。況且公債交易應否開期貨行市實屬疑問。在學理上國家公債似不應開期貨行市因爲期貨的關係，就叫市場上不安了。做期貨的，在中國大概均爲買空賣空實交割恐無百分之一二。因此大家皆做期貨，其害較賭博還烈。（一）買賣公債不違法，財政長官可以放謠言，造空氣，鼓動市場使市價提高以便從中取利，有時又說利息無着市價跌落，他又從中收買。賭博中人如有這種滑稽，就可以拿辦，而做公債者從未拿辦一次，所以說比賭博更烈。（二）做公債得錢叫做賺錢，不曰贏錢，意義上似覺好聽些。（三）公債可以多做，有二百元資本就可做一萬元的交易，有時無錢亦可做，一旦遇着變動，欲拋不能，欲補不易，那就大吃其虧。（四）賭博須親自出馬，公債交易無庸親身，祇要在電話上做做就可。（五）公債男女皆可做，道德與金錢遂不免發生了關係。（六）公債手續費每萬元只取五元，比賭博的頭錢輕。這樣看來，公債交易比賭博爲害更烈，也就瞭然。所以期貨買賣實應禁止不當做的。在北京且有虛盤打擊，使市價發生變動，譬如有實力的人大家串通，令一家有聲譽的錢莊賣出，四家小錢莊暗中買進，賣出愈多，市價愈跌，一般盲從者均紛紛脫手，大上其當，他們遂可從中漁利。總說一句，銀行營業當以投資商業或由錢莊放與商人爲主旨，不應買賣公債來冒危險。

第二要講紙幣問題，原來財政與金融是分開的，內外債賦稅是財政範圍內的事，發鈔票是金融範圍內的事。籌款方法當從財政方面着想，不涉及金融內的鈔票。但是發行債券不易，增加賦稅更不易，於是補救財政卽顧及到鈔票，金融與財政遂相混合。所以現在武人也要辦銀行，來做他籌餉的源泉地。不過商業銀行所發鈔票有自伸自縮之能力，商業銀行以鈔票借給商人，商人用之購買貨物，俟貨物賣出後，商人卽將鈔票來還借款，則鈔票可以回轉母家。軍人所辦的就不然了，發鈔票充軍餉，用之於直接消費，貨物已不存在，無物可賣，則鈔票永遠不回，社會上就糜費了。例如東三省向來稱爲紙幣世界，現在方舉行統一，向來吉省制錢以五百文爲一吊，官帖以制錢爲基本，在吉省發官帖的是永衡官銀號，商人借官帖買三省之荳，運至上海買成規元，卽將此規元賣與東三省之銀行，以所得償還昔日之所借，則現銀爲銀行所有。張作霖卽向銀行借用以買軍火，結果以三省之荳易到外人之軍火，非但勞民傷財，並且還要殺及己身，豈不可怕嗎？現在學張氏者甚多，貴處將來亦有，請諸君注意！亦有人說這種方法是吸收現洋，其實以紙幣換貨物，還不在現洋上面，所以眞正之商業銀行大受其虧。因爲軍閥之銀行濫發鈔票，永不回行，於是愈發愈多，充斥市面，而商業銀行之地盤盡被佔據，如今日之東三省然。軍閥辦銀行危險到萬分，因此之故，輿論應當注意，報館是輿論的舌喉，使其宣佈，故報館不得不與以相當之扶助。我並非慢罵人，不過和諸君研究對於軍立銀行應當取何種態度。至講到東三省情形，從前有奉天興業鈔票曰四釐債券，鈔票有利息也是奇聞，有東三省官銀號匯兌券，本地不兌現，但可匯往外地，銀號利用提高匯水，使人裹足不前，無異停止兌現。又有東三省銀行國幣大洋券，鈔票行使皆以強力爲後盾，如有人攜大數來兌，可專用武力驅逐，卽使兌現，亦有限止之數，每人至多十元，如是信用大失，且覺不便，可以要求官銀號興業與東三省銀行合併統一，來發匯兌劵因匯兌劵之手段巧妙，可以自然停止兌現，可以大發特發，三省統一金融機關的命意就在乎此。不過現在比張氏勢力大的還有所以要請諸君注意中國銀行界前途之危險，正是可憂哩。

何以上海必須設立票據交換所　十三年四月六日申報

上海爲吾國商業之中心，金融之樞紐，雖不能與英之倫敦，美之紐約相媲美，然其經濟上地位之重要，適相等也。商務既繁，交易自盛，而貨幣之行使亦日廣。我國習慣素重現幣，雖近年來支票與兌換劵漸得民間之信用，卒不能去現幣而代之。而在市面恐慌之際，支票不能通，鈔票不能行，凡百交易，非現洋不辦，則現洋之重要從可知矣。但現洋究係笨重之物，非特攜帶不便，亦且檢點費時，此外如銀質之磨損，保管之責任，利息之損失，以及鼓鑄之煩瑣，均爲極不經濟者。長此不改，社會愈進步，此項損失必愈大，幾何其不陷於十八世紀黑暗之境地也？今日上海銀行林立，類皆資本充足，信用素孚，其入銀行公會者，已有二十餘家之多。但家數雖多，而勢力不及錢莊遠甚，即平日之收支各款，非委託錢莊代理不可。蓋錢莊有匯劃總會，以爲交換票據之所，而銀行不得加入也。於是銀行之款存放於錢莊者爲數多則千餘萬，少則五六百萬（欲委託錢莊代理收付，非先存放不可）此即以己之矛攻己之盾也。何其傎耶？雖然，銀行之委託錢莊代爲收付者，原因甚多，即自設票據交換所以爲相互間收支之清理，恐亦不能遽與錢莊斷絕關係，則存放於錢業者亦不能因設立票據交換所而即可收回。顧大勢所趨，優者必勝，經濟社會之發達，由簡單而複雜，由小規模而大規模，小資本之營業，其退也速，大資本之企業，其進也驟美國經濟發達之程序，自合夥而公司，而託辣斯，而管理公司，爲時不過四五十年。日本自維新以迄今，亦不過四五十年。吾國實業因受政局之影響，不克兼程進行，然其進步不可謂不速，將來各種大規模企業之相繼而起者，必不可勝數，其需要之程度，決非小規模之錢莊所能計及。據此以觀，上海之銀行今日雖不能與錢莊相抗，然最後之勝利必歸銀行，可斷言也。欲得此勝利，非先爲種種籌備不可。票據交換所，籌備中之要者，斷不能待時機已至，始着手籌備也。況票據交換所者，係銀行抵抗外敵之一種武器，蓋交換所成立之後，銀行相互間之欠人與人欠兩項，可以倣錢業軋公單之方法，兩相抵冲現金之用途減少，搬運之麻煩可去。既可省手續，又免擔風險，銀行從此可以致全力於營業矣。況在市面恐慌或金融緊急之際，現金之需要驟增，銀拆飛漲，借貸停頓，苟有交換所以爲調劑，各行間可以不用現洋清理其存欠，只在中央銀行各轉一帳而已。如是可以騰出若干現金以應市面之需，非特銀行可以減卻擠兌之風險，即商家亦易得資金之援助，豈不一舉兩得？吾故曰票據交換所者，銀行抵抗外敵之一種武器也。明乎交換所於銀行之重要，可進一步而言交換所省卻現金之機能焉。

譬如中國，交通，興業，中南四行（假定上海只有此四行）合組一票據交換所，暫設在中國銀行樓上，如今日之臨時辦法，公推中行爲轉帳之機關，並假定上海只有一種通用銀元，並無銀洋之分，又無劃頭銀與匯劃銀之別，則四行代表相遇時，只爲一種交換足矣。假定四月一日四行之人欠及欠人兩項數目如下：

中　國

人欠		欠人	
交通欠	100,000元	欠交通	150,000元
興業欠	120,000元	欠興業	90,000元
中南欠	130,000元	欠中南	85,000元
	350,000元		325,000元
		應找進	25,000元
	350,000元		350,000元

交　通

人欠		欠人	
中國欠	150,000元	欠中國	100,000元
興業欠	110,000元	欠興業	145,000元
中南欠	100,000元	欠中南	125,000元
	360,000元		370,000元
應找出	10,000元		
	370,000元		370,000元

興　業

人欠		欠人	
中國欠	90,000元	欠中國	120,000元
交通欠	145,000元	欠交通	110,000元
中南欠	163,000元	欠中南	135,000元
	398,000元		365,000元
		應找進	33,000元
	398,000元		398,000元

中　南

人欠		欠人	
中國欠	85,000元	欠中國	130,000元
交通欠	125,000元	欠交通	100,000元
興業欠	135,000元	欠興業	163,000元
	345,000元		393,000元
應找出	48,000元		
	393,000元		393,000元

綜上所述四行之收支數目相互抵沖之後，只有五萬八千元之餘額，其計算如左：

結算表

找進者		找出者	
中國	25,000元	交通	10,000元
興業	33,000元	中南	48,000元
	58,000元		58,000元

即中國找進二萬五千元，興業找進三萬三千元，交通找出一萬元，中南找出四萬八千元。但此項找進找出之數，為數雖少，亦不必以現洋交付，只須各存款若干萬於中國銀行，一切收付請其代理轉帳可也。於是交通與中南各開支票一紙，請中國銀行在其存款項下扣除，而中行卽在賬上付交通一萬元，付中南四萬八千元，一面收中國銀行自己之帳二萬五千元，收興業三萬三千元，如是現洋絲毫不用，而四行間三百萬元之往來，已清結矣。票據交換所之功用，於此可以了然矣。上海票據交換所，不久成立，吾人既知其功用如是之大，自當予以相當之援助，是則鄙人所馨香禱祝者也。

改革吾國幣制之第一步

姚志崇 陳小蘭 筆記

我國欲改行金本位，先須鞏固銀本位；鞏固銀本位，當先統一銀本位，統一銀本位當先推翻銀兩；銀兩推翻矣，尚未謂銀本位已鞏固也；必也統一各色之銀元，使盡為國幣，而後銀本位可謂統一。銀本位基礎既固，而後可漸進於改用金本位問題。故目今幣制之問題，只為如何推翻銀兩之問題，此意鄙人言之數矣。

中國之金融中心在上海，上海用銀兩，只有銀拆而無洋拆。今欲用洋元必須開洋拆，去銀拆。上次金融緊急之時，上海銀行公會曾主張將洋拆與銀拆並開，使內地存洋流入上海，以資周轉。蓋上海向不開洋拆，故存洋無息，存洋無息，內地洋元自不流入。倘將洋拆與銀拆並開，則上海金融必趨於寬緩，可以免銀根之緊急。惟此言一出，錢業方面竭力反對，遂作罷論。茲與老於錢業與銀行者屢次討論此事，頗有所得，甚願供之於世。

在昔上海原係銀拆與洋拆並開，其結果搗把者甚多，彼此傾陷，貽害市場甚大。其搗把之法如何乎？譬如甲乙兩方，甲借一千三百五十元購銀千兩，則甲此時多銀而缺洋；乙借銀千兩購洋一千三百五十元，則乙此時多洋而缺銀。多銀者將銀拆提高，銀拆提高則多洋者所擔負之拆息甚重，（蓋多洋者之洋係借銀款買來，故擔負銀利，譬如借銀時以百分之十利息借得，而此時既買洋元，銀拆忽提高至百分之十五，是負有損失矣）殊不合算，於是不得不將洋元賣出，以還所欠之銀，或用同樣手段提高洋拆，以為抵制。甲（多銀者）之銀係借現洋買來，擔負洋利；洋拆一經提高，擔負自亦加重，故急於賣出銀兩，買進洋元以還債；洋元之需求多，洋釐自然漲。此時甲乙相持所釀成之局勢，收其利者乃為外國人。蓋洋釐高，外人運墨洋等來賣，以收其利故也。洋元之供給既多，洋釐步跌。此種相持之勝負一視兩方勢力之大小。傾軋不已，外人得利，錢莊因此倒閉者甚多。於是始公議禁開洋拆，只開銀拆，懸為厲禁，立碑於上海城隍廟之點春堂。自此以後，多洋者為多銀者所克服，不能與之相抗矣。研究幣制者可於彼處尋之。故上次上海銀行公會主張將銀拆與洋拆並開，頗遭一般人之反對，亦非無因。

洋拆既禁止，搗把一事遂由上海遷至寧波。寧波為洋碼頭，與上海交通一夜可達。寧波雖向係用洋，然其進出口貿易則用上海規元銀。寧波利率輕，於是洋元遂運到上海，買成規元，放款圖利，洋元漸出，洋底漸漸缺少，於是發生一『過帳洋錢』

所謂『過帳洋錢』者，例如吾以萬元購貨，不以現洋交款，而以錢莊票子予之。貨主收到錢票，到錢莊上並兌不出現錢來，不過錢莊在吾帳上除去一筆，在貨主帳上收上一筆而已。是即過帳洋錢。

過賬洋錢，省卻現錢之搬運，便利過於現錢，惟又發生搗把情事。蓋過帳洋錢發生『現水』問題。此則因過帳洋錢在平時雖與現洋一樣流通，惟一至九十月之間花米上市之時，客人到鄉間收買棉花與稻米，須用現洋（鄉人不用過帳洋錢）現洋需要一時加多，過帳洋錢便不吃香。百元過帳洋錢，如須提取現洋，則只能拿到九十七元。此三元差數卽謂『現水』。九十月間現洋申水，至正二月間放銀款者陸續於年前收回，現洋漸多，洋底漸鬆，於是現洋不但無現水，而反有減水，過帳洋錢之價值漸起而復於原態。日後洋底愈形缺乏，現水日益增加，直至每百元須申十六七元左右者。請舉一存款爲喻：設於現洋與過帳洋錢價值相等時，以現款千元存入錢莊，作爲過帳洋，年利六釐，一年後本利合計應爲過帳洋一千零六十元。屆時往取，適現水正大，每百元至十八元（卽一百十八元過帳洋錢始抵現洋百元）則只能提得八百九十八元三角，此可以比例求得之。蓋一百十八元只值現洋一百元，則一千零六十元當然只值八百九十八元三角。是千元之存款，一年後不惟無利，反而虧折一百零一元七角。孰敢存款？故寧波有錢者皆運往上海，買成規元銀，存於上海。寧波現洋元因而愈益減少，洋底愈益空虛，現水愈益高漲，而搗把者愈加活動矣。

搗把之法例如甲乙兩方。（此甲乙兩方者，卽甲乙均非代表一個人，而係代表一羣也。）今設甲有存銀萬兩，乙有存洋一萬三千五百元，假定其銀洋適相等。甲之銀款係借洋一萬三千五百元買來者，乙之洋款亦係借銀萬兩買來者。乙屆期須還銀萬兩與其債主，於是須購求銀子。甲知乙之必來買銀兩也，於是提高銀兩之價（卽現元之價以過帳洋計算）初爲一萬三千五百元當銀萬兩者，至是提高至一萬三千五百五十元（假定）。乙如買銀則萬兩中須虧五十元，（前以一萬兩買洋一萬三千五百元，玆以一萬三千五百五十元買銀一萬兩以還之，兩兩相抵，須虧五十元，）於是設計抵抗，特將寧波之洋拆擡高。（寧波係洋錢碼頭，故有洋拆而無銀拆。）蓋乙亦知甲之銀兩係借洋款買來，多壓一日卽多擔一日之利息；甲必須購求洋元以償其所負也。此時假設洋拆五角（洋元利息爲每千元每日五角），則一萬三千元須日息六元七角五，一週（七日）四十七元二角五；此係甲所負。此時銀拆二錢（甲銀在上海放出每千兩每日二錢），則一萬兩一日可得二兩，七日可得十四兩，約當二十元；此爲甲所得。負與得兩抵尙虧二十七元二角，則甲失敗。在乙一方面則於銀兩之價耗五十元之外，尙須負一星期之銀拆約二十元，除去四十七元之利息，（乙之洋元亦須放出，並非死藏，）尙虧二十三元之譜，是乙亦失敗。豈非兩敗俱傷乎？此不過爲說明便利計，事實上恐非易易。蓋此時之孰勝孰敗，當視兩方勢力之孰弱。設甲急欲還洋，則不得不以較低之價出售其銀兩，於是乙遂得以較廉之價買得銀兩。是乙操勝算而甲歸失敗。反之，乙急欲還銀，而甲則優遊以待，則乙不得不降期，而甲乃奏凱焉。

洋拆在寧波，原依寧波市面之情形而升降。銀拆則在上海定盤，不爲寧波所左右，故洋拆漲時甲不敢多買銀兩，以防虧本。甲不多買銀兩，則寧波之洋元不多出口；洋元出口不多，則洋底不空；洋底不空，則現水不致甚高。（現水已見前段，卽係現洋比較過帳洋——劃洋——所得之申水也，現洋愈少則愈貴，現水當然愈大。）

甲乙相爭，甲派之勢力超過乙派，於是有『呆板洋拆』。所謂『呆板洋拆』者，（按洋拆以五角計，如前所述，一萬三千五百元之週息必爲四十七元，每月約二百元，每年約二千四百元，其利率約合百分之十八，其數甚大，危險頗鉅）卽約定洋拆之最高限度，不得超過百分之六。如是甲派可安心運算，放膽抛做上海規元。洋拆旣定，危險輕，於是多賣出洋元，買進銀兩；寧波洋元聯袂逛上海，流連不返，洋底空虛；於是甲乃擡高元價（卽規元之價）自一三五至一三六，一三七上升，元價愈大，現水亦愈漲，存款者愈恐慌，現洋尤不易吸收矣。以後官廳出示禁止，中國銀行亦運大批銀元前往鎭壓，此五六年前事，雖現水漸漸壓平，然卒未革除，迄今仍在。

從上諸例觀察，銀拆與洋拆並開，流弊甚大，蓋恐昔日之搗把復現也。故欲廢止規元非銀拆洋拆並開之辦法所能奏效，不如另向錢莊開談判，啗以利益。察錢莊之所以堅持用銀者，因彼貪存放出入一毫二忽五之利益故也。蓋錢莊向例，存銀有息，存洋無息；譬如以洋萬元往存，按當日洋釐拆成銀兩數，如當日洋釐爲七三四一二五，則應合銀七千三百四十一兩二錢五分；惟彼則將一二五抹去核算，只記收七千三百四十兩。至提取時則按提取當日之洋釐加上一二五核算，譬如提取日之洋釐仍爲七三四一二五，彼則按七三四一二五核算，原存七千三百四十兩（係一萬元），只能提出九千九百九十六元零，是一出一入之間，錢莊卽得三四元好處。且此所謂一二五者，係按規矩交易，稍不講情面，則竟照二五計算，亦爲常事（二毫五忽）。必欲存洋，則無利息，蓋因彼無利可圖，無一二五可扣故也。

吾人知其如此，可以向錢莊疏通。原來存款每月利息係按逐日銀拆每月合計之數打九五折計算者，許以按九折折算。例如一月三十天，每日銀拆漲落不同，逐日加上三十日之銀拆相加為十三兩（假定）。存息向按九五折計算，即打一九五扣，每千兩每月之存息為十二兩零三錢五。放息向係按銀拆月計，再加四五兩計算者，即十三兩之上再加四五兩。如錢莊願將銀拆取消，改開洋拆，則存息可以按九折或八五折算；放息可以多加一兩，昔日加四五兩者今日可加五六兩。如是錢莊所得之利足以彌補其一二五之損失，是明以一二五同樣之利益代之，要求其改用洋拆，取消銀拆。（上海錢業公會定章，對於拆息及往來存放利息規定如下：（一）同業銀拆最高以七錢為限；（二）往來存息按月由本公會召集同業公決，但最低以二兩計算，均以九五扣算；（三）各種存息視市上供求緩急酌定之；（四）往來欠息視往來息照加，倘往來存息未及四兩五錢時，仍以四兩五錢為底碼）。

雖然，此項計劃果能辦到，則錢莊之勢力將掃地以盡。蓋目今錢莊之好處不僅在『一二五』，實在其匯劃之便利及其莊票之勢力。莊票係錢莊之第一債務，在歷史上久已得外人之信用，銀行本票不能出貨，不得不屈伏於莊票勢力之下。而莊票則係銀票。上述之辦法如錢莊允諾，則規元去，洋元來；換言之，莊票去，洋票來。洋票推行，外人如不信則可予以現洋。銀行之現洋十分充足，如成色亦好，則洋票自漸漸為外人所信用，莊票自然消滅，錢莊勢力潰敗矣。

然則如何而能使洋票見信於外人乎？則在現洋充足，成色良好。如何使現洋足用，成色良好乎？一言以蔽之曰，『自由鑄造』。故自由鑄造乃改革幣制之第一步。上海造幣廠早日成立，此則鄙人之深願也。鄙人平日抱定自由鑄造之主張，研究愈深，覺得平日之主張不謬，還祈金融界之領袖三致意也！

價值

曲殿元
王清彬 筆記

『價值』(value)一字，雖甚普通，然其意義，實可以分析言之。其可以錢幣計算之者，例如書之價值，鑽石之價值，花園之價值等是也。其不能以錢幣計算者，例如口才之價值，祈禱之價值等是也。然無論何種價值，其中皆有一共同之概念，即『有用』(usefulness)是也。經濟學中所講之價值，多為交換價值(exchange value)，『有用』觀念在經濟中謂之『效用』(utility)，亦稱有用價值(use value)。然則效用價值與交換價值，究有何種關係？交換價值者，即交換之比例之意。現代世界中，一切生產事業，概以交換為目的。故交換價值，究較有用價值為更重要。雖然，價值決不起於交換也。蓋即無交換，仍得有價值。例如保和殿者，雖無人收買，然仍有其自身之價值。交換價值僅為一種比例，非價值之源泉也。然則價值究從何而起？經濟學中各學派對於是問題，各有不相同之意見。然大略區之，派別有五：

(一)勞力說(labor theory)；

(二)生產費說(cost of production theory)；

(三)效用說(utility theory);

(四)邊際效用說(marginal utility theory),其中包有社會邊際效用說;

(五)社會價值說(social value)。

(一)與(二)係在供一方面,(三)(四)(五)係在求一方面茲分別申述之:

(一)勞力說

主持是說者,有亞丹斯密(Adam Smith),李加圖(Ricardo),馬克思(Marx)等。斯密之論據,謂『用兩日工夫所成之物,比較用一日工夫所成之物,終大一倍。』李加圖謂『各種物品之比較的價值,都由比較上所作的工作而定。』換言之,工作愈多價值愈大。馬克思之說,亦與是相似。是三人皆知勞力與價值有關係。其故正因當時無大規模之生產(large scale production),一切生產,皆由手工去作。故彼等只能想到工作(勞力)與價值之關係,然彼等亦非完全不問效用。(工作即英文之cost,含有成本之意,凡成本大者其價必大,此就供一方面而言也。效用係從求一方面發生,凡物之能滿足我之慾望者爲我所需,成本雖輕,其價或甚大,故效用與成本截然兩物。例如亞丹斯密有一疑謎,彼自己亦不能解決者,即『鐵之用處雖大,然價值小,而鑽石之用處雖小,然價值反大』是也。終至舍去此問題而不加解決。馬克思亦如是,故彼謂:『有用』爲『物性』(quality),而我等所論者則爲『物量』(quantity)。言至此,遂置之不決。

(1)對於勞力說之第一疑難,即其所謂『勞力』究係何指也。其所謂勞力,係專指『手工』(manual labor)

（或肉體之勞力）耶？抑指精神上之勞力（mental labor）耶？抑泛指二者耶？

（2）第二疑難，即同一種『手工』之中，又有熟練與不熟練之區別。而是二者中，又各有許多區分，例如一美術家兩天之工作較一聽差兩月之工作猶大，此何故歟？再進一步，謂勞力爲價值之原因固可，然已成之貨往往不能出售，如冬季之草帽，夏季之火爐，皆因時令不合，而失其大部份之價值，然其勞力固絲毫不差也，此何故歟？

（3）第三疑問，所謂勞力係指用於現時之勞力耶？抑合以前總共爲生產是種物品所費之勞力耶？譬如開金礦者，先開若干礦穴，費去許多勞力，犧牲許多生命，毫無所得，最末開至一礦，始掘得礦苗，然則此礦（最末之礦）之價值，係專由於最末一礦所費之勞力耶？抑合所有總共所費之勞力而言耶？

（4）第四疑問，又如同一汽車，對於富人則有價值，對於貧人則無價值，其勞力雖同，然其價值不同，此何故歟？又如紹興酒，愈陳則愈有價值，其勞力則未嘗有異也。又如公園之大柏樹，鋸去則價值小，不鋸則價值大，是雖費勞力而價值反小也，是何故歟？

（5）第五疑問，近年來俄國大事改革，將舊有各種制度一律推翻，幣制亦在其內。推翻之後，實行物物交換，無所用其貨幣。物物交換之標準，則爲每小時內之工作，譬如甲之一物以三小時造成之，乙之一物以六小時造成之，如甲欲以己物換乙之物，必交兩倍於乙，此制行之未久，引起無窮之糾紛，遂歸於失敗，今日已恢復舊制矣。其失敗之理由，則在於工作之容量不易計算。譬如教科書一本，其所含之工作究有若干，無從查明。印書之墨，究以若干工作製成乎？黏書之膠水，究以多少工作造成乎？其紙張或由外國運來，火車站之小工，輪船上之水手，以及燒火者，管機器者，碼頭上之挑夫，郵政局之信差，承做押匯之銀行（紙張或用押匯方法運來）印刷局之工人，以及書鋪之夥友，對於此書皆有工作上之關係，試問各出工作若干，以便計算其總量。否則此書所含之工作無從推算，欲以之與他物交換，何從而定其交換之比例耶？

（二）生產費說

主持此說者以約翰彌爾（J. S. Mill）為最力。是時機器已發明，非如斯密時之專有手工也。故已知生產之要素，不僅為一勞力，尚有更要者之資本（capital）也。彌爾謂一物之價值由三種要素組成，即工資，利息，利潤是也。成本（cost）有三種：一曰遞增成本（increasing cost），一曰遞減成本（decreasing cost），一曰固定成本（constant cost）。成本隨生產量之漸增而亦增加，（此處所謂成本非指總共成本，係指單位成本，下同，）謂之漸增成本。成本隨生產量之漸增而反漸減，謂之漸減成本。生產量雖增，而成本不變，謂之固定成本。譬如耕種以一倍之生產費，獲米五斗，若用兩倍之生產費，未必能獲米十斗，假定只獲九斗，此之謂遞增成本。反之，印刷局以一倍成本印書一千本，若用兩倍之成本，或可印三千本，無論如何，必在二千本之上，此之謂遞減成本。今姑以漸增成本為例，而釋明成本與價價之關係如下：甲辛一直線示生產量之多少，辛丑為需要曲線，甲子為供給曲線。前者示需要隨生產量之漸增而漸減，後者示供給隨生產量之漸增而亦漸增，即成本之漸增也。乙丙即價值（交換），亦即成本，然正因是處成本等於價值（交換），故謂之邊際成本（marginal cost），其生產人謂之邊

圖一

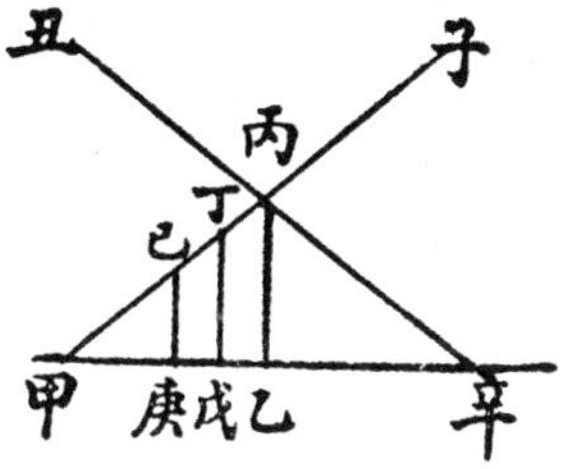

乙丙=成本=價格

圖二

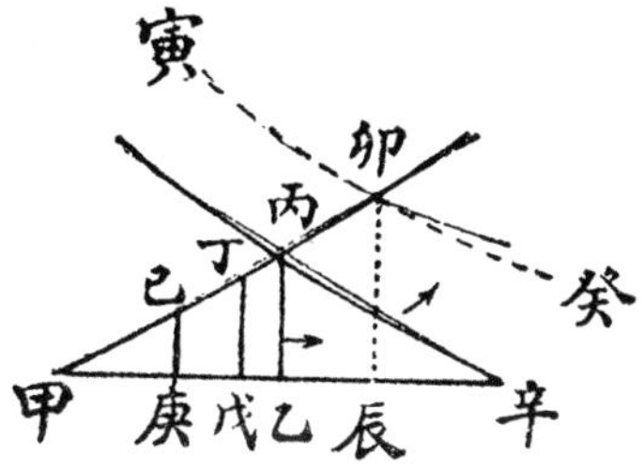

際生產者(marginal producer)。蓋以如許成本生產之人，其所得之報酬(return)將足支付一切應付之費用例如工資利息等是並無餘利也。丙為辛丑與甲子相交之點，交換價值即為此點所限，蓋丙乙等於邊際費用，亦等於交換價值，無所盈虧也。其在乙丙左方之生產者，謂之邊際內之生產者(entra-marginal producer)，例如丁戊，己庚等是也。彼等所得之報酬，除支付一切應付之費用外，尚有餘利。蓋其單位本少於市場之價格也。物價為邊際生產所定。譬如邊際生產者所產之米定價每石十元(乙丙)，而其成本亦是十元，故邊際生產者不能有餘利，但邊際以內之生產者，其成本較小(如丁戊，己庚等小於乙丙)而其所得之米價則與乙丙同，每石仍售十元，故有餘利可得。大凡生產者愈在邊際之內，愈有利可得。

若生產量由甲乙漲至甲辰，則邊際成本為卯辰，若需要亦增加(箭頭示增加之方向)由辛丑曲線升至寅癸曲線，則價格適等於邊際成本，即為卯辰，若需要曲線不升，則為過度生產矣。

若需要已增，由辛丑漲至寅癸，而供給未增，未由甲乙增至甲辰，則價格為卯辰，而成本為乙丙，生產量仍為甲乙。求多供少，生產者為利所誘，必漸漸增加其生

圖三

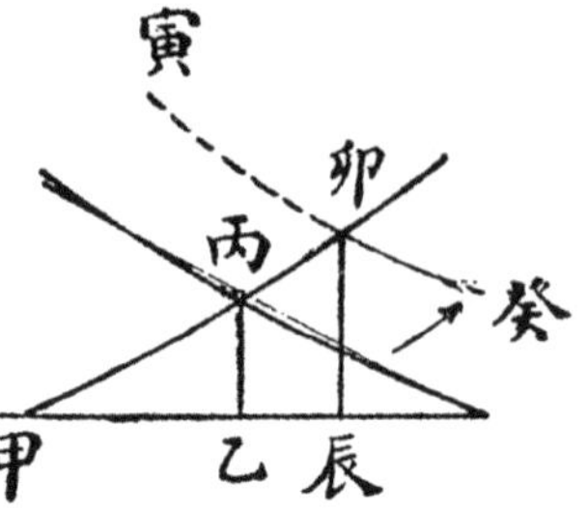

產由甲乙至甲辰，而邊際成本由乙丙增至卯辰，適與新價格相等。自是以後，乙丙遂變爲邊際以內之生產者矣。

彌爾之誤點，卽在是處，蓋彼專重成本，卽注重於供給，一方而置需要於不問。然實際上，需要若未定則價值（卽交換價值，亦卽價格）亦不能定（如上圖所示）。且生產者視價格之高下，以定其生產之方針，若價格高於成本，則彼必增加其生產量（如圖三）。故由是推之，不獨供給能定價值（交換）反之，價值（交換）亦能定供給也。此彌爾之誤點一也。

且其所謂生產費一辭，亦曖昧不明，究指「必要的成本」（prime cost）耶？抑兼指「必要的成本」與「補助的成本」（supplementary cost）耶？所謂「必要的成本」卽非要不可之成本也。例如原料之購買費，勞力之工資等，是彼所得之報酬中，至少須足夠此等費用之支付，否則將虧本矣。所謂「補助的成本」者，係指一般營業費之一部，例如廣告費等是也。茲舉數例以明之。

（a）譬如各地基督教青年會要在北京開會，要求交通部減收票價，交通部允之，但交部所定之特別價，至少足以補償必要的成本，如煤費等類，否則反虧本矣。至其餘之用，如車站之租金，管理之薪水（補助的成本）等，似可不必計算在內。蓋青年會不在北京開會，此項費用亦不可省也，所燃之煤，因爲青年會會員開特別專車而耗去，故須計算在內。而車站之租金與夫管理局之薪水，並非因青年會在京開會而支出也，或可不必計算在內。由此觀之，交通部所定之票價，必有兩種，一種包括補助的成本在內（卽平日所售之票），一種則剔出也。彌爾謂價値之原因在生產費（成本），未識所謂成本將何所指也？又如輪船運貨出口及其卸貨之後，如無外貨可載，卽須以空船駛回本國。倘中途遇有貨物，亦可滿載而歸，其運貨必較平時爲輕。蓋不運全歸損失，運倘可稍資彌補也。由此觀之，輪船之運價非皆以全部的成本爲根據也。

（b）例如投賣政策（dumping），卽不能以生產費說解釋者。本國生產一種貨品過多，則以其一部分運去外國，以賤價售之，使國內之供給額減少，而升高其價格，謂之投賣政策。是成本雖同，而價値卻異，生產費說能解釋之乎？

（c）又如有數個工塲，甲乙丙等互相競爭，甲因力弱，不得已只好將貨品低價賣出，只將必要的成本賺回卽足矣。蓋若停工不作，則機器已設備完畢，一時不易售出，且所僱工頭亦不能立卽辭退，則所費亦不少，反不如低價賣出，猶可以支持一時，以待機會。若停工不作，則市塲之位置，將爲乙丙等工廠所奪，卽將來欲重振旗鼓亦有所不能也。例如中華書局不能敵商務印書館，然卒不因此而停業，只好暫爲支持，以待機會。是故價格延長時間中，固須與生產費泛指各種成本相符，然短時間內則未必。

再進一步講，則成本中如原料工資等，亦各自有其自己之生產費，例如布之必要的成本爲工資與原料（棉紗），而此項原料（棉紗）亦有自己之成本，卽工資與棉花，如是而生產費又依於他生產費矣。故有人主張分成本爲『生產費』（cost of production）與『生產開銷』（expense of production）二種。前者中包括『實在之成本』，(real cost) 只算勞力，而不算工資。後者只包括實際上之開銷。故算工資，而不算勞力。(勞力爲生產費，工資爲生產開銷)

(d)又如運輸業，亦不能生產費說解釋之。何也？蓋其所定之運費，並不按照成本也。例如煤塊占地多而運費甚廉，鑽石占地極小，而運費極高，不知大於煤塊幾十百倍，故運輸業中有一諺語曰：『旅客能擔負若干則令其擔負若干』(charge what the trafficker will bear)。

(e)又如壟斷價格(monopoly price)亦不能以生產費說解釋之。蓋壟斷價格不依於生產費，乃依於利潤，利潤最大處，必爲壟斷價格成立之點。現在之營業大半皆帶壟斷性質，例如鐵路電報等是。茲以圖解釋壟斷價格如上：

圖四

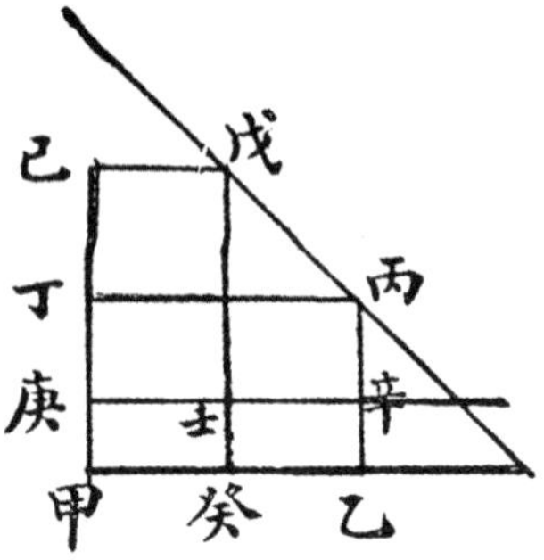

先假定此事業之成本爲固定者。(即無論其生產量如何增加，其單位成本永久不變。) 若產生量爲甲癸，即壟斷價格爲癸戊，成本爲癸壬。總共成本爲甲癸壬庚之方形，而總共利潤則爲庚壬戊己之方面形。若生產量爲甲乙，則壟斷價格爲乙丙，成本爲乙辛，故總共成本爲甲乙辛庚之方形，而總共利潤則爲庚辛丙丁之方形。壟斷生產者比較利潤之多少，而定其生產量。若庚壬戊己之方形大於庚辛丙丁之方形，則生產量必爲甲癸，而壟斷價格爲癸戊。反之，則生產量必爲甲乙，而壟斷價格爲乙丙。

(三)效用說

前兩段所述之（一）勞力說與（二）生產費說，皆注重於供一方面（supply side），卽價値之大小，須視物品所含之勞力或生產費之多少以爲斷。勞力大或生產費大則價亦大，否則價亦小。但所費者少，出品必多，採煤之費甚小，故其產量甚大，產量大則價小；採金之費甚大，故其產量甚小，產量小則價必大。吾故曰勞力說與生產費說，皆注重於供一方面者也。但生產者（卽賣者）究能得値若干，須視購買者（卽求者）之能出若干代價以爲準，定價之權，似不在賣者，而在買者。（但在壟斷制度之下，定價之權，似在賣者。）苟買者對於賣者之出品無大需要，決不肯出高價以購買之，則賣者無論其成本或勞力爲多爲少，只有減價賤賣，或竟拋棄於地，歸納於損失帳之內，此外別無良策也。此就定價之權而言也。若就銷貨額而言，事同一律，蓋賣者能銷售若干，全賴乎買者之能買若干，而買者之能買若干，則賴乎價格之大小，價大則少買，價小則多買。譬如米商售米，定價每石十四元，買者以爲太昂，都不願買，遂發生供過於求之現象，於是由十四元而十三元，買者仍不踴躍，復由十三元減至十二元，買者稍多，而所儲之米已有四分之二出售矣。其餘之四分之二，仍無買主，於是不得不再減價，改行市爲十一元，買者紛紛而來，而餘米遂售罄矣。由是觀之，（一）定米價之權，似多半操於買者之手；（二）銷數之大小，與定價適成反比例，亦由於買者所定也。

綜以上所述，可知求與價値之關係，比較供與價値爲尤大。但求者何以與物價發生關係，則以其對於各種物品，皆有慾望，對圖畫有美術上之慾望，對學問有精神上之慾望，對食物有飲食上之慾望，凡能滿足伊之慾望者，均有效用，有效用而後始有價值。未聞無效用之物，而有價值者也；亦未聞有無價值之物而有效用者也。雖然，買者之慾望有時亦可以由賣者引起之，譬如綢莊之送新花緞樣於顧客，使其興趣驟增，各戲院之登廣告於報章，使觀劇者注意戲目與名角，但緞之買與不買，與戲之看與不看，其主權仍在顧主，緞與戲之價值之大小，當以其滿足顧客慾望之能力為標準，非賣者所能操縱也。

求與物價之關係，如此密切，已如上述，但仔細研究，亦有未盡善者，茲舉數例以明之：

(一)今日之時式洋車每輛至多售洋二百元，但擁貲千萬之軍閥太太對之毫無慾望，即或有之，亦極微細，而洋車不因其慾望之少而減價也。反之，各衙署之下級差遣出入步行，對於洋車需要極大，有希望自置新式洋車而不得者，而洋車亦不因其慾望之大而增價也。如是人之慾望各各不同，而洋車之價值依然不變，此何故歟？若謂價值從求一方面發生，則何以求已變而價值不變？

(二)能飲之人，於未飲之前，對於佳酒，慾望極大，既醉之後，慾望極薄。同一人也，其慾望因時而異，而酒之價值，固未曾稍變，若謂慾望為價值之源，何以慾變而價不變？

(三)亞丹斯密所舉『鐵之用處雖大而價值甚小，鑽石之用處雖小，而價反大』之疑謎，亦不能以效用說解釋之。今日之社會，非鐵不足以度日，鐵具之中，小者如菜刀，爐竈，大者如鐵軌，機器，皆為文明社會所必需之物，即謂社會文野之別，在用鐵之多少，亦不為過。若夫鑽石，則於文明似無關係，足見其效用之小，何以其價反大？

以上三種疑問，皆可以邊際效用說解釋之。

（四）邊際效用說

以上所述之（一）勞力說與（二）生產費說皆偏於理論，不足以解釋價值之起源，但主張（三）效用說者，固能言之成理，然一經詳細研究，亦有未盡然者。今日社會之財富，如米，如煤，如鐵，如金，種類不一，名目繁多，非一人所能獨有，即曰能也，則此種物品皆成廢物，必無價值之可言。蓋一人之用途有限，而物品之供量無窮，供求不抵，自成廢物。以此之故，吾人對於物品之總量，不發生何種慾望，余所需之白米，不過一二擔而已。余之慾望係對於此一二擔米所發生者，幷非對全國產額所發生者。換言之，即比較的多些少些之慾望也。譬如赤貧之家，存米一斗，此一斗米之重要可知，樂善好施者流，知其生活艱難，另賜米一斗，計共有兩斗（較前多些），則兩斗之中每一斗之重要，比較一斗時稍遜矣。倘再加一斗，計共三斗，則三斗之中每斗之重要，較二斗時更差矣。如此類推，則斗數愈多，每斗之重要愈減，足見吾人對米之觀念係多些少些之觀念，非產米總量之觀念也。

米如此，其他各物亦莫不如此。譬如住宅，其間數之多寡，須視居住者之多寡而定。人多屋少（假定四間），必有偪促之感，勢必設法增添一間，以應急需。此五間之中，每一間之效用，比較四間時每一間之效用為小。若以後陸續增加，自五而六而七而八，則以後每一間之效用，必不如以前每一間之效用（效用遞減）。若增至四五十間，或八九十間，其效用或直等於零矣。但其他情形，假定不變，蓋情形變（如人數加多，地位升高），則房屋之效用自不能遞減矣。

食與住，皆吾人所必需者也，其與吾人之關係，係比較的多些少些（ little more or little less）之關係。

世界所有之米，與所有之房屋，與吾個人不發生何種直接關係也。第一斗之米，其實行效用爲十，而其總共效用(total utility)亦爲十。若增至兩斗，其後加一斗爲邊際上之一斗，但實際上兩斗之中任何一斗均可作爲邊際上之一斗(marginal bushel)，每一斗之實在效用爲九，則兩斗之效用爲十八(以兩乘之卽得)，其總共效用則爲十九，(一斗時之每一斗效用爲十，二斗時之每一斗效用爲九，相加卽得十九)倘再加一斗，計共三斗，則三斗之中無論何斗，皆可作爲邊際上之一斗，或最後(final)之一斗。每一斗之實在效用爲八，以三乘之，則三斗之實在效用爲二十四，其總共效用則爲二十七，(十加九爲十九，又加八則爲二十七)，請設圖以明之：

圖五

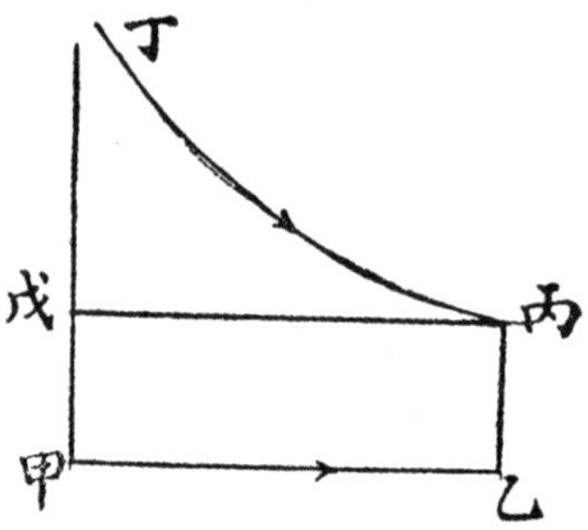

甲乙直線表示某物品單位之漸增。箭頭表示效用遞減之方向。甲丁爲第一單位之效用。乙丙爲最末單位之效用，卽邊際效用也。丁丙曲線表示效用漸減之象。箭頭表其方向。甲乙丙戊方形謂之『實在效用』(effective utility)，卽邊際效用乘某物品單位之數目之積也。甲乙丙丁方形謂之總共效用。

一斗時之每一斗實在效用＝10
二,,,,,,,,,,,,,,,,,,,,,,＝9
三,,,,,,,,,,,,,,,,,,,,,,＝8×3＝24實在效用
總共效用＝27

觀上圖，可知三斗米之總共效用爲二十七(三數相加)，其實在效用爲二十四(以三乘邊際上之效用八卽得)。但總共效用與人類不發生何種關係。吾人赴市場購米，付價若干，須憑最

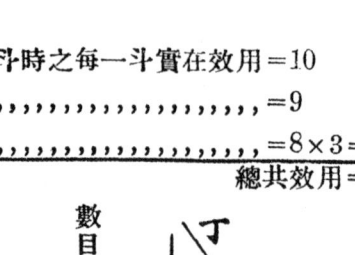

後一斗米之效用之大小，大則價高而米貴，小則價低而米賤。最後一斗之效用小，價値低，其餘二斗之效用亦小，價値亦低。蓋此三斗米皆處於平等之地位，在實際上無論何一斗皆可爲邊際上之一斗，固無先後之區別也。

故欲知三斗米之實在效用，祇須以三乘之吾人赴市場購米係照最後一斗米之效用八或三斗米之效用二十四計算價値。若夫總共效用二十七，則毫無關係。其理由則在乎米之總量未必悉數運至市場作買賣之用，其中一大部份尙在農人手中，或尙未收穫，又一大部份堆在倉庫或在運輸中。其已經運到市場者，爲數有限，吾人交易，卽以此有限之米爲目的。以此之故，北京缺米，其價必貴，廣東雖多米，不足使北京之米價低落。吾人祇就北京之米而計算其實在效用，不就全球或全國所產之米（連廣米在內）而計其總共價値。故總共價値與吾人生計無大影響也。

海中之水與空中之空氣，與米原無區別，則何以米有價而海水與空氣爲無價耶？米之實在效用，與米之供給俱減，已如上述，故米愈多，效用愈少。但米量究屬有限，其最後一斗之效用決不至等於零。例如有米一百萬擔，最後一擔之效用爲·00004，則以一百萬乘之，卽得四百（·00004×1,000,000＝400）。若夫海水與空氣，則因其爲數太多，其最後一單位之實在效用，必等於零，再以總量乘之，仍等於零。此海水與空氣之所以無價値也。至其總共效用，則無窮盡，必遠在米之上。但總共效用，於計算上不發生關係也。

或者曰子言誠是，但『錢』之效用未必依此原則而定。蓋錢愈多，其效用愈大也。吾人對於衣食居住之慾望，固屬有限，而對於錢，則覺得多多益善，從未見有人惡其錢之多者。則邊際效用之說，豈不根本推翻乎？吾應之曰，錢之性質，與凡百物品不同。蓋錢之作用，在乎購物，吾人所需者物也。錢可以致衣食，而自身不能充衣食。故吾人一面購物使之進來，一面付錢使之出去，倘錢不出去，所需之物決無從進來。故錢之爲物，在表面視之似多多益善，而其實則錢非離去不可。吾人對於錢所以不覺其多者，並非對於錢之本身抱無窮之慾望，實對於各種物品爲無厭之求也。錢愈多，則所購之物品愈多，或其種類愈繁，或其質地愈精。人類之進步愈速，物質上與精神上之慾望亦愈多，故對於錢常有不敷應用之感。錢之效用遞增，因吾人對於萬物之需要無窮。若夫錢之本身，如銅子或現洋，則人人厭其笨重，咸不願隨身多帶，其效用固屬於遞減。

問者又曰：子之解釋固屬持之有故，言之成理，但吸鴉片煙者，愈吸愈有味，第二口之味比第一口尤厚，第三口比第二口尤厚，直至煙癮已過，始知多吸之無味。酒之於人，亦復如是，其效用遞增，並非遞減，則邊際效用之說，根本上尚能成立乎？吾應之曰：此當視爲例外，但一過要點，其效用遞減，仍不能逃邊際效用之原則也。請以圖表之：

圖六(上)

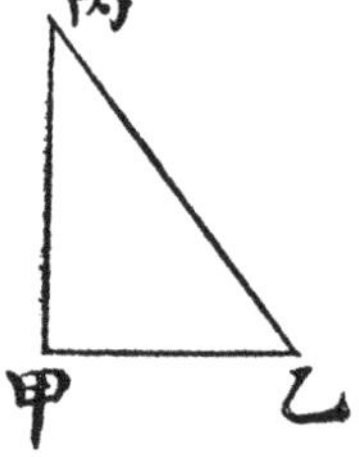

丙乙爲曲線，表示效用之遞減

圖六(下)

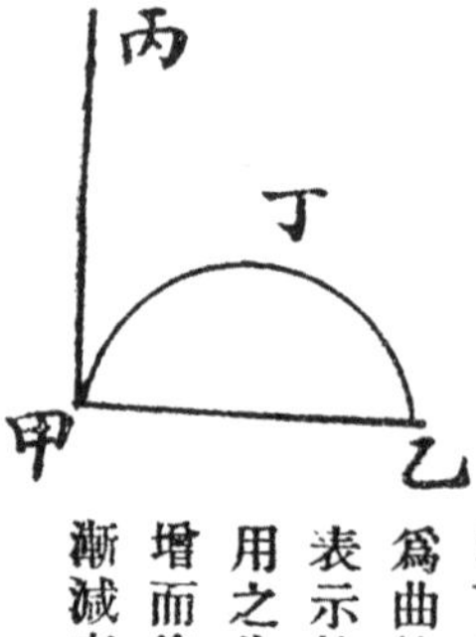

甲丁乙爲曲線，表示效用之先增而後漸減者

明乎邊際效用之說，則亞丹斯密『鐵之用處甚大，其價值反小，鑽石之用處甚小，其價值反大』之疑謎，不難以數語解釋之矣。鐵之用處甚大，而其邊際效用甚小者，則以其數量甚多故也。鑽石之用處甚小，然富有資產者對之有裝飾上之需要，且其數量有限，其邊際效用當然甚大。

吾人談效用說之時，曾舉『軍閥太太對於洋車毫無慾望而各衙署之下級差遣，則對之慾望甚高』之一例，亦可以邊際效用說解釋之。軍閥太太擁資千萬，出入汽車，對洋車本無需要。換言之，洋車之爲用，不足以滿其慾望，效用何由發生。若夫下級差遣，則出入步行，或雇車代步，苟能自置洋車，豈不喜出望外。洋車之爲用，實足以滿其奢望而有餘，其邊際效用當然甚大。（主張邊際效用說者，以奧國學者爲最有力，所謂奧大利學派 Austrian school 是也。最著名者爲巴威克 Bohm-Bawerk，美紐 Menger，風維叟 Von-Wieser 三人。吾國學者初學時可以先從研究美紐之自然價值 Natural Value 一書入手。）

（五）社會邊際效用說

以上所述之鐵與鑽石，與我本人皆無直接關係，我家所用之鐵，只有刀爐等器具而已，此外無大用途。至於鐵路局之鐵軌，各工廠之機器，營造公司之鐵柱，兵工廠之槍礮，與吾個人皆無直接關係。若夫鑽石，則尤不相干，何以吾人不當廢物而拋棄之耶？此殆由於鐵與鑽石皆爲社會所需也。邊際效用云者，乃社會邊際效用（social marginal utility），其效用之高低程度，由社會所定，非一人所能獨斷。吾人對於鑽石汽車槍礮等物，雖無需要，然決不因此而棄之於地，必設法售之於社會，使有需要者得能利用之也。以此之故，此種物件對我，仍有間接之效用也。鐵對我之直接效用，或較鑽石爲大，但其對於社會一般之邊際效用（即對我之間接效用）則決不能與鑽石相敵。是故鑽石之價值（交換價值）所以大於鐵者，係因鑽石之社會邊際效用大於鐵之社會邊際效用，故也。(主張社會邊際效用說者以塞李格曼 Seligman 爲有力。)

總以上所述，可知舊派經濟學者所舉之有用價值 (use-value) 與交換價值 (exchange-value) 絲毫不相衝突。亞丹斯密所以認爲兩不相容者，以其信勞力說太深也。若以勞力說或生產費說解釋價值之原因，則此兩種價值勢成水火，決無融洽之一日。若以社會邊際效用說解釋之，必無衝突之餘地。譬如荒島有一人，拾一麵包一菓子，則彼將猶豫於食麵包與食菓子之間。蓋彼不知麵包與菓子二者，效用孰大也。故二者之效用皆已達於邊際點，即二者之邊際效用正相等也。是故邊際效用必須有兩個欲望互相排擠時，始能實現。至此人出荒島而入於今日之社會，則麵包與菓子之價值，皆由社會定之，而交換價值遂現。是故先有價值，然後始有交換，有交換，則物品皆有交換力 (exchange power)，此交換力即其價值之結果也。

不獨效用能以邊際解釋之，即成本亦然。但此處所謂成本並非生產之開銷，乃生產之『實在的成本』(real cost)，即勞力 (labor)，犧牲 (sacrifice)，或反效用 (disutility) 也(勞力可作反效用觀)。

反效用(或稱消極的效用)與『無效用』(inutility)不同，前者爲痛苦犧牲等意，而後者則既無快樂，亦無痛苦，即無關之意也。

是處所謂『成本』係『社會成本』(social cost)，非『個人成本』也。譬如一人，教跳舞者覺跳舞爲甚痛苦，然學跳舞者則覺快樂。個人之成本因人而異，故不能以之解釋『價值』，總以『社會成本』解釋之。

因有效用而需要有限制，因有成本而供給有限制。效用隨生產量之加多而漸減，而成本則隨之而漸增。至於一點則效用等於成本，是即社會邊際效用與社會邊際成本相均衡之處也。作圖表之如左：

圖七

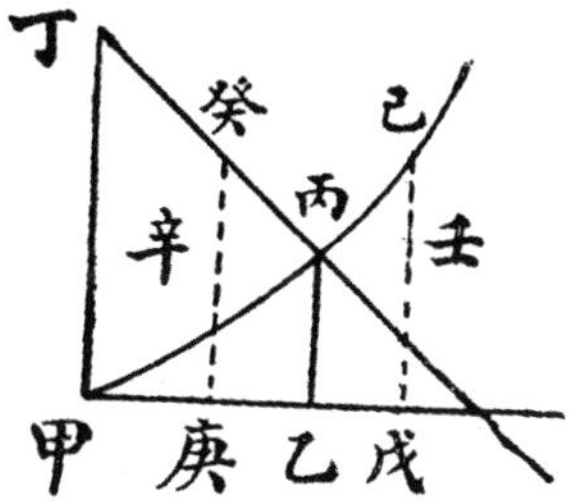

乙丙＝邊際效用＝邊際成本（成本遞增）丁寅表示效用之遞減，甲丑表示成本之遞增。成本適應效用。例如生產量若爲甲庚，則成本爲庚辛而效用爲庚癸。故效用大於成本，不如再加多其生產量之爲利。若生產量爲甲戊，則效用爲戊壬，而成本爲戊己，故成本大於效用，甚爲不利，不如減少其生產量。若生產量爲甲乙，則成本將等於效用（乙丙）是即最有利之處也。

是故成本雖爲價值之尺度，然究非價值之本源，蓋成本仍須適應效用也。

（六）社會價值說

前段所述之邊際效用說，爲近今經濟學者所認爲比較的可信者。換言之，奧國學派之勢力侵入歐美各國，即謂瀰漫於全球，亦不爲過。泰西各國學者之思想，多受其束縛而不能自拔。吾儕遠在東亞，平日所讀之書與夫學校中所教之課本，幾無一不宗邊際效用說者，則吾國青年學子於不知不覺之中已得一深刻之印象，以爲於邊際效用說之外，別無他種學說與之相敵者。近來美國有一少年經濟學家安得遜（Anderson）著社會價值(Social Value)與幣値(Value of Money)二書，痛駁邊際效用說之非是。惜陳義過高，而文詞又不甚清楚，讀之不易了解。但仔細研究，頗有興趣，茲將其大致約略言之如左：（社會邊際效用說胚胎於邊際效用說，如後者推翻，前者亦不能存在矣。）

（甲）評邊際效用說之非是　前段所述之米，其實在效用，隨數量遞減，直至邊際一點，方猶豫不決，買與不買，須默察他物之效用後，方可決定。譬如中等家庭，每戶平均所購之煤球約四百斤已足應用，倘多至五百斤，則第五的一百斤之效用，不如再買醬油五斤之大。（前已買五斤，現在須再買五斤。）故在主持家務之女太太，於第五的一百斤煤球與第二瓶五斤醬油之間，必為一種抽象的較量，有時竟猶豫於二者之間，而不能自決，或須待決於丈夫。而這位女太太，當此猶豫不決之時，即居於邊際一點，但不落邊際之下，此種抽象的較量，為人人所必須經過者。例如某甲攜有現洋一元，欲用之以圖快樂，或觀劇，或看電影，或吃西菜，均可，但於未決定之前，必有一種抽象的較量，如觀劇之念甚濃，則必舍電影與西菜而去觀劇。又如某乙欲就其平日相識之女友中擇一而娶之，但年齡學問品貌相等之女子不止一人，不便棄此親彼，當此之際，某乙躊躇不決，無所適從，已居於邊際一點。又某丙赴水菓舖購買水菓，對於梨橘兩種，遲疑不決，無所輕重，蓋梨橘兩者皆伊所欲也，如梨之效用稍大於橘，則舍橘而取梨矣。

以上所述，係邊際效用說精神之所在，據安得遜之意，此種學說，極不徹底，於兩種物品或兩種用途相比較時，必須有一種為已知者，否則其他一種之效用無從推算，例如有布兩疋，第二疋之長兩倍於第一疋，如第一疋為五丈（已知者），則第二疋之長（未知者）可以由第一疋推而得之，必其為十丈無疑。倘第一疋亦為未知數，何從而知第二疋爲十丈耶？故兩種物價相較，必有一已知之數與一未知之數，否則兩價均不得而知矣。前例中之梨橘，其效用均未知，如有人問橘之價值若干，吾以等於梨之價值若干答之。又問梨之價值若干，吾以等於橘之價值若干答之，而梨橘兩種價值均爲未知，試問如何而能推算得之耶？豈不自陷於模棱之中。此種辯論，謂之循環辯論 (reasoning in a circle)。

（乙）邊際效用說係靜的社會中之學說　靜的社會 (static society) 毫無進步可言，已成一麻木不仁之局，例如金銀之價如何規定，則須視金銀之用途以爲斷。金銀之用途有二：（一）作美術品，（二）作貨幣。故金銀運到市場之後，以若干作美術用，若干作貨幣用，則須視兩種用途之大小。如美術上之用途較大，其效用亦較大，金銀必由貨幣一部份流入美術一部份，直至兩種效用相等時爲止。蓋效用相等之後，而再繼續流入，不但無利，且有損失。反之，如貨幣上之用途較大，則必由美術而至於貨幣，直至相等爲止。相等者，平衡 (equilibrium) 之謂也。由是推論，貨幣之價值，非達平衡不得而知。但一達平衡，金銀卽不繼續流行，不繼續流行，卽無變遷，無變遷，卽呈麻木不仁之象，而社會成爲靜的社會矣。從可知邊際效用說係靜的社會之學說，爲不進步之表示。徵諸現在變動不已之社會，實不可通。因現在的社會，無日不在進行之中，製造之發明，與思想之變遷，爲其變態中之尤著者，故欲解釋價值之由來，非離去靜的社會不可。

安得遜反對邊際效用說之理由已如上述，並謂主張邊際效用說者，以價值爲邊際效用之結果，而吾則謂價值及邊際效用二者背後，尚有一根本原因，二者不過其結果而已。此根本原因，卽『動的勢力』(dynamic force)，亦即使社會進步之勢力也。其所持之理由，大略如下：社會不是靜的(static)，所謂靜的社會中，只有『靜的勢力』(static force)即各種勢力皆相平衡也。各種勢力既成平衡之狀，則社會不能進步矣。譬如一切企業家之行動全賴於利潤，利潤之大小則與社會變動之大小為正比例。即變動愈大，則利潤亦愈大，小則利潤亦愈小。至於平衡之時，則利潤縮至零，一切企業皆將歸於烏有矣。譬如歐戰時代，社會情形大變，工人多赴戰場，生產遽爾縮減，供不應求，物價大漲，企業家因此而獲鉅利，以致富者不知凡幾，故利潤之來源在變動。雖然，靜的理論非不正當，不獨經濟學中應用靜的理論，化學中亦若是。化學家在化驗室化驗藥品時，先假定只有一個元素變動，其餘皆不變，然後觀其結果如何。其他如測量，亦係如是。譬如欲測山之高下，須先知海面之水平線。然實際上，海面永無平靜之時，何從而知其水平線，是故平衡之狀態實際上雖不發現，然人皆假定其為眞實。故靜的理論亦非全謬。不過靜的理論終未表出『實在』(reality)來。蓋社會朝夕皆在變動中也。故靜的理論終不能如動的理論之近於實際。

美國經濟學大家克拉克(Clark)亦主持動的理論者，彼常謂社會中有許多勢力可以擾亂平衡狀況者，舉其大要的有五端：(一)人口之增加。人口一變，則供求之狀態亦隨之變動，勞力者之人數亦見變動。(二)資本之增加。資本加多，則須設法使用，調動。(三)方法之變動。一切生產方法，日漸進步，最適宜者，始能生存。例如運輸事業，由馬車變為火車，再變為飛機，他如一切發動力之變化，亦屬於此項。例如由天然力變為蒸汽力，再變為電力。(四)組織之變遷。例如由手工業進為大量生產，由自由競爭變為獨占事業。(五)消費者欲望之變遷。初民之欲望甚簡單，只求支持生活，食則只求飽，衣則只求暖，文明進步，則於飽暖外，又求奢侈品，以示一種與衆不同之意。（見克拉克著經濟理論抉要 Essentials of Economic Theory）

社會既爲變動的，則研究之亦應採用動的方法，始爲精確。安得遜則更以動的理論應用到價值上去。其所著幣值一書中分貨幣之機能（function）爲七：（一）價值之標準，（二）交換之媒介，（三）價值之儲藏（store of value）（四）延期支付之標準（standard of deferred payments）（五）法償（legal tender），（六）待機運用之工具（bearer of options），（七）信用之準備（reserve for credit）。

今請先講第七種，以觀其如何應用動的理論。安氏之推論如下：靜的社會中一切狀況皆呈平衡之現象，如是則無變動，故投機事業亦歸烏有，蓋投機之所以能得利者，專賴社會之變動，譬如我買公債票爲投機，乃因其價格變動，若其價格不變，則我何必買之？其他一切爲獲利之企業亦將消滅。既無企業，自無票據（票據由企業發生）；苟無票據，則一切信用如滙票，期票，貼現等，亦將隨之消滅，無所用其準備。故在靜的社會，無設立信用準備之必要。又如一人有地六百畝，須置種種工具，以備耕種之用，因手中無款，故不得已，欲將一百畝賣出，然不易尋得買主，即令尋得，買人亦未必恰欲買一百畝。若以之向農工銀行借款，立可得款。是故有信用則社會易於進步，反之，社會愈進步愈變動，則信用亦愈興盛。信用云者，以將來之貨物換今日之貨物之謂也。吾人以地五百畝作抵，向農工銀行借得之款，必有償還之一日，即以將來收穫之所得償還之可也。故信用之功能在以將來之貨換今日之工具也。信用既爲動的社會之設備，則爲信用準備之貨幣，當然爲動的社會之設備，而貨幣之價值，必因其爲動的社會之設備而發生。故幣值之來源，在社會之變動，即在其進步。今請再觀安氏所列貨幣之第六種機能（待機運用）以察彼如何應用動的理論。譬如我有五千元，若存於銀行作爲定期存款，其利率固較活期存款爲高，然定期存款，不能隨時支取，不如作爲活期存款以待機會。機會一到，立可取出而利用之。且在動的社會中，機會甚多，可以自由選擇，擇其最利者而從之。若作定期存款，則機會一到，不得任意支取，貨幣遂失其待機運用之機能。然社會中所以有機會可乘者，正因社會是動的。變動永爲進步之母，是故貨幣之第六種機能發現於動的社會。蓋變動多則機會多，機會多則貨幣可以收乘機而起之效。若在靜的社會，既無變動，無所用其貨幣，故謂幣值之來源在動不在靜，豈得爲過？

由貨幣第六與第七兩種機能觀之，靜的理論必不能解釋貨幣之價值明矣。他如第二種機能（交換之媒介）乃交換之結果，而交換則由於人類欲望進步之故，若欲望不進，則交換亦將消滅，而貨幣亦無價值之可言矣。

出洋學經濟與商科的留學生應有何種預備（在清華學校演講）

蔡可選筆記

兄弟今天講的題目，比去年前年來講的難的多。因爲以前的題目，有書可以參考，今天的題目是沒有。不免外行人來講內行話。但是我想到有幾個要點是要講的。這幾個要點，也是關於這個題目有經驗的人，和已出洋回國的人，討論并且贊同過的。所以我今天的講演，並不是僅僅代表我個人的意見。我想留學的人所應當預備做的事情，有下列幾點。

(一)寫信及書法　中國的字畫，是一種美術。外國人只懂畫而不懂字，所以他們對於中國畫尙敢批評，但是對於中國字則不敢過問。字寫的好壞，對於一個人的學問很有關係。留學回國的人，要是字寫的不好，社會上一般人一定以爲他的學問也不好，由是而看不起他。字與文章是兩樣的，字寫的好，文章不一定做的好，不過社會上是這一種心理，所以字是要寫的漂亮。文章與寫信筆墨又是不同，要想信寫的好，除非小說看的多，因爲小說是能長進寫信的。

(二)中國社會經濟情形　中國學生的缺點，是在專讀死書，書本以外，他就不知道了。諸君學商業，商業是與中國的經濟情形有關係，所以除書本上學理以外，國內的狀況也應該知道。這些知識，是非讀報章不可。近幾年來，經濟變遷極大，中國近年來已經很有變動，所以將來諸君留學回來時，與現在的情形又是不同。無論什麽事物，都不能離開經濟，有經濟纔有法律，中國近來情形雖不穩固，兵災水禍，紛至沓來，然經濟進步則未已也。這個可以從各方面看出來。

(甲)商人勢力擴大　以前商人的眼光很小，現在不然了。眞正的能够做一點事倒是商人。譬如救濟恐慌，以及做一切報告調查，皆是商人。還有以前銀兩盛行，現在多用銀元；以前墨西哥洋盛行，現在袁世凱洋盛行；這皆是商人做出來的。

(乙)人民注重經濟　近來國人對於經濟，漸漸注重起來。顯明的例，就是各地大報多闢有經濟欄。晨報因爲有『經濟界』卒能推廣銷路，已由學界而侵入商界。京報與益世報，亦加入此欄。其他如上海新聞報，則有『經濟新聞』；申報有『財政與金融』；時事新報則有『工商界』；這皆能使他們的銷路推廣。可見國人的眼光，注重於經濟界上，是漸漸的多了。至於雜誌，則北京有銀行月刊，經濟中外週刊，漢口有銀行雜誌，上海有銀行週報，錢業月報，總商會月報，卽東方雜誌亦漸注意於經濟問題。

中國普通一般學校的缺點，是讀書與世情不合。教書是教書，外面是外面，有些用的書，還是外國的，與本國情形毫無關係。譬如我們讀了美國財政學，究與中國何用？參考則可，當課本則不可。兄弟以前學的是財政，做的論文是『紐約財政』自己以爲財政是很有研究的，回國一定是很有用處的，但是不然。如果要是在財政部做一點小事，簡直是毫無成績可言。所以我改入銀行界，知道了一點國內情形，再將自己的學問來應用。唯一目的，在把中國亂七八糟的情形來整理一下，比較做官稍有一點供獻。所以近年來中國銀行同興業銀行，派人到外國學習去，必定先要在本國做過幾年事情，迨熟習情形後，再送出去，如此他們纔知道一個好壞的比較，將來便於興革了。

(二)注意習慣　習慣是很要緊的。普通一般留學生的毛病，就是不顧習慣。遇事不好時，就要改革，卒至改革不行，必至失敗灰心，就不想做了。例如中國向來的舊式簿記，是很簡單省便，但是現在有些大公司是用新式簿記，新式簿記固然是耗費麻煩，但是清晰多了。商務印書館計算每年用新式簿記比用舊式要多費三萬元。不過在舊式簿記之下，每年只知道總賺錢若干，卻不知道從何項賺來的？故要改用新式簿記，可以知各項的出入盈虧，那末各項的生意，亦可以酌量的進退。長久起來，還是新式簿記比舊式簿記好的多。但是要用新式簿記，必定引起他們辦事人的反對。因爲商務印書館向用舊式簿記，所以辦事人於舊式簿記，異常熟練，而於新式簿記，知識薄弱，這些人必定要反對。所以要想改良，必先用種種方法，把利益講給他們聽，使他們不致反對。

再講一個例，有一個總公司，設立些分公司，分公司又設立些小分公司。這些分公司同小分公司名義上是在總公司下面的，但是總公司卻管轄不着他們。因爲他們權限獨立，各做各的生意。即至開股東會時，各有各的報告，必至紛亂，甚且爭鬧。那末留學生一定要說分公司對股東無作報告之必要，要取消分公司及小分公司的權限，但是股東們因看慣各小分公司的報告，若遽行廢去，彙編一總報告，一定也要反對他們，以爲取消小分公司報告，必有不可告人之黑幕，對於總公司反有懷疑。只能慢慢改革，不能太驟。所以不懂社會上習慣，一旦竟要改革，那是斷斷不行。英國人素能固守習慣，所以在上海租界上的污穢，他們是不管的。但是一到改造房屋的時候，工部局就要照他們的樣子改造。如果再有污穢，那就是要罰你的。再說夏天養蠅很多，你自己不管，英國人可以送給你養蠅罩子，不取分文。你以爲贈送之物，欣然受之。但是如果你下次不罩，他看見時，一定要罰你的。所以英國人能顧全居民之習慣，因勢而利導之，其步驟雖緩，其成績甚大。

（四）講究交際　留學生回來的時候，最大的毛病就是洋氣太大。有時同人吃飯，一言一語，盡是英文，卻不想到他人不懂英文，是要討厭的。其餘如各種應酬上，不懂中國的習慣也是很多。例如紅白喜事，在習慣上是非親到不可，送禮固然是不必說了。他偏偏不送，或送而不到。

（五）明白人情　人情一好，什麽事都好辦；人情不好，什麽事也掣肘。以前有一個人在上海要開一某某銀行，資本股東，地點一概都找好了，先收足了一百多萬資本，除用去了三十多萬，其餘七十多萬他就做了些生意，又賺了若干萬。但是到開股東會時，大家都來質問他有什麽權利來先做些買賣？他的回答是：『先行交易，擇吉開張，』這是中國的舊例。但是股東們卻不滿意於他，以爲股東成立大會未開之前，經理無營業之權，所以第二次股款不交，勢必解散。而所買的房子，一時賣不出去，又要出稅，此外又有律師的費，結果沒有別的法子，三十六着走爲上着，只是逃之夭夭，什麽事情也沒有了，股東們也不追究，因爲他們的目的就是不願意他一人在那兒的。所以這樣看起來，人情不好，辦事是難有結果。不特這個，就是平常一概捐款等類，也要慷慨大方。有時可以出帳，不是要自己開腰包的，這是習慣上如此。你若不捐，不但感情有傷，公司生意亦受影響。此外還有對人問題，待遇必須寬厚。譬如上海某公司規定旅費一節，辦事人如家眷不在本地，每年可支旅費一次；如已在本地，則不再支給。恰好有一位總經理，他先支過旅費一次，接了他的妻子同住，旣後他又支旅費回去看他的母親，公司小題大做，去文駁覆，於他面子上極爲難堪，結果離去這個公司，而這公司卒至生意大受影響。諸如此類，人情習慣上實在大有關係。

（六）抱定能犧牲的精神　留學生回來時，大都是抱定一個堅持到底的宗旨。薪水要多少，是多少時，沒有這些，就不肯幹。所以用非所學，學非所用，都是由於不肯犧牲的原故。起碼就要一定大薪水，結果卒至人家不敢請教。殊不知大事是要根基於小事的。譬如銀行與錢莊比較起來，當然是銀行闊的多，惟結果則反是。因爲錢莊實在比銀行賺錢的多。書舖亦然。中華書局等大書舖，固然是很有名而結果倒還不及有正書局等小舖子賺錢。做事也是如此。留學生回來如果要價太高結果總是無人肯請。陳仲滔先生在德國兵工廠曾研究過十二年回來後無人請用，後往德州兵工廠，薪水自二十五元一月起碼，不到三年，竟擢為德州兵工廠之第一人，所有一概事情都是他管。因為事事非他不行，這也是起初能够犧牲一點的原故。再如胡適之白話成功，也由於他能够有一定的目的，勇往直前，能具有犧牲的精神。他的主張，有時非常激烈，余不敢贊同。但其肯犧牲的精神，實可佩服，惜身體太弱，做事諸多阻礙。

（七）宜往商業發達的地方　北京是政界中心，不是商業中心；諸君將來除教書外，簡直不要到北京。不過稅務與外交部，比較要好一點，其餘則益處太少。商業頂好是在上海，漢口，或天津等處，不過漢口方面智識尚淺，連大學都不多見。民德大學開辦，尚要到北京來捐款。此種情形，不過是暫時的，將來也許要好些。

（八）使社會上一般人明白經濟學　中國的情形亂七八糟，糊裏糊塗，所以要他們一般人明白了解，是很要緊的。譬如財政部所印的公債票，是要國會通過的；但是國庫劵因為不增加國庫負擔，是不要通過的。財政部近來要發一種崇關國庫劵，實在是公債性質，國會中人多不知道，後由報紙揭破，使他們明白了以後，才不准發行。由此看來，中國人對於經濟，不明白的多。如果能用科學方法，把一切的情形，研究整理出來給大衆看，大衆也是當然沒有不幫忙的。但欲辦到此層，非先在外國研究最高深之學問不可，否則理路不清，無從着手也。

（九）預備領袖人才　經濟學範圍很大，領袖實在很少，能做領袖人才，必須具有世界眼光，為大衆造幸福，不為自己牟私利。譬如上海造幣廠問題，如果自己能鑄造銀元，實行廢兩，則外人勢力，當然為之減半。匯豐銀行在中國勢力很大，中國銀行多半抵擋不住。因為銀子是在他們手上，所有關稅，鹽稅都由他們收管去了。故借貸的時候，他們本大息輕。在吾國銀行借貸一萬兩萬作國外貿易利息就要一分；在匯豐銀行借貸十萬二十萬，來做國外貿易利息不過六釐。吾國銀行，當然非其敵手。結果國外匯兌生意盡被他們吸收。間有到中國銀行來的，那就是他們所做剩下來的，或不做的。要救濟這樣情形，除非是上海造幣廠實行廢兩用元。因為外國銀行有銀兩，中國銀行有銀元，銀兩一廢，則中國銀行勢力自然雄厚。廢兩用元，利益甚大，我們應當眼光放大，不妨實行自由鑄造，使中外銀行皆可得益。如此，則不招外人反對。其餘如成色，亦很要緊。蓋成色劃一，則外人能夠相信。中國這種領袖人才，真正的能具有世界眼光，為大衆謀幸福的，實在很少。不過將來一定是有進步的。現在的趨勢，大都已漸知道經濟重要，很有經濟立國的覺悟。即如北京大學一校，有學生二千餘人，學經濟的，就有五六百餘人了。此外如上海各處大學，已多設有商科，並有商業專門學校等等，將來總有一點希望。諸君如能多研究幾年學理，也是很好。因為中國的材料太亂，整理時還待學理來解決，才有系統研究愈深，學理愈明，用處亦自大了。

吾國創辦公司之困難（在北京大學演講）

吾國公司條例現已通行，依此條例創辦公司，實收資本須滿總數四分之一，如一千萬元資本須先收足二百五十萬元，名與實異。然則登記之法將若何？借方記二百五十萬元歟？然資本確是一千萬元。記一千萬元歟？然所收入只有二百五十萬元。欲其借貸兩方平衡（balance），惟有於貸方記資本一千萬元，借方亦記資產一千萬元，更寫內有未收者七百五十萬元，此問題似可解決。却又發生一困難問題，此七百五十萬元，倘每季收一千萬元之四分之一，一年之內，卽可收足，此固然矣。然此七百五十萬元當期諸將來，此時尙屬子虛。况吾國公司之未收資本大半不能依期收足，而資產負債表（balance sheet）欲以不確實之未收資本金爲現在之資產，又安見其可。例如東南植業銀行原定資本二百萬元，已由發起人招認足額，收足總額四分之一。乃股東以爲如此訂章，頗有困難，既須繳足四分之一，又須負債四分之三，將來收股必感困難，不如將原定之總額酌減改爲五十萬元，以符事實。將來如需續加資本，仍可隨時增加，業已呈部核准。如東南者，可謂實事求是，不擺空架子。其他虛張聲勢者，多不肯照此辦理。然則登記之法究如何？或曰收入二百五十萬元，兩方均寫二百五十萬元，豈不直截了當。然此亦非盡善盡美之法也。兩方均寫二百五十萬，則原定資本一千萬之意義，末由表現，轉滋誤會。茲欲於萬難之中求萬全之策，惟有用權宜之計，貸方二百五十萬元資本之下，加以種種解釋，謂資本總額爲一千萬元，未收者爲七百五十萬元，則瞭如指掌矣。英美各國多採此法。惟我國多沿用前法，於借方加未收資本七百五十萬元一項，作爲一種資產。蓋由於好搭空架，專講排場之劣性使然也。

吾人常見新銀行門首高懸先行交易擇吉開張之牌示矣，此亦有故。一千萬元資本之銀行，當其始收到二百五十萬元之時，若貿然開張，則股東成立大會未開，方針未定，苟有損失，誰負其責。然不做交易，則又坐受利息上之損失，故不得不出先行交易擇吉開張之一法。且所收入之二百五十萬元，不能全用於交易，房產費需若干，設備費需若干，開辦費又需若干。設房費爲三十萬元，設備費十萬元，開辦費十萬元，共費五十萬元，所存者亦不過二百萬耳。設備費開辦費均屬消費，應歸於損益帳 (profit and loss a/c) 內。今不歸此而歸於資產內者，是何故歟？蓋此等費用非用一日即完，銀行非開一日即閉者。其逐漸消費之性質，與房產無異，故亦同歸之於此資產項下也。

處中國今日情形之下，辦一公司實非易易，當其未成立之初，費無數之經營，及成立矣，股東應繳之資，遲遲不來。即來矣，亦有遲早之別，至不一致。有遲一月繳納者，有遲二月繳納者，有遲四五月繳納者，有永不繳納者。以此之故，遂不能驟然開幕，不得不出於先行交易擇吉開張之一法。且未開幕以前，必須有籌備員，薪水消費，在所必需，又孰從而支付之。但在中國，亦有救濟之方，爲經理者，因時制宜，將收入款項，轉存於銀行，或錢莊，或購銀子，或買公債票，稍博微利，藉資彌補。股東交款，既參差不一，收到後又復存之銀行，籌備者自不勝其煩，於是想一簡便方法，託銀行代收。設此公司爲甲公司，出一告白，謂凡本公司股東所應繳納之款項，請逕交與乙銀行爲要。於是各股東將款交到乙銀行，具一收條。須知此收條乃甲公司之收條，非乙銀行之收條，乙不過代甲執行耳。若乙代出收條，關係甚大，倘甲倒閉，則乙所出之收條，無從收回，甲之股東執有收條者，將與乙辦交涉矣。故乙代收時，不肯代出收條固矣，且鄭重聲明，該行純是代收性質，將來甲之成敗得失，與該行無涉。

代收款項時，須有手續費，惟素有往來之銀行，則可不取。設代收二百五十萬元，甲取去五十萬元，作籌備費，其餘仍存於乙；乙復放之於人，從中可得一二釐利息。此吾國銀行之通例也。

此外更有一問題，尤屬重要，不得不詳爲申述。當一公司成立之初，發起有人矣，開幕有日矣，惟股東大會尙未經一度之召集，所有收入之款項，經理無任意支配之權。倘經理因利用時機，擅爲買賣，得固幸甚，若稍失敗，則於開股東大會時，或大興問罪之師，股東之中，或有人出而爲難，要求將此項損失歸經理一人自負者，此常有之事也。惟中國對人問題最大，不得不附帶及之也。吾常言中國人，不能忘中國兩個字，尤不能忘對人兩個字，吾嘗見某甲薦某乙於某銀行，其始也甚相得，甲需購公債票，卽電該行代爲購買，該行亦盡心力而爲之，爲之購買，爲之收藏，不爲不厚矣。一旦所薦之人，爲該行裁去，則恩將怨報，變好感爲惡感矣。豈獨某甲爲然哉？今假思此經理人果見怨於股東，得且責其越俎，而況失乎。若經理與股東感情甚洽，雖失無妨，不生問題。嗚呼！對人二字，安可忽乎哉？此種問題，若果發生，必將訴諸法庭，由經濟問題而變爲法律問題矣。苟發生於中國境界之內，可以中國之條例判決之，若發生於租界，則屬誰租界，用誰法律。夫股東禁止經理私做買賣，亦屬有理，固未可厚非。經理既可買銀子，卽可買公債票，銀子之升降有限，而公債票之消長難憑，有今日價格甚高，而明日一落千丈者，經理稍一不愼，其不失敗者幾希。故經理以穩健爲宜，萬不可輕擧妄動，陷公司於危險，致名譽掃地。

公司既發起，款子亦陸續交來，尋覓地點，斯爲首要。若要在上海商務中心買一地皮，談何容易。經理深思熟慮，以爲某地將來必爲交通孔道，於是設法購得之。惟預算之收入爲二百五十萬元，到期所收得之實數，只有一百萬元，餘一百五十萬元，已無着落，則公司不能開幕。公司不能開幕，則索還股款者，不旋踵而至，亦勢所必然。然一百萬元已都變爲地皮房產，一時又難賣出，孰從而應付之，訴訟之事，又在所不免矣。中國人發起是一件事，成功又是一件事，可慨也矣！然則有救濟之方法否，或曰縮小資本由一千萬元而變一百萬元斯可矣，此法固善，然有時亦不適用。蓋人言可畏，經理或以面子關係，不甘小就，亦屬枉然。且一百萬元既都變爲地皮房產，少活資以周轉，亦無從營業。此時惟有利用感情作用，出而游說，不願加入者，則多方鼓動之，允許其將來之特別權利，或舉伊爲董事，法雖鄙賤，然其用心亦良苦矣。吾故曰在中國開辦公司，實非易易也。除以上所述之情形而外，尚有爲吾人所不忍言者，即索債者之日踵於經理之門。而在上海地方，地皮有稅，房產有稅，一百萬元之地皮房產，每年須歸工部局四五千元，試問此稅誰出，且房屋久不修理，則將剝落，試問此費又誰出。此時之經理，情實難堪。於是行三十六着走爲上着之策，有犧牲個人畢身之名譽而不顧者也。中國今日環境，至爲複雜，一人不能僅恃其知識才力，須與環境相委蛇。吾人在社會上，亦有一種責任，對於有知識才力者，處於孤立無援之地，亦當成人之美，與以援助。上海有許多經理，因人力之挾持而成厥功享大名者矣。然其人之道德，必孚於衆望方可。故操公司事業者，不可不注重道德也。

公庫制與集中制之比較（在北京華北大學演講）

姚志崇筆記

按幣制局所擬之公庫制大綱與其採用之理由說明書，迄未發表，日前滬上各報所登錄者，聞係由訪員向財政部探得，比較原擬之稿，稍有出入，閱者注意。

講者誌

今天講的題目是『公庫制與集中制之比較』，諒諸君於貴校通告上早已見過。起初我想講『中國之財政』，後來因爲這幾星期內，上海銀根非常緊急，金融界多顯出恐慌的現象，於是有人主張用銀兩券來調劑市面，但是市上流通的紙幣已經太多，再發銀兩券，豈不是使紙幣的發行，愈多而愈濫嗎？因此有人提議採用公庫制來發行公庫券，所以我把先前的題目改變，來講這個題目。好在此題與金融有關係，而金融與幣制有關係，幣制與財政有關係。今天雖然不能直接的講財政，但是也可以算間接的講財政。諸君肄業大學，居最高智識階級的地位。很望在我講完此題後，加以研究。如有意見，不妨發表，使鄙人也可以得着許多的益處。

上海銀根緊急的緣故，是金融制度的不好。金融制度的所以不好，我們可以歸罪於幣制的複雜。簡單的說一聲，就是中國幣制沒有統一。市上流通的銀洋，有外國的，有中國的。外國銀洋之中，有墨西哥的，有西班牙的，有美洋，有日洋，有香港洋，有印度洋。中國銀洋之中，有奉天洋，吉林洋，江南洋，湖北洋，廣東洋，安徽洋，四川洋，浙江洋，造幣總廠洋，大清銀幣洋。近來通行全國的，有袁世凱洋。限於一區的，有唐繼堯洋。種類極多，難於盡述。這種銀洋的重量成色，各不相同。因此這一省造的銀洋，不能到那一省用，那一省造的銀洋，不能到這一省用。假使要在別省應用，那是非折扣不可，就是要『貼水』。於是銀洋和銀洋，各有比價。所以各處的商人多喜用銀兩定一個虛位的標準銀來計算。這種虛位的標準銀，我們所熟悉的，就是上海的規元，天津的行化，北京的公砝，漢口的洋例。這種標準的重量和成色，是固定的，是不變的。他們把這樣重量這種成色來做標準，然後使公估局估定的元寶，依照這種標準去折合去計算。如此手續明知其很不便當，但是因爲他重量成色劃一的緣故，使中外的商人樂用，也不能不用（規元之計算見何謂九八規元講稿）。所以銀洋名義上是本位幣，實際上本位幣的資格，已經失去。

各處商人所公認的本位幣，是虛位的標準銀。就是上面所講的規元，行化，公砝，洋例之類。因此欲統一幣制，一方面把貨幣的本身改良，一方面取消用銀制度的習慣，尤其是以驅除上海規元爲入手第一步。因爲上海是中國商業的中樞，有左右各處金融的勢力，倘然上海用銀制度一去，各地亦可隨之而去。幷且上海的規元，和倫敦市場，有直接比價。各地的標準銀，再與規元相比。

假使規元一去，銀洋必起而代之，那時全國通用銀洋，都直接和倫敦市場有比價的資格，何必再用銀兩來輾轉計算呢？所以要幣制實行統一，必定取消各地用銀制度。要取消各地用銀制度，必先取消上海規元。上海規元一去，其他若天津的行化，北京的公砝，漢口的洋例，勢必隨之同去；也好像目前中國的亂源，是各省的軍閥，要求中國太平，非剷除各處的軍閥不可。要剷除各處的軍閥，其入手第一步把軍閥中比較的強有力者，先行剷除，那末其他的小軍閥，不容顧慮了。但是軍閥，可以說有百害而無一利，至於規元，那是不然；他自身的重量成色，都能劃一不變，不若銀洋之參錯不齊，那自然有當本位幣的資格。所以上海商界，大宗交易，都用銀兩。照這樣看來，要幣制統一，一方面固然要取消規元，一方面須把貨幣的本身先要整理。至於如何取消規元，代以銀洋，已詳見鄙人演講集第一集中吾國關稅與幣制的關係一篇，不容多述。

此次上海銀根緊急的原因，第一銀子進口少，第二印度缺銀，上海出口銀子多，第三今年農家豐收，現在適當棉花雜糧上市的時候，所有市上流通的銀洋，都運到內地購貨。這種現象，在中國往往有的，在外國，對於這種時期，一些沒有關係。因爲中國信用制度，沒有發達，銀行信用，沒有顯著，他發行的紙幣，只能流通於一區。至於內地人民，不願接受亦不敢接受。所以商人至鄉間採貨，非用大宗現洋不可。市上既然缺少一部份的現洋，以爲流通，當然不能不把所存的銀子，運到滬寧兩廠去鼓鑄，謀補充。於是銀洋用旺的結果就發生銀子缺少的原因。洋釐銀拆，同時並漲，勢所必然。

何謂洋釐？就是銀洋的價格，因爲供求不均的緣故，有漲有落，有時漲至七錢三分，有時落至七錢一分。這個七錢三分，或七錢一分，都依規元計算。譬如今天洋釐是七錢三分，我借入銀洋七百三十兩做生意，合洋一千元。後來我去還他的時候，忽然洋釐跌到七錢一分，那末還他銀洋一千元，只合七百一十兩，是不夠了，除非再加二十兩不可。你想同是一千塊洋鈿，有時可當七百三十兩用，有時只當七百一十兩用，不知不覺之間，吃虧了二十兩。至於借款利息，尚且不算。

何謂銀拆？借款的利息，照錢業公會訂定的章程，銀拆最高至七上，即是借用一千兩銀子，每天利息七錢，每月利息二十一兩，每年利息二百五十二兩。以常年的利率而論，是二分五有強，利息不算不重，但是逢着銀根緊急的時候，有明七暗十的慣例，名義上只算七錢，實際上須算一兩。此次銀拆暗盤，竟漲至二兩，是千兩借款，每月須付利息六十兩，每年須付七百二十兩。這種重利，實在駭人聽聞。這種事實，亦屬世所罕見。故此時商人營業，因洋釐漲落的損失，已苦不可言，又加以借款時如是的高利，試問處於這種幣制之下，借款營業，豈不是一件可怕的事情嗎？既然以營業爲可怕，試問實業如何能振興呢？

諸君在學校中研究貨幣，是極好的事情。但是一方面研究學理，一方面要兼顧事實。學理已明白了，事實也熟悉了，然後把二者合起來去辦理，方有用處。否則只言理想而不能實行，是學而不能應用，未免可惜。現在學校所讀的課本都是外國書，至於自然科學因爲泰西發明得多，在目前不能不追隨他們的後面。若社會科學，到是不必。要曉得外國書所講的內容，都是從外國的歷史和事實而來的。所以用英國書所講的都英國事；用美國書，所講的都美國事。中國有中國的歷史和事實，那末讀外國書只能當他參考用，不能看做『萬寶全書』。用他的主義好壞，固然要研究，至於他的主義究竟合不合本國人民的情形，亦須考察。若件件要照外國事情辦理，容易使好的未見，壞的先顯。即使曲意摹倣，不顧事實，必至不倫不類的地步，所謂『畫虎不成反類狗。』鄙人在學校裏讀書的時候，也只知學理，不問事實。後來出而問世，知道前日所學的東西，少有用處，若要照外國書上的方法來辦理，則因東西文化，風俗人情的不同，按之事實，不能通行。所以鄙人很盼望諸君在學校裏讀書，在學理方面當然要研究，但是於本國的事情也要注意。此次滬上銀行所擬的銀洋並用方法，和鄙人批評他的意見，於北京晨報，京報，上海時事新報上，早已披露，諒諸君早已見過。

近來幣制局想採行公庫制，但是公庫制與集中制，性質完全衝突，行了公庫制，不能行集中制，行了集中制，不能行公庫制。今天鄙人的講演，不是曲護集中制，也不是偏袒公庫制。至於集中制與公庫制的區別，純粹對於發行紙幣權而言，現在把集中制的理由，說明於下：

(甲)主張集中制的理由極多，其最大的理由，大概有下列幾種：

(A)鈔票是一層信用，他和支票等性質完全不同。譬如說甲出一支票與乙，乙受時，須考慮甲之支票，是否可靠，故對於甲之人格信用，須要熟悉，否則不願接受，而同時乙又須顧慮銀行是否有支付能力，並且甲有意外可向銀行取款，銀行有意外可向甲取款，是一張支票有二層信用。至於鈔票發行，那是不然，人民授受，只知銀行。倘然銀行準備充足，投資可靠，於兌現沒有關係。否則一遇恐慌，擠兌必起。當時既沒有外來的存款，又沒有充分的準備，勢必停兌。試問此時攜票人的損失，向誰人索償。所以國家發行紙幣，不能任意的允許。

（B）紙幣係期票的一種，惟普通期票常授受於熟悉票據的商人，若紙幣的發行，是強迫的，非任意的。散於四方，爲一般的流通物，假使一有阻礙，出於停兌，在富者尚不成問題，在貧者，將如何處置。所以政府對於發行紙幣，不能不嚴格的取締。在中國紙幣發行，時代極早，如唐朝的會子，交子，及宋元明的寶鈔。但其結果，終是不好，若宋竟因此亡國。近來中國紙幣發行的現象，可以說與宋相彷。即如北京銅子票的停兌，小民受害不淺。近來王克敏總長上臺後，以收回銅元票自任，我人對於王氏此舉，可以說得有些功勞。但是政府實行此舉，已經太晚，貧民手裏的銅子票，等不到政府停兌了幾個月後，再行收回的時候，去兌現，早已拆價變賣了。當變賣的時候，每十枚的票子，至多可換銅子五六枚。所以此次要收回銅元票，貧民實在沒有好處（本來沒有好處），到使一般市儈做了許多好生意。據我知道的，平市官錢局擠兌的風潮，一方固然該局濫發票子，不事準備的不好，一方面有不正當的銀行和錢莊，用市儈的手段，故意把銅子票跌價收買，同時雇人把收買的票子去兌現。此時的官錢局，實在無法支付，只有停止兌現。那麼到了現在，實足收回，豈不是使這般市儈得着許多利息嗎？這種利息，於政府沒有關係，都是貧民頭上刮下來的。鄙人這句話，不是說王氏收回銅子票的不當，不過希望政府對於紙幣的發行，總要從嚴的取締。若濫發而停兌停兌而收回，到使一般市儈得一個絕好的營利機會，將來擠兌的風潮，更使他們起勁，到不如事前限制的爲好。

（C）鈔票在銀行方面，亦屬負債的一部，是與借款差不多。不過借款的還本有期限，有利息，鈔票兌現無定期，無利息；惟其無利息，故發行者獲利不淺。若再行停兌，未免說不過去。然而國家不去限制，那麼『利之所在，人必趨之，』紙幣發行，愈多愈濫，一有恐慌，勢必停兌。若目前中國紙幣如此之濫，將來結果必定不好。

（D）銀行發行紙幣，爲正當的放款，於事實上可以說沒有危險。但是往往因不需放款的緣故，趨於過濫，不問借款用途的爲投機，爲消費，只要有人借，卽有人敢放。於是市上的紙幣，流於過多，卽使不致停兌，過多的紙幣漸漸收回。然而過多之後，收回之前，其間使幣價下落，物價騰貴，獎勵投機，其反動必惹起市面金融之恐慌，國內經濟的紊亂。所以僅使發行的獨負責任，在事實上決難辦到。要免上述的種種弊端，非政府嚴重監督不可。

要使監督容易，須採用集中制，限制發行的資格，歸之於中央銀行，使政府有易於監督的機會。並且中央銀行發行紙幣，有伸縮的餘地，他發出紙幣的總數，易於明悉。倘然市上通貨不多，可以慢慢的收回，通貨太少，可以慢慢的放出，總使物價得其平衡。這種辦法，非但紙幣如是，卽正幣亦復如是。但是正貨過多，人民對於過多的一部份，可以自由鎔化爲銀塊。紙幣一多，人民不能鎔化，只有銀行收回的一法。惟不加限制，銀行多可以自由發行，市上流通數目，不得而知。卽使明知市上紙幣太多，亦因別的銀行不自限制的緣故，他自己亦不肯限制，其後只有增加，沒有減少，結果非但現銀驅除，而成紙幣世界。幷且因通貨過剩，幣價下落，物價騰貴，輸入增加，投機流行，金利高增，生計困難，交易滯鈍，收支動搖，信用墜地。這種現象，都因缺少伸縮的緣故。若把紙幣發行歸於政府嚴重監督之下的中央銀行，可免這種弊病。此是集中制的好處。

集中制亦有壞處，其最大的弊病，就是政府給他發行紙幣的特權，銀行對於政府不能不特別要好。政府無款，爲之代墊，代墊之款動用準備金。動用準備金不足，則濫發紙幣。於是國家財政之困難，累及市上金融。卒至兩者俱疲，發生恐慌，使一國經濟的組織和金融的信用破壞以盡。證之袁氏稱帝時之中交停兌，德法等國在大陸戰爭時中央銀行因代墊戰費太多之故，至於停兌，使紙幣價值一落千丈，都因代墊政府款項太多的緣故。假使此時銀行出而拒絕，政府就可以取消他經理國庫權和紙幣發行權。所以銀行明知濫發紙幣的無好結果，然而政府要『飲酖止渴』，那是不得不屈意服從。好在受害的是受者而非授者，其實政府的設施，固是非法，而銀行的服從，亦是非法。但與別國戰爭，迫不得已出此下策，於理倘屬說得過去；否則，不免陷銀行於危險。此是集中制的壞處。

集中制的反面，是多數制，各國採用有效者，亦頗不少，如墨西哥智利等諸國。中國銀行名義上是中央銀行，政府當然採用集中制，並且他的銀行條例，經國會通過，雖則他年齡資格，倘爲幼稚，然也不能輕視。當安福系執政時，想盡種種方法去破壞他，到底沒有效果。但是考察他的權力，一些不像中央銀行。其原因有二：一則袁氏稱帝時之墊款過多，至於停兌，信用大失，雖經後來政府之借款維持，然元氣已傷，尚未恢復；二則中國目今之中央銀行，無別種的營業好做，只有降階於商業銀行，並肩逐利，故商業銀行所爲者，中央銀行無不爲之。中央銀行所應爲者，不能自由行使。是中央銀行的資格已失，且政府對於發行紙幣，不視爲中央銀行的特權，各銀行各錢莊都允許他有發行的權柄。雖然這種權柄非國會所通過，但爲政府所特許，大約這班銀行和錢莊取得特許的發行權，不外下列幾種：

（一）借辦實業的名義，取得發行權，如殖邊銀行。考其所營事業，與商業銀行無異。

（二）中國現今之銀行，發起人都係被逐的督軍，退仕的名流，政權雖失，虛名尙存。當局的人對於此輩人物，雖明知其失勢之無能爲，然而也不能不防其死灰之復燃。所以對於若輩請託，不能不敷衍面情，因此每一銀行創立，即有幾個做過督軍或總長的董事，以便運動財政部，取得發行紙幣權。這種董事，在銀行資本上間或一些沒有關係，但爲表示他們勢力雄厚起見，不得不送他多少乾股，來換他的大名，以資號召。如前年上海的交易所，不論那一片開出來，總有幾個名不副實的闊人來做活動的廣告。此種惡習，實在是商人利用國民崇拜偶像的弱點。那麼不但銀行交易所如是，其他大公司亦復如是。即一切其他事業，不論興教育，辦實業，組團體，印雜誌，也莫不如是。社會上視名人爲萬能，名人亦以萬能自任，這種惡習，一天不驅除，中國一天不進步。

（三）中外合辦的銀行，或外人獨辦的銀行，靠他國際上的勢力來奪得的。或許因貸款政府的緣故，政府對於他的要求，不便堅拒，允他發行的。

（四）因金錢萬能的緣故，行賄得來的，大約多至三萬，幣制局就可批准。據我所知者，有個銀行，所付不多，即蒙批准，大約視運動人手腕的巧拙而定。此種現象，在目今的世界各國所絕無，而中國所僅有。因此集中制既不能實行，多數制又不易監視，於是發生下列的軌外行動：

（A）動用準備金　大凡一個銀行營業有營業的準備金，發行紙幣，有紙幣的準備金。在前者（營業準備金）理論上有放任干涉兩派：干涉派主張銀行準備，政府須有法定的比例。若任銀行自由，必定眩於目前的利益，準備薄弱，一旦提款者，紛紛而來，必使銀行破產倒閉接踵而起，爲禍社會不可限量。所以國家特命銀行，儲一定的準備金，乃最要的處置。放任派主張營業準備，如定法定的比例，難得相當的標準。假使失之低，法定的效驗不見，失之高，坐擁多數的現銀，有礙銀行業務的發達。兩派各有理由。在中國雖不取干涉主義，但是亦當使準備金充足，不致發生危險。在後者（紙幣準備金）亦有放任干涉兩派。惟近來學者，以經驗所得，都主張政府採取干涉制爲必要。他們說紙幣在銀行方面，確爲一種存款，然非任意的存款，而爲強制的存款。普通存款，存不存，隨存款人的意思。至於那種存款，因紙幣的發行，自然發生。并且紙幣發出之後，有時雖遭拒絕，然而因他便利的緣故，到底使用。因爲這個緣由，普通存款限於社會的一部，即使因支付停止，而使存主損失，受害者亦不過一人一家能了。若紙幣行於社會全體，假使一旦幣價下落，或竟停止兌現，那是受害的範圍和程度，豈能與普通存款同論。因此演成攘奪無辜良民的財產，減少無數貧民的所得，是以政府對於紙幣準備，不得不嚴定規則，以防不測。中國政府，亦取此意。不過有多少銀行，對於作弊取巧的手段，確能別出新裁。他把二個準備名義上分而爲二，實際上合而爲一。假使營業的準備金用去了，就把紙幣的準備金來兼任。有時紙幣的準備金用去了，他把營業的準備金來兼任。起初動用一部的準備金，迫於萬不得已，後來習以爲常，反視這種辦法，乃營利的捷徑。所以名義上確是分營業紙幣爲兩項準備，實際上往往營業準備，就是紙幣準備，紙幣準備，就是營業準備。如果幣制局去査他，他就調了槍花，移東補西，幣制局對於這種弊端，明知犯法，但是他自己亦不大規矩，那能够一定要人守法呢？幷且中國的人情和金錢的勢力，比較法律的勢力更大。法律逢着他二位，也不能不寃屈一些。

(B)調撥公債票　銀行要有準備金，上面已經說過。準備種類有二：(1)準備金。把金銀貨幣及金銀塊爲兌現的準備。因爲紙幣係一種要求即付現金的期票，所以發行的銀行，不可不儲現金以爲準備。假使一旦兌現有遲疑中止的時候，就容易引起極利害的恐慌，紙幣信用必致一敗塗地，是現定準備，不能不有。(2)準備物。以有價證券爲兌現的準備。此種證券須要確實可恃，並且他的價格，又少變動，倘遇兌現請求驟增，現金準備不足時，即可立時賣却此種證券，以應兌現急需。照中國發行紙幣條例，準備須一半現金，一半公債票，大約中國發行的公債票多可充作銀行準備的資格。不過考其實在這種公債票的價值，有許多幾成廢紙，本錢不還，利息不付，不要說他的價格少變動，簡直是他的價值不可恃。因此銀行的經理，起初把好的公債來做準備金，後來營業上買賣公債票失敗，自己知道對不起股東，於是把準備中好的公債票取出，把壞的公債票放進，這樣他的壞處可以彌補了。試問這種準備物可以應一時之急嗎？

(C)改輕放款利息　銀行放款，調用存款，一方面固然收受借款人的利息，一方面也要支付存款人的利息，所以利息高。倘銀行有了發行紙幣權，放款既不須現金，又不須存款，只要都用紙幣罷了；所以他的利息較低。利息一低，借款必多，借款一多，發行必濫。譬如說上海有了有發行權的銀行，寧波錢莊向他借款，如借現銀，利息高大，如借紙幣，利息小，而當時市上流通的紙幣和現款，同一價值，那時錢莊借款自然揀利輕的紙幣，並且後來的惡果，是銀行負責和錢莊沒有關係，豈有不歡迎的道理。

但是這種惡果是銀行負責嗎？依我看來，銀行倒閉停兌後，仍舊平民負責，平民受苦，幾個資本家早已挾款而逃，逍遙法外了，那會受害呢？

以上所述，是集中制與多數制的利弊。現在將公庫制的利害，述之於下：

（乙）近年來，財政部與幣制局，有幾個留心時事的學者，鑒於目前國內銀行發行的紙幣太濫，要想用種種方法去限制他，以公庫制來發行公庫券，就是他們計劃中最完備最好的方法。這種方法，一望而知其爲學者所擬，有根據，有見地，鄙人極爲佩服。倘然能夠實行，確是極好的事情。現在先把他們所擬的大綱及其理由，分述於下：

公庫制大綱（幣制局原稿）

（一）由各地銀行公會聯合組織公庫，爲發行機關，凡與有領券資格之銀行均得按照條例規定領券。

（二）此券全國一律通用，不載發行地名，但規定若干處爲兌現地點，其餘各地均得匯兌，不取匯費，亦不得折扣貼水。

（三）現金準備，定爲七成，其餘三成，以公債及商業有價證券爲保證準備。

（四）前項準備金，由公庫經理保管，政府派員監督，並由該地商會檢查之。

(五)發行數流通數及準備金數，每星期由公庫分別公告一次，並每月彙總報告一次。

(六)中交兩銀行仍得繼續發行，並得按照條例規定領券。其他銀行業經發行之舊券，限期悉數收回，或自行取消其發行權。在未經悉數收回或取消發行權以前，不得領券。

(七)此制實行後，無論何種銀行，均不得再許其有發行權。

採用公庫制之理由(幣制局原稿)

(一)國家法令往往不能普及，外交上亦無實力，不得不藉金融勢力，使法外行動漸次居於劣敗地位，就我範圍。

(二)國家銀行實力未充，不得不暫取此制，先收羣策羣力之效，俟有相當時機，再實行集中制。

(三)規定兌現地點若干處，其餘以匯兌法流通之，準備勢力較為充實，既可節省硬幣之使用，並可養成不兌現券之習慣。(準備金不使分散，集中一處，力量較厚。今假定漢口為兌現地點，亦為準備金積儲地點，其四周為九江，岳州，信陽，武昌，襄陽，沙市，宜昌等處，倘其中一處金融恐慌，漢口公庫即以全力援助。較之準備分散各區自理，固屬易於辦理。如救火之水積於一處，遇火易於撲滅，否則必難處置。)

(四)集中制現既不能實行，多數制又監督為難，此制為折衷辦法，若領券資格從嚴規定，為數當不甚多，監督檢查，較為簡易。

(五)此制既取公開主義，領券銀行利害相同，所有擠兌風潮及因發行上發生無意識之衝突，均可免除。

（六）鈔劵信用，全在準備確實，而準備能否確實，尤以發行能否獨立爲斷。吾國發行銀行，往往以營業款項充作鈔劵準備，實含冒險性質。此制倘能實行，公庫與銀行既絕對分而爲二，營業與發行當然不能混合。營業既有失敗，鈔劵仍有準備，所有停兌等事，從此摧除淨盡。

以上所述的是公庫制的大綱和好處。平心而論，此制能够實行，可以說有利無害。但是按之事實，恐難辦到，並且他自身也有缺點，現在把我所知道的，略述一二。

（A）照第一條而論，以各銀行組織公庫，於事實上很是難辦。沒有發行權的銀行，當然歡迎；已有發行權的銀行，必定反對。其他若租界上的外國銀行，和軍閥勢力下的官錢局及省銀行，能否可以取消他的發行權，亦是極困難的問題。並且一入公庫，須照規定章程辦理，所以各銀行以前不正當的事業，不能活動。那末這種銀行，加入公庫，豈不是自取磚頭自壓脚嗎？況且中交兩行的發行權，沒有取消，其餘銀行又誰肯自願犧牲他已有的發行權？倘然他們藉口於集中制與公庫制兩不並存的理由來反對，又將如何處置？

（B）照第二條而論，兌現只能在指定之區，其他各處，只能作匯兌用。此條按之事實，也有不妥：（1）匯劃款項，普通多屬商人，平民實爲罕見。因爲匯款數目，都是數十元，數百元，或數千元，決沒有一元二元的匯款。是此項利益，僅使一部份人可以享受，其餘絲毫沒有益處。（2）公庫發行的庫劵，只能一元五元十元的整數，倘然一元以下的小數，不能不用輔幣。現在假定在不兌現的地方，把庫劵去兌換輔幣，比較把現洋去兌換輔幣，價值總要差一些，到後來授受之間，自然使庫劵與現洋發生比價。有了比價，所謂貼水折扣，仍不能免。再以交易而論，倘然商家議定現金購貨，比較庫劵購貨多一折扣，這種折扣，名義上固然是商人優待顧客現金交易，實際上那是把庫劵的價格減低，是物的價格已有現金交易和庫劵交易的分別。試問用這種方法來折扣庫劵，將如何取締？(3)使用紙幣，取他攜帶便利。然而他的主要條件，就是不論何人，何時，何地，均可兌現。否則誰肯把一塊現洋，來換一張紙幣。近來中交銀行的紙幣，所以能够暢行內地，因爲他的分行多，兌現易，卽使商業未繁盛的地方，也有兌換機關。若外國銀行的紙幣，限於通商大埠，不能流通內地，就是這個緣故。現在把公庫劵來應用市面，當然不能兌現的地方，必定不會發達，結果他的勢力，恐怕同目前外國銀行的紙幣差不多。並且不換紙幣的發行，都因國家財政竭蹶，强迫行使。試問各銀行組織的公庫，可能够强迫行使嗎？有人說庫劵與不換紙幣性質不同，因爲有指定區域，可以兌現。但是除指定的各區外，其餘多不能兌現，在這種不兌現區域裏，可以稱他不換紙幣。(4)中國用銀制度，尚未取消，各處洋釐漲落不同，有種人專以買賣銀洋爲營業，洋釐高，賣出現洋，洋釐低，買進現洋。譬如說上海的洋釐，比較天津的洋釐高，那末運天津的銀洋到上海化用，豈不是一件很合算的事情嗎？但是把天津的銀洋運到上海去，隨身帶走，很是不便，又多危險，並且大宗款項，不能不用火車轉運，轉運需費，現在有了公庫劵，他就可以把數十萬庫劵，帶到上海，兌換現洋，採辦貨物，非但沒有轉運的運費，匯款的匯費，並且可以親自到上海去採辦貨物。是公庫劵專爲他們做了生意。有人說此種辦法，決沒有的，否則現在各地的鈔票，爲何不照此法辦理呢？不知道現在各地發行的紙幣，都有地名，一有發行地名，暗中就有一個範圍。假使你把天津發行的紙幣，到上海應用，他的價値，必定要折扣貼水，有了折扣貼水，運到上海去用，不合算了。公庫劵不載發行地名，當然在天津取了庫券後，可以到上海去兌現，決不會有折扣等事情。(5)目今中國勢力最大的東西，土匪之外，要算軍閥。他要做什麼，就做什麼。不要說無槍階級的人民不能限制他，就是此次北京國會舉出來的總統，有時也要低首下氣的同他商量。所以在這種勢力下的銀行，敢同他倔強嗎？他要加稅，就加稅，他要借錢，就借錢。你允許他，當然不成問題，你不允許他，他就可以用武力來威迫，不肯也要你肯。如吳佩孚派楊森帶兵打四川，在漢口地方先籌餉項。但是如借現洋，那是滙款要滙費，轉運要運費，並且把大宗現款，放在行營裏，不便利，又危險，所以不如帶紙幣去使用。現在假定在漢口取了庫券，到重慶地方去用，重慶地方的人民，因為在該處不能兌現，不喜收受，或不願收受，於是丘八持票至該處銀行要求兌現。此時銀行如允兌換，苦無準備，如出拒絕，勢又不敵。試問逢着了這種事情，銀行將如何處置？所以軍閥不剷除，非但中國的政治不會好，即金融事業亦不會好，而其他一切事業也不會好。鄙人希望諸君都做幾篇剷除軍閥的文章，來鼓吹鼓吹。至於驅除軍閥的方法，我很不贊成用武力來攻武力。現因不在此種範圍內，不再多講。

(C)照第三條，七成現金準備而言，亦有不妥。(1)七成現金，容易打破。譬如銀行向公庫領券百萬，須付七十萬現金，三十萬有價證券為保證準備。當時明明與定章相符。(庫券1,000,000內保證準備300,000，現金準備700,000)。倘然百萬庫券之中有五十萬回籠，是公庫方面須付出現金五十萬，尚剩二十萬現金準備，比較流通數(此時尚有三十萬在外流通)只有十成之四，核與定章不符，而七成現金準備之比例，早已打破。若公庫收回庫券七十萬，付出現金七十萬，兩相充銷，適等於零。是現金準備，一成不成。是七成之制，仍不可恃。(2)近日銀行營業準備與紙幣準備，二者可以互用。間有少數銀行，照章劃分爲兩項。然而紙幣準備，現金與證劵各居其半現在發行庫劵，各銀行對於準備金，既無權活動，而現金準備，成數又加，是一舉而二難，恐於事實，難以辦到。以上所述的，都是公庫制的缺點。别種缺點，或許也有，不過鄙人沒有想到，不能妄談。

照上面所述公庫制的缺點，儘可用種種方法去補救。不過對於取消各銀行已有的發行權，確是難辦。其中尤以取消官錢局和省銀行的發行權更難。他們的背景，是兇惡的軍閥，非但取消他發行權，是斷不可能，即使要限制他多發，亦難辦到。倘然所有公庫，不與他通有無，那是除非遠離軍閥勢力範圍不可。但是按之事實決不可能。既不可能，即不能不與彼等往來(指省銀號；)一有往來，就發生下列的難處：第一省銀行發行鈔劵，既無須設七成現金準備的必要，自必趨之濫發。今假定省銀行方面，收入庫劵十萬，公庫方面，收入省銀行紙幣二十萬，是二數相抵，省銀行當找付公庫現金十萬。此時省銀行雖將紙幣收回，但是無錢付現，於是要求掛帳。如是日積月累，至再至三，欠款愈多，淸償愈難，公庫受累亦愈甚。第二省銀行對於多發紙幣，既不付現收回，亦不要求掛帳，只慫公庫任意發出。但是市面上貨幣流通，既不能太少，又不能太多，假使省銀行紙幣，不自限制，公庫方面，對於收入紙幣(省銀行紙幣，)又不能不設法用出，這樣辦法，公庫劵的發行，反逐漸縮減。在公庫係爲人作嫁，在省銀行，則利市百倍，最後公庫現金，被軍閥吸收殆盡，而使不良紙幣充斥市面。所以不驅除省銀行所憑藉的軍閥，公庫制決難辦到；即使辦到，也無好的結果。

中國財政之根本問題 在保定河北大學演講

姚志崇筆記

今天同諸君相聚一堂，非常快樂。貴校校長徐先生，是鄙人十數年前的老師，貴校教員吳先生等，亦都是鄙人從前北洋的老同學，所以今天到保定來，一則是參觀貴校的成績，二則拜訪幾位師友。至於吳先生叫我講演一事，鄙人實在沒有好的意思可以貢獻，覺得非常慚愧。

今天講的題目是『中國財政之根本問題』。要講目前中國財政的狀況，可以用『亂七八糟』四個字來包括，這樣紊亂的情形，非但局外者不得而知，即是當局者亦莫明其妙。幸而近年來中央財政的竭蹶狀況，已到山窮水盡的時候，所有外債，不能够一一清償，外人因權利的關係，要求政府將財政清理，當局見外人主見如是，知不能有違，亦不敢有違，於是有財政整理會之設。遂使內部情形，方然略有頭緒。倘然沒有外人要求，恐怕一篇糊塗帳，至今不能清楚。至於各省目前的財政，除西南各省脫離北京政府外，其他都在軍閥勢力之下，中央權限，早已不及，因此年來各省既無半文的解款，又無一字之報告，財政狀況，不得而知。由此而論，目前中國的財政，當局者亦不過知其局部，不能窺及全豹，我們局外者只能知其局部的皮毛；至於局部的內容，因政非公開，不易知悉。以下茲就吾國財政之大綱而討論之。

(A)財政學中之最關重要者厥惟賦稅

財政學中以租稅爲最重要最難解決的問題，所以言財政者，莫不從租稅始，其次推及預算會計，再其次推及公債，就是內外債問題。目前當局所整理的財政，和學者研究的資料，也就是內外債的問題，幷且是內外債中之一部份，無抵押內外債的問題。此一小部的公債討論許久，至今未了，其中經過情形，在報章雜誌，多有詳細記載，諒諸君早已見過，不須鄙人多述，今日所講者，大概報上尙未見過，不妨與諸君談談。

將來中國要整理財政，當然首先租稅，而租稅之中，尤以田賦一項爲最重要。中國田賦的制度，由來已久，其中好處有，壞處也有。好的地方，第一收數確實，因爲租稅一項，爲國家收入的大宗，一切費用，多以租稅收入爲標準，假使忽多忽少，去年九千萬，今年一萬萬，明年八千萬，那時國家預算計劃，都成泡影。第二中國田賦，徵收時期，每年分爲二季，卽上忙下忙是也。照這樣辦理，在人民方面，輕而易舉，在政府方面，便於徵收。第三中國人貧富，素來以田地多寡爲標準，田地愈多，此人愈富，田地愈少，此人愈貧。中國課稅，以田地爲準則，殊覺公平，故自周以來，此制迄今仍在。然而天下的制度，無絕對的不好，也無絕對的好，前日的好方法，到了今日，或者以爲不好，今日的好方法，到了後日，或者以爲不好。中國人性喜守舊，這種習慣，一則因循苟且，再則強於仿古，所以田賦制度，至今依照舊法，不事改良，遂使賦課失當，徵收不平，幷且近年來，富有資產者，可購股票公債票等無形財產，不必多買田地，那末租稅限於田賦，未免不公。故下面所述的弊端，就可明白田賦制之急宜改良，又可明白租稅之不能限定於田賦。茲分別述之於下：

（一）山川變動，時不能免，我人在很短的時間，要看出怎麼樣的變動，固然於事實上難副期望，但是日積月累，年代稍久，卽能發現，俗語說「滄海桑田」卽是這個比喩。若照以前稅則辦理，豈不是使有田的不必一定有稅，有稅的不必一定有田麼？卽使不至如是但至少也有不平的地方就是有種田地，靠近河道，爲水冲去面積日小；有的田地因近漲灘，可以推廣面積日大。假使照以前的畝數課稅，豈不是一件極不公平的事麼？民國三四年袁世凱做總統時，曾經計劃丈量，整理田賦，可惜後來惑於羣小，妄自稱帝，至此事不能實行，如其沒有稱帝的野心，不致政權旁落，那末天假以年，或者目下已有成效。但是後繼者，都是英明果敢，則此事亦可辦理，奈何一代不如一代，遂使此事束之高閣，無人言及，實屬不幸。

(二)中國地租，城市不有，鄉間有之，是同一土地，因位置的不同，就分有稅無稅的區別，幷且城市的一切用費，都取之鄉間的租稅，如醫院，馬路，學校等種種建設，城市都有，鄉間不有，卽使有之，然而他的規模內容，總不及城市遠甚，是納稅義務，鄉間擔負，而各種權利，城市享受，可以說世界最不公平的事情。當此地方自治將實行的時候，自以取之地方用之地方爲最妥，那末城市所用的費，是宜取之城市，不當再取之鄉間，所以從前的稅則，不能適用。美國紐亞一處所徵的稅，大於吾國中央稅收，約計二倍，然而人民不以爲苛，因爲取之地方，用之地方的緣故。

(三)中國貧富，素以田地的多少爲標準，但是現在經濟組織複雜的時候，富人的富，不必限於不動產的田地，如公債票，股票，及其他一切有價證劵，均是富人的資產。如政府徵稅，再以田地爲標準，則對於此種富人，當然不能徵稅。是同一富人，有些要稅，有些無稅，稅則不平，未有如此。又如食鹽一項，年來因財政困難，日有加稅，以致鹽斤價格，比較十年前，相差幾倍，此種辦法，失去國家徵稅本意。因爲鹽的東西，是普通人民日常生活的必需品，富的人，不因其爲富可以多吃一些貧的人，不因其爲貧，可以少吃一些。現在政府不分皂白，一律課以重稅，在富者不覺其苦，在貧者極其難堪。長此以往，必使富者日富貧者日貧，造成將來社會革命的基礎。中國人民的智識程度，目前極爲幼稚，對於稅則不平的地方，尙未覺悟，若再隔十數年，教育普及，對於不平稅則，必定出而反對。我們要知道稅則如何謂之不公平，古今學說言之極詳，我人尋之書本卽得，中國人士，讀書者往往專講學理，不顧事實，辦事者專講事實，不顧學理，二者各趨極端，未免有『過與不及』的弊病，學理須要事實去證明，事實須要學理去補充，二者不能偏廢，中國稅則的不更變，就是執政者不懂學理的緣故。

(B)吾國所採用的主義不適用於今日

考中國稅則採用利益主義(benefit theory)，不是能力主義 (ability theory)。利益主義缺點極多，所以世界各國多採能力主義，或者因爲環境的關係，不能不二者兼用。若純用利益主義，恐中國外實屬罕見。利益主義說人民何以要納稅，因爲政府能保護人民的生命財產，這種保護，於人民有利益，所以租稅就是人民得政府保護利益的代價。如是人民納稅標準，當以人民需要政府保護之程度爲如何，及政府保護人民之程度爲如何而定。此種學說，未免只知二五，不知一十。現在中國稅則，尙採用此旨，非但在學理上知其不適，卽事實上，亦難實行。如今之軍閥財產，少則數百萬，多則數千萬，他的生命有衛隊保護，他的珍珠寶石有鐵箱可藏，他不須政府的保護，故不納稅。惟一般中人之家，生命無衛隊的保護，財產無鐵箱的可藏，只好納稅，以求保護。試問國家課稅，作如是解說，是否得其意義，有如是事實，是否得其公平。又如富人買入股票，此種股票，亦屬資產之一部，惟其性質屬於流動，與田地相反，假使田地課之以稅，而流動資產不課以稅，是薄於彼而厚於此，於事於理，多不能說得過。因此現在國家去徵稅，多採用能力主義，課稅的標準，不能以各個人所受的利益多少而定，只好以各個人的能力可付多少爲原則。如外國醫生的治病，富者須數百金，或數千金，貧者一元二元或竟免費，致於病勢輕重，尙爲小事。律師亦然，對於酬勞金一層，雖案件難易確屬有關，然其重要問題，卽在視當事人之能付多少爲標準。如是，在富者，取之多，不傷廉，在貧者，取之少，殊有惠。中國之田賦，關稅，鹽稅等大宗收入，對於此層意義實難辦到。雖此種事實，中國尙談不到，此現今上下所注意者，爲無抵押的內外債，如何淸理。然時局如是，長此以往，恐中國稅則，愈進愈亂，愈亂愈糟，積習相傳，將來着手整理，决非易事。

(C)財富與福利不宜混而爲一

經濟學上財富(wealth)與福利(welfare)有分別，前者係個人的富，後者係社會一般的富。雖則社會的富，是個人的富的集合體，但只有一二人的富，沒有一般人民的富，確是一種極危險的現象。中國目前情形，就是富者極富，貧者極貧，盜賊之多，可算他的惡果。假使富者以其所有之半，捐之於公，那末一般貧民，亦可稍受其惠，是由財富變爲福利，社會成一均富之局，豈不是一件極好的事情麼？人類慾望，是天賦的特性，往往看見別人穿的華服，吃的好菜，就生出不自足的慾望。此種慾望，一旦滿足，卽覺愉快，否則，卽感痛苦。譬如學校學生，平日多布衣菜飯，崇尙儉樸，一校風紀，可稱極好，然往往有一二學生，衣必華麗，食必求豐，於是見識不定的學生，莫不以外觀不足，向父母作不正當的要索，風氣相傳，漸趨奢侈，儉樸美德，敗壞無遺。又如家中女子，往往不願出外，與親戚應酬，此中原因，少數因不善應酬，不願外出，多數因沒有珍珠寶石，不足與人爭勝之故，不願外出。若社會無極窮極富之階級，則人人之慾望不相上下，不滿足之觀念無由發生，各安其分各守其業，無痛苦之可言。中國目前所急需者，是一般的富，不是一二人的富，否則仍使富者極富貧者極貧，貧富階級愈顯，不平的事愈多，不平的事愈多，社會安寧愈難，是非社會之福，乃係社會之禍。但社會係個人的集合體，個人的富，都依人之才能而成，才能各有不同，則其結果使有才者富無才者貧，是貧富階級，又不能免，然則均富之說，如何能見諸實行，我敢說國家租稅之制，設施完備，卽能有效。所以中國租稅，專講田賦關鹽等稅仍屬不與現今東西各國，除地租外，尙有所得稅，遺產稅等項目，又見比例稅之不妥，採用累進稅。中國向無此種稅名，所謂租稅，大抵指田賦而言，至於比例稅的不當，更不足以談及，故賦稅失當，未有如中國者。現在我把累進稅的意義，和所得遺產兩稅的應徵，略爲談談。

（一）累進稅　累進稅的稅率沒有一定，隨所課物件的價值增加，他的稅率亦隨之作幾何的增加。譬如說三百元以下的收入，可以免稅，有三百元的收入，課以九元的稅，他的稅率爲百分之三；有六百元的收入，課以二十七元的稅，他的稅率爲百分之四·五；再進有九百元的收入，課以五十四元的稅，是他的稅率爲百分之六。這種課稅方法，不似比例稅的以算術的增加，如有百元收入，課以一元之稅，他的稅率爲百分之一，有千元收入，課以十元之稅，他的稅率仍爲百分之一。今世各國，採用累進稅的緣故，因這種方法，實爲公平國家課稅的標準，不在人民所有的收入，乃在人民所餘的多寡。有收入千元之數，而納百元之稅，較之收入百元之數，而納十元之稅爲易，有收入百元之數，而納十元之稅，較之收入十元之數，而納一元之稅爲易。因爲我人有十元時的效用，比較有百元時的效用爲大，所以用比例法課稅殊欠公平。以上所述之能力主義卽根據於此，換言之能力大者，納稅較多，能力小者納稅較少。

(二)所得稅　所得稅者對於所得的收入課以租稅，至於徵稅用意，不問其生產爲如何，但以所得的多寡爲課稅的標準。收入多，課稅亦多，收入少，課稅亦少。大總統年俸三萬元，他的所得最多，他所納的稅亦最多。至於所得稅的徵收方法，大概採用截留法(stoppage at the source)。這種方法，就是在收入未歸所有者以前，就溯其源頭，先課以稅。譬如一爿公司，分資本爲一千股，假定姓李的有三百股，姓王的有四百股，姓張的有二百股，姓錢的有一百股，那末分派紅利的時候，公司就照各人的所得稅，先行扣除，交於政府。如學校教員所得的薪水，先由學校在其所得項下，扣去應納的稅，交之政府。但教員地位，極爲淸苦，故所付之稅較輕。又如行政公署，鐵路公司，其收稅方法均同。此種稅則，不背能力支付稅的原則，可謂世界最公平最完備的稅法。吾國財政部本擬實行此制，後因窒礙難行，半途中止。

(三)遺產稅　私有財產制度，是對於一般私人，認各種財產有所有權的制度。簡直的說起來，就是法律上承認私有權，卽有私有財產制度；法律上僅認共有權，那末只有共有財產制度。近來共產制度的呼聲極高，但是亦多學術上的用語，而實際上確是少見。共有私有的好壞都有，今天限於時間，不必多說。不過私有財產，有二層最顯的好處：一層鼓勵人的進取心，二層奬勵人的貯蓄心。大概一個人從赤貧而成富翁，都由辛苦勤勞而來，平心而論，把這種辛苦勤勞換來的財產歸於私有是極公平的，他將來年老，不能工作的時候，以錢去消費，去享樂，是絕對的可能。至於他死後就把財產歸他的子孫，確是另一個問題，在目前的法律上，遺產權和承繼權，各國都是承認，在英日諸國，大約遺產爵位只限於長子，在中國前淸時代爵位亦只有長子可世襲。至於遺產分股攤派，東西法律究竟規定如何，不得而知，但是依經驗所得，公認遺產子孫，於社會，於個人，害處多，好處少。在旁人視之，一般承繼者，以未盡絲毫勞力，安坐享樂，殊覺不公，在承繼者，往往飽暖終日，無所事事，勢必消磨其勇敢活潑進取，勞動的生氣，增長其游惰安逸，奢侈浪費的惡習。使其先人辛苦所得的財產，不能爲資本，以供社會振興產業之用，反多投資於奢侈之途。卽使不至如是，然富之蓄積集於一身，危險殊甚，因此各國有遺產稅的徵收，課稅於遺產繼承人。其稅率當視其繼承額與繼承人之親疏，而用累進法，繼承額愈多，繼承人愈遠，則所課的稅率亦愈重。此稅世界各國，都已通行，惟中國尙無此稅，稅則不平，遂使貧富階級懸殊。今日國內革命，係少數的政治革命，成敗在少數人的得失，於全體無關，惟將來貧富之爭一起，那是一種經濟革命，其結果或許如俄國的革命一樣，恐怕到了此時，再講均富，已經來不及了。

(D)改良租稅可以增進平民之幸福

我上面已經把徵稅的大意和方法，略爲講過，但是國家徵稅，究竟有何用處，我想這是諸位要急於知道的問題。大概國家徵稅的用途，是國防，行政，辦學堂，創醫院，造公園，築道路，凡一切於人民公衆利益的事情，均須辦理。譬如讀書一事，在中國從前的讀書人，貧富不成問題，只要有志上進，就可以學成一個大儒，幷且所讀的書，可以傳給子孫，不必改換。現在的讀書人，那是沒有錢不成事，幷且所讀的書，日新月異，傳至子孫，不能適用，所以有兒子要他讀書，在京津等地方，除衣服外，至少供給他三百元，方能够用。你想在這樣教育制度之下，豈不是成了一種貴族教育嗎？試問貧苦的子弟，那有讀書的機會，如果富家子弟個個能讀書能上進，那末這種貴族教育，倘有一個好結果；然而按之事實，知其不然。雖則富家子弟與貧家子弟的天資才能相差未幾，但是因貧富的關係，一則『驕奢淫佚』一則『勤勞耐苦』，那末自然後者容易造就。南方人有句俗語，說『茅屋裏出狀元』，就是這個意思。不過於現在中國的貧家子弟，那有這種希望，沒有希望，就不會進取，我們一個人的爲英雄，爲豪傑，起初腦筋中有這種希望，并且有了這種希望，做起來確是可以成爲事實。人類事業的進步，可以說都是抱了希望的念頭做成功的。在中國現代教育制度的下面，貧家子決沒有讀書的希望，這不是他不希望讀書，實在沒有地方可以實行他的希望，這種惡果，都因稅則制度的不好。假使稅則制度一好，可以多徵一些應當多徵的稅，來多辦幾個免費的學校，豈不是使貧家子弟，亦可以得讀書的機會嗎？這種例題極多，鄙人亦不必盡述，由此我們知道稅則好不好，對於公衆利益，很有關係。照中國的稅則，將來必須好好的整理，在沒有着手整理的時候，我們不能不把各種學說來研究研究，然後再參考國內的事實，訂定了一種完備的稅則。這樣辦理，是學理事實兼顧的法子，那末不論何事，都可以成功。

照此看來，中國要講眞正的共和（democracy），必先使一般人民，都有智識，欲使其有智識，必先提倡普通教育，而辦普通教育之資，必取之於富的階級，欲取之於富的階級，必先實行所得稅，遺產稅，累進等稅，換言之，必使財富化爲福利，始能漸進於眞正共和之域。

上海之銀洋並用問題

我國欲發達商務，必須整理幣制，改用金本位，以與各國頡頏。欲改行金本位，當自統一銀本位始。銀本位制尙紊亂而無統系焉，望其能實行金本位制？欲統一銀本位，當先去銀本位統一之障礙，其障礙維何？卽銀兩是已。規元，行化，公砝皆銀兩也，皆巍然居於其所在的市面之衝要地位而睥睨銀幣者也，故必推翻之而後可定洋元之一尊。銀國幣爲本位之勢力既一旦固然後從事於金本位之建設，此爲必然之步驟，非可躐等以求也。

我國用銀兩之習慣，浸漬於社會上既深且久，而又平色龐雜，就地域分，則滬用規元，津用行化，京用公砝。就機關言，則財政部用庫平，海關用關平。凡茲數者皆爲銀兩，擧足爲國幣統一之障礙，而其最有力者則爲規元，殲茲渠魁，則餘皆蕩平矣。

考規元勢力所以大者，因與外洋貿易用之之故，其詳細情形，余於三年前客滬濱時已爲一度之討論，曾論及去之之法當爲自由鑄造，前數日在中大講演『何謂九八規元』一題及本題共爲三篇，將來尙擬在華北大學講『公庫制與集中制之比較』爲第四篇，統此四篇都有相互關係，閱者宜取四者而參照之，則可瞭然矣。

今茲爲吾文之第三篇所欲論者，爲『銀洋並用問題』，然銀洋並用問題之歸宿，爲廢兩用元，而廢兩用元之先決問題，仍爲自由鑄造。蓋自由鑄造所以得推翻銀兩，推翻銀兩在先去規元。

至其所以用規元之原因，則以其成色一定不變，目今行使之洋元，則各省私行配合其質量。江南，湖北，安徽，北洋造，袁頭，成色彼此不一，使用輒遭掯折，價值時有漲落，記帳殊感困難：而規元則否，此其受人歡迎，豈偶然哉！

（關此可參閱何謂九八規元講稿。）

去規元嘗先使洋元之價值穩定，成色劃一；（我國之本位幣即袁頭像之國幣，使此幣之成色一律，價值不變；）否則不能驅逐規元而去之因此非僅本國商人之問題，尚須看洋商之願否；蓋洋元之成色不一，價值不定，洋商決不肯棄穩固之規元，而用浮動之洋元，以甘冒危險耳。欲使洋元之成色一律，價值穩固，當自自由鑄造始。

何以言之？蓋貨幣之價值亦受需給律之支配，目今我國僅政府及數家銀行可以鑄造，其餘各團體雖於法律上有自由鑄造之權，而實際上概無其例；是洋元之供給有限制。而每遇季節如絲茶及雜糧棉花等上市之時，洋元需要驟增，流入內地，以故洋釐飛漲，洋元價既大，則造幣廠與有鑄造權之銀行即趁機鑄造以博利。反之，洋元之需要少時，洋釐復落。似此漲落不定，如用洋元記帳，則折算不勝其煩，而贏虧亦難以預計矣。

若為自由鑄造則需要多時，人人皆可提供生銀於造幣廠請求鑄造，是供給可以增加，以適合需要，洋釐自不致漲。洋元需要少則熔現洋為銀塊，是供給亦可應需要之減而減，洋釐自不致落。需給相應，洋價一定；洋元自可為規元之替代品，則規元不去而自去矣。（詳見鄙人演講集第一集內所載吾國關稅與幣制的關係講稿。）

近數週來，滬上現銀缺乏，即所謂銀根奇緊是也。考上海銀兩與洋元二者之行使情形，凡大宗買賣及中外通商，均用銀兩，洋元僅一般零星小款，日常買賣用之，故銀子不絕進。近來之所以缺者約有三因：

（一）印度吸收大條銀　印度用銀，素以吸收現銀之能力著稱。

(二)內地吸收洋元　當此雜糧棉花上市之時，滬上洋元流入內地，以故洋底不足，祗有運銀子至杭州及南京造幣廠去鑄洋元，銀子變爲洋元，於是現銀遂少。

(三)銀行吸收　上海用銀兩亦用洋元，銀行存款有銀款亦有洋款。普通辦法存戶以銀來存，則記銀兩帳，於是用銀兩準備；以洋元來存者，則記洋元帳，於是又須有現洋準備。以兩種準備之故，遇洋元需要多時，則銀行須厚集現洋準備以應提取，遇現銀需要多時，則須厚集現銀準備以應提取。目今銀根既緊，各銀行遂極力吸收現銀以厚準備；於是銀根遂愈擠愈緊矣。

職是之故，各銀行遂謀救濟之道，其道爲何？卽近日盛唱之銀洋並用是已。銀洋並用之法由銀行公會議定：

1380 元 = 1000兩(規元)

卽以一千三百八十元當規元銀一千兩行使，每元按七錢二分四釐六三七一核計：

$$72.46371 \times 1380 = 1000$$

其所以取此數者，蓋此數爲洋釐之折中數目，因洋釐漲落不一，故取其折中數而依之換算。有此規定，則有銀解銀，無銀可用洋代替，以濟其窮，良法美意，固堪欽佩，惟恐其不能見諸實行耳。

蓋數週來銀拆高至七錢(拆息卽銀子每千兩每日之利息)，一日七錢，十日七兩，一月二十一兩，一年二百四十二兩，約合二分五釐利息，不可謂不高。然此尙係明盤，因錢業公會規定拆息最高不得過七錢，實則暗中有至二兩者；依二兩算則銀一千兩一年有七百二十兩利息，是合七分二釐息也。利息之高如此，買賣如何能做？故銀行公會特設此法，以為銀利既高可不用銀而以洋抵算，反之洋少則用銀代，（鄙意以為洋既可代銀，則銀亦可代洋）彼此互相補救自可免除恐慌。如是行之既久，則用洋之習慣已成，規元可以免去，而洋元之勢力遂統一矣。

如是而論理固不錯，事實不然，蓋錢業中人亦深有計慮者，持籌握算，豈讓銀行諸公？茲就兩方面所持之理由分述之：

（甲）銀行公會主持銀洋並用之理由有三：

（一）可以吸收內地洋錢　『豐年洋散於鄉，荒年洋集於市，』此語由來已久。蓋豐年內地收成好，其物產到上海，而上海之洋元遂入內地；荒年內地乏食，上海之糧食到內地，而內地之洋錢遂集於上海。昔日此情景良確，而目今則局勢稍異。豐年洋散於鄉是真，而荒年則以賑災之故，洋元仍歸內地，不復集於市則是洋元一入內地，使不復回。若何而召之使回乎？銀洋並用，則洋元亦有拆息（今日只有銀拆而無洋拆），洋元有拆息則內地洋元自來；洋元去而復返，銀根自不患緊。

（二）可無須兩種準備　兩種準備，殊不經濟；銀洋並用，有一即可。

（三）造幣廠可源源供給洋元　寧杭兩造幣廠鼓鑄洋元，向以洋釐漲落為轉移。洋釐漲時造洋有利，則極力加工趕鑄；洋釐跌時，無利可圖，則散工停鑄。今定洋釐為七二四六三七一，則造幣廠鑄幣自可隨時鑄造。

（乙）以上三種理由極為充足，茲將錢業公會方面不贊成銀洋並用之理由，據吾所知，分別述之如下：

(一)對於造幣廠未必有信用　上海造幣廠迄今尚未成立，曩曾借款二百五十萬，不敷；欲續借三百萬，未成。前者之二百五十萬乃本國銀行借與者，後者尚未定。該廠創辦工程師爲美國人經手購買機器，風聞因有滋人疑慮之處，致隳信用。且廠長又受政局之影響，屢屢更動。以如是之造幣廠所造之洋元，其誰信之？

(二)錢莊之利喪失　上海各錢莊有銀帳而無洋帳。例如存戶以洋元來存，彼則照市價減一二五或二五折成銀兩。（因洋元無利息，故存戶亦願折合銀兩，以銀兩有拆息故也。）至提取時，則照市價提高合算，出入之間，即得利益。若銀洋並用，廢止規銀，則錢莊不復能得此利益，宜其反對也。

(三)銀洋互換之法定比價恐不能維持　銀洋並用，其結果恐將與複本位制度之下金銀並用之結果相同；即金銀之間因有法定比價，致二者之一，其市價較法價賤者，輒爲人所行使；金賤則用金，而不用銀，銀賤則用銀，而不用金。忽金忽銀，使法價不能維持：如銀價跌落過甚，致法價不能不破，觀美法往事可知。今銀洋並用，洋釐定爲七二四六三七一，雖爲公盤（法價；）然遇年關洋錢回籠之時，洋元底富，難免不有暗盤，暗盤恐較公盤下落（即洋釐低於七二四六七三一。）反之，遇洋元底緊，暗盤恐上漲而高於法價。是銀洋並用，其法定比價維持之困難，一如維持金銀之法定比價。結果暗盤與法定比價相差太遠，則法價必至打破，不能維持也。（鄙意以爲此層似可無慮。蓋金銀法價之所以不能維持者，因銀之產量加多，致銀價日趨下落，金銀之產量，彼此不相適應，因而金銀間之法價與市價差違過大，故不能維持。至銀兩與洋元則爲同一之物質，苟洋元之成色仍按目今之成色鼓鑄，毫不減少，則法價可以維持。蓋誠如所言，有法定比價之二物，其市價較法價賤者爲人所使用，則是洋元市價賤於法價時用洋者必多，需要既增，則洋釐必復漲高。反之，洋元市價貴於法價時，則用銀者必多洋，元需要減，銀子需要多，則洋釐必下落。如是之作用可以維持法定比率，故可無慮其有過度之漲落。但最重要之前題，即洋元之成色不變若減少洋元之成色，則又須作別論矣。是故造幣廠辦理必須良善，公正，化驗必須精密也。）

（四）上海將由現銀碼頭變爲紙碼頭　上海爲現銀碼頭，大宗買賣收付，計算均用銀子。銀子之需用多，故銀子缺少，而中外銀行間之借貸收付均以元寶大條往來搬運。但如果用銀兩鈔票，似可以補現銀之缺而省搬運之煩。惟實際上不可能，其故蓋有數端：日用買賣物價均採洋碼，只能用洋錢鈔票，一也。洋錢鈔票一元即可兌得一個實質之洋元，銀兩鈔票每鈔票一兩無實質一兩之銀錠可以換得，（規元只當爲名稱，實質則爲五十兩一錠之元寶）二也。上海用規元，其他各埠則不用規元，而洋元則到處通用，三也，有此三因，故不能有銀兩鈔票。（今日有人提議用匯豐之遲期銀兩支票專供上海劃帳之用，係另一問題。）若一旦銀洋並用，洋可以代銀，則發行銀行自可以多發鈔票。當茲政府不能實行取締之時，深恐滋濫發之弊；其結果將使上海由用銀碼頭成爲用紙碼頭，危險殊甚；此層理由頗爲有力。

以上兩方面之理由已略述之，余對於銀洋並用非不贊成，所慮者不能實行耳。與其不能實行，不能達到廢兩用元之目的，不若直截了當實行自由鑄造，以爲根本解決之爲愈乎？至其不能實行之理由，則因華商銀行之勢力不敵錢莊故也。蓋上海對外貿易權在外人，款在外國銀行，內國商人則與錢莊往來。華商銀行處此兩大之間，左右無依，於是惟有以買賣公債或套先令爲業。上海銀行入公會者有二十二家，其間並無多大往來，蓋其所收之票據，除外國銀行票據與中國銀行票據及錢莊票據外，彼輩自己之票據，則幾等於零。至於各錢莊有錢業公會，各錢莊每日至公會軋帳一次，名曰『軋公單』，其辦法似清算所。華商銀行收得之錢莊票據，不能直接至錢業公會去軋，惟有請託錢莊代辦。錢莊代辦，必須該銀行存款於其莊內方可，蓋恐銀行應付者多於應收之數時，錢莊既代軋，必須代爲墊付，而錢莊對於銀行之來託者，只許存不許欠，各銀行亦無如之何，惟有俯首聽命耳。是故錢莊之勢力愈積愈厚。新開之銀行欲營業，必須聯絡錢莊，如百萬資本卽須有數十萬存於錢莊，否則不能週轉，尚何能營業？故多一新設銀行，錢莊卽多一筆外財；行存不過三四釐，錢莊則以一分放出去，是利用銀行資本，做其自己生意，於此可見錢莊勢力之大也。

進一步言，卽令錢業公會在現狀之下，竟允肯銀洋並用，而尚有一外商可以從中作梗，不惟外國銀行勢力甚大，卽海關每年數千萬稅款均用銀兩，其勢力亦至雄厚。故欲用洋代銀，於錢莊而外，尚須疏通外國銀行與海關。如何疏通？曰先實行自由鑄造。

就現狀言，能鑄幣者只少數有特權之銀行，鑄幣只此數家得利，當然招人之忌，而莫肯就範。况初議創設造幣廠時，英人主張用英款，英技士，英人管理，還款由關餘扣，我國人則主張用華款，華人管理，由鹽餘付，二主張完全不同。結果我國人占完全勝利，由華商銀行借款二百五十萬，尚短三百萬不易籌得。英人已不滿意，况其後聘技師，購機器，一切皆假手於美人：英人啣恨更深，而且美人所辦之機器買價過昂，尤招英人之忌；今日機器久已運到，無款交付。英人方靜待機會之來，參與造幣事宜，豈肯於未實行自由鑄造之先將規元廢去乎？抑尤有一層緊要者，今日國外匯兌皆以規元計算，而外國銀行運銀出口亦用寶銀，蓋其成色可靠也。若運銀元出口，則須照成色不足之數補貼，所受損失爲數不貲，以故今日購買國外匯兌只能用規元，不能用銀元。若欲廢去規元，必須達到用銀元買外匯之地步。但欲用銀元買外匯，必須先實行自由鑄造，決非銀元並用之辦法所能奏效。

故吾謂此問題非華商銀行一方面之問題，須合各方面之力以赴之，庶乎可成。一方面由總商會，華商銀行公會與錢業公會，他方面由洋商會，外國銀行公會與關海聯合起來，協力同心，使上海有一完備之造幣廠實行自由鑄造。果能成色好，價值定，彼外商亦何樂而不棄煩重而就輕便哉？試舉一例以證之：例如英美煙公司在北京張家口一帶每年可收千數百萬，須匯到外國，其手續煩重有如下述：（一）零售有銅子，輔幣，銅子票，小洋，均須折成大洋；（二）尚須以大洋買規銀；（三）以現元銀買先令（英匯）。如是折算，費事甚多，彼豈樂爲哉？故吾謂苟能劃一成色，確定價值，洋商亦樂用銀洋，藉以減少折合手續及損失。

近有人主張用公庫兌換劵，由上海華商銀行組織公庫發行之，以救金融之急。此問題頗有研究之價值，擬專作一題以討論之。

短期財政計劃我見 十二年四月二十四日京報

近閱京內各報，知財次張心穀先生以墊款大借款等計劃一時不易實現，想出一種短期之計劃，以爲勉強支持八個月之方法，擬由各殷實銀行合組公庫，每月由政府撥鹽餘五十萬元，作爲存款，存息八釐，在公庫方面則每月爲政府發行鈔票或證劵二百餘萬，以充政費，以八個月爲度。基金既甚確實，此項鈔票或證劵自易於推行，一面運用八釐之複利，七八年後基金加倍，仍由公庫負責清還。此爲張氏計劃之大略。在表面視之，固有研究之價值，但一經研究，無論在學理上或實際上均不敢盼其實現。夫鈔票爲銀行要求即付之債務，卽銀行有隨收隨兌之義務，財政部所許之現金準備五十萬，是否按月撥入公庫，尙屬疑問。假令月撥之數毫不缺少愆期，其與每月發行二百萬之數相差有一百五十萬之鉅，此項基金以八釐複利計算，據財次之計劃，於七八年後方可加倍，方足以清償一切債務，於此期未屆之前，合組公庫之各銀行須爲財部代負隨收隨兌之責任。在銀行方面，以爲公庫既係公共機關性質，自不得不聯想及於公共機關之保障規則，與夫相互維護之方法，萬一各行之中有一行倒閉，其餘各行須代負其責，對於倒閉一行之財產，自有處分之優先權，而倒閉一行自發之鈔票，勢必退居於第二位，蓋其處分財產之優先權，已被公庫發行之鈔票奪去矣。是合組公庫之銀行欲堅公庫之信用，反自墮其信用也。今日之殷實銀行當局，類皆明達之士，對於財次之計劃，自當詳加考慮，倘利令智昏，漫不加察，而竟入其彀中，則從井救人，人未救而身已先死，其愚眞不可及也。吾反對財次計劃之理由，此其一。發行流通證劵如鈔票等類，係一種金融上之經濟行爲，籌款以充政費，係一種財政上之經濟行爲，兩者性質不同，用法各異。鈔票之伸縮，須視商務實業之增減以爲斷，商務實業勃興，市面籌碼不敷週轉，當多發鈔票以濟其急，金融恐慌，自然平息。倘商務不振，實業不興，則市面過剩之籌碼，自然陸續收回，以免濫發之弊。故鈔票之發行，係一種金融上之作用，斷不容其隨政費之消長以爲伸縮也。財部籌款，自有財政上應有之手續，如增加舊稅，推行新稅，以及發行公債是也。今乃以金融上之手續實行財政上之計劃，不啻使金融與財政混而爲一，則吾國金融界時時發生波折者，固有原因在焉。吾反對財次計劃之理由此其二。財次對於此計劃尚未宣布具體的辦法，其餘要點當俟其辦法宣布後再討論之。

中國之買辦制

十二年四月七日在北京通才商業專門學校經濟研究會演講

秦彥釗筆記

兄弟今天講『中國之買辦制』，這個題目最好請買辦來講，兄弟實係外行，雖能據所見聞，略述一二，總不免隔靴搔癢耳。要知買辦（comprador）這個名詞其源出自西班牙之 comprar （= to buy），譯作買，現今則遠東各國莫不有之，印度稱之爲 banian，日本稱之爲 banto，而我國名之爲 comprador 譯爲買辦，要皆代人買賣之意也。

吾人既知買辦之意義矣，然兩方交易(transaction)，有對手人已足，何所用乎買辦也？是不然，中外通商，言語不同，習慣各異，不得一能代表二方意思者，介於其間（即所謂居間人之類）欲求交易之成，必不可得。中國之有買辦，溯自西葡通商之時，迄今已歷有年所。而一般所謂買辦者，亦未必能諳練外國語，嘗有一種同音異字無文法之言，即所稱洋涇浜(pidgin English)者是。以今言之，其鄙固不足道，而西人則尚可領悟。故此種語言，積久而成爲一種專門學術，雖文化進步如今日，亦未能擯買辦而不用。

買辦之起源，既已略知梗概，今分而言之，不外左之三理由：

(一)言語之不同;

(二)習慣之互異;

(三)商情之特殊點。

買辦既因上列事項而成立,其於社會上必有一定之地位,以其負交易上重大責任,則其人之資產物望,必有所考量,非盡人得而爲者。然則買辦果有何職責乎?曰買辦之職責,最主要者,厥爲『擔保』。如我國商人向外國商人購物,其價給以莊票(可作現金使用),在外商不惟不知該莊票之信用如何,且上書文字亦難識別,不得不令買辦爲之擔保,買辦於各種票據必有精深之研究,必不至受人之愚。故上海一隅,亦有稱買辦爲『票據經紀人』(bill broker)者。此名來自英國,蓋英國之大銀行,每經營大規模之事業,忙碌殊甚,對於買賣票據等事,無暇研究其孰良孰劣,爰利用 bill broker 之經驗,令其介紹,然後信而買入。不過票據之上,經紀人不簽字,若此票誠屬不良,經紀人負退還之責,爲經紀人者,亦不肯隨意介紹,以失其信用也。但英人之票據經紀人,只介紹票據一種,我國之買辦,則除票據外,尙須擔保放款,墊款,透支等,凡於對方不能信用時,均得使買辦爲擔保,甚至生金銀貨幣亦須委諸買辦爲之擔保者,則吾國買辦之責職,係賅括的,非英國之票據經紀人所可比擬也。

買辦既爲外國商家擔保某項事物,其負責任也固宜,使買辦而一旦失其信用,至資產不足抵償時,則受其損失者又何如,是不得不爲預防計也。預防之法維何?保人是已。保人非僅一人,且須二三人或四五人連保,不特此也,保人之自身,更須保人,如此輾轉連保,使買辦或有重大過失時,連同負其賠償之責。買辦或保人死亡,有向其子孫取償之權，一若我國『父債子還』之通例。不惟中國爲然，卽印度日本等國亦如此。不過在吾國，於保人之外，更須所謂押金俗稱押櫃。欲爲買辦，必先繳若干金額作押也。無論現金契據債票證劵股票祇須確實可靠者，均無不可。買辦有如此之保證欲爲其非，不可得也。

外國人所創立之公司銀行，旣用買辦，必備二種帳簿，其一由大班（洋行老板）掌之其一歸於買辦。凡一交易之經過，必登此二帳，手續複雜自不待言。於每日營業終了時，二帳必校對一過，其間不可有誤，或將各科目之結餘（balance），校對一次，必須符合方可。如昨日王姓結存四萬元今日又收到十萬元，若付去八萬元，則結餘存六萬元。二帳之結餘不可不吻合也。又若大班交與買辦洋百萬元，收入莊票等又百萬元，付出一百八十萬元，尙餘二十萬元，當日結帳，必將餘存交與大班，俟明日交易時，再由大班交出。買辦之酬勞，或付薪水，或付經手費（commission），亦有二者均付者，而以付經手費者爲多。大牢以成績之優劣定酬勞之多寡，如近來中政府向某國借款經手之外國銀行獲利至鉅，皆因買辦之功，故予以極大之酬勞，買辦而善營，致富之捷徑也。

外國商人賒賣貨物於我國商人，於其人之信用不敢確定，又不得不使買辦爲之擔保，他日收款，則買辦負其責，迨帳款收回時，經手費不必一定俟外商給與，亦可向其索付（charge）若干作爲酬勞。

買辦之詳情旣已言之審矣，但此制之良否，不得不加以判別，以余（博士自稱）見所及，此制害多利少，玆姑更論列之：

（一）扣息　如外國銀行貸與中國錢莊規銀一千兩，卽上海所謂拆票，二日爲期，假定日息三錢，二日則爲六錢，計一月之息，不過九兩，實爲月利9%，經買辦之手，往往日息不止三錢，除將三錢明數歸於大班外，餘數悉爲中飽，二方均屬吃虧，然錢莊尙得高其利，以貸與其他小商人，固無所損，而小商人實蒙其大害。

(二)不經濟　因用買辦，帳簿必備二份，既勞校對，復費時間，辦事處必設二所，已佔地位，又多開支，若此煩瑣滯笨孰甚。

(三)從中取巧　中外二方不能直接交易，全憑人言，難免失眞，如婚媾然，全恃媒妁之言，未必能合乎雙方之意也。且買辦或因利之所在，從中舞弊，易受其愚。

(四)外商之欺詐　無資本之外商，欲經營商業，苦無資本，於是妙想天開，雇用買辦，而利用其押金爲資本，往往有被騙情事。

總上之說，買辦制害多利少，不言而喻。今吾國人嫺習外國語者頗多，欲謀雙方之利益，儘可廢除買辦不用，無如外人之信任我國之心甚薄，尙斤斤於用買辦居間擔保爲可靠，是計之左也。

今日吾國經濟狀況之一斑

十二年三月二十四日在燕京大學演講

徐兆蓀筆記

今天所講的題目，係貴校所指定，與兄弟自己選擇題目講演者稍有不同。至論我國社會經濟狀況，情形非常複雜，如欲詳細申述，卽每禮拜講演三小時，盡一年之時間，亦有所不能，今日不過講其大要而已。

因我國無報告與統計可考，故欲詳悉經濟狀況，實有不能，農商部所編之農商統計，係下級官吏任便塡寫，實不可靠，只有海關統計稍爲正確，上海物價調查處（係財政部派員專住滬調查物價者）之物價指數表亦尙可靠，其餘則再無統計之可言。若就大體的觀察，則可說中國經濟現象甚不佳，至其不佳之原因可如下述：

（一）天災；

（二）人事；

（甲）政變（兵變與盜匪都包括在內，）

（乙）商變（如投機等。）

（一）天災與經濟界之關係甚大，例如民國九年北五省之旱災，去年南方之水災，人民財產均被損失，出產品因以減少，於是出口貨亦隨以減少。出口貨少，則錢少而窮，於是一般人之購買力亦少。購買力少，則進口貨勢必隨之減少，所以出口貨減少足致進口貨亦少，影響於國民生計者實大。此就國內的天災而言。

國外災害對於我國經濟之關係將何如乎？亦可斷其影響甚大，例如歐洲各國以歐戰之故，將人工及機器均消費於戰事，生產因之大減，財貨之供給不足。供少求多，則物價自高，中國土產因之多多輸出以供彼各國之處，獲利亦鉅。故歐戰時華人之因以致富者甚多，如業顏料、棉紗、銻礦等等之商人是也。迨歐戰停止，需要減少，銷路停滯，堆積於外國堆棧之存貨頗多，我國不能再爲出口，於是出口貨減少。故出口貨之減少，一因國內之天災，一因國外之戰爭。

（二）進口貨減少之又一因，則以歐戰劇起，歐洲各國均厚積金貨以爲準備，今日吾國本位幣之流通甚少，成使用銀輔幣以代之。於是銀之需要增而價漲，一九一九年金與銀爲一與十八之比，誠爲入二十世紀以來所罕見。本來我國規元銀一兩，等於英金三先令數便士，至歐戰時直漲至九先令數便士。進口商紛紛向外國定貨，例如帽商之帽一頂，原價三先令，折合華幣規元一兩，故將帽售於本國人，每頂價一兩，迨鎊價低落至規元一兩爲九先令，而每頂帽之售價仍爲一兩，則每頂可賺六先令，利益甚溥，進口頗多，咸堆積於堆棧，而進口商冀鎊價之仍將下落也。買洋貨多不結帳，一至歐戰平息，鎊價漸漸回漲，進口商大行吃虧。此種進口，卽含有投機之性質，鎊價低廉時進口貨多如山積，一面因本國多災難，一般之購買力減少，銷路遲滯，進口貨大減，一面又因外國出口商催促結帳，須付現款，難以應付，虧損倒閉者累累，疋頭商其適例也。已進口者既不能暢銷而停積，當然不能再爲冒昧進口，以遭損失，此進口貨因外國之變故，商業含有投機性質，以致進口貨減少之原因也。

以中國經濟狀況而論，進出口貨減少之原因既如上述，今以統計證明之，一九二一年共計出口貨値海關銀六〇一，二五五，五三七兩，以三先令十一便士又十六分之七合海關銀一兩（該年平均行市）則等於英金一一八，八四一，九一四鎊。是年之出口貨以海關兩計，比一九二〇年多五千九百六十萬兩，但以金鎊計，則反比一九二〇年少六千五百萬鎊。因一九二一年比一九二〇年金貴銀賤，漸有回復戰前之趨勢，而我國之海關兩則不足爲憑也。至進口亦必須以英鎊或美金爲計算之標準，例如一九二一年之進口貨共計海關銀九〇六，一二二，四三九兩，以一兩合三先令十一便士又十六分之七計，則等於一七九，一〇〇，七六三鎊，比一九二〇年進口貨多一四三，八七二，二〇九海關兩，而以金鎊計，反少七九，七四六，七一一鎊，亦因一九二一年金貴銀賤之故。由此觀之，一九二一年之進出口貨均比一九二〇年減少也。

(三)我國雖屢遭水旱之災又政變頻仍，兵匪充斥投機事業勃興，終以環境所迫時勢所趨，實業仍能逐漸發達。因我國適當由農業國轉入工商業國之時期，實業方見萌芽，加以受列國之壓迫，採門戶開放之政策，外國實業家莫不注意我國地大物博，蒞臨中土，派遣留學各國之學生逐漸回國者，及國內一般知時之士咸認振興實業為救國第一要圖，受此種種影響，雖有天災人禍，實業猶能漸漸發達。例如紗廠，麪粉廠，交易所，鐵工廠，造紙廠，玻璃廠，蛋粉廠，以及製造罐頭食物，牛皮，水門汀，製糖，化學工藝品，印刷局，油坊（大連有油坊），火柴，洋酒，造船，航路，電燈，電話，自來水等，兵工廠以及一切小規模的機器廠（上海甚多），或已漸進發達，或方在萌芽。論棉紗一項，則紡紗事業，我國發明最早，一般婦女均能為之，至內地各處，今日猶頗盛行。至若紡紗廠則為新近事業，一八九〇年上海有紗廠一處，一八九一年有兩處，現在共計有九十三廠，內中華人所有者七十二廠，餘屬日本或英國，紗錠計有二百七十萬枚，已開者計一百八十萬枚，棉花歲產號稱二百萬包，工人計七萬二千，大都紗廠均起於歐戰之後，以發展太驟，有發達過度之趨勢。原當時紗廠驟然興起者，約有二因：(A)當歐戰之時外國之棉紗出產減少，華人乃起而補充之；(B)因外交關係，國人抵制日貨，日紗之輸入少，紗價漸高，棉紗獲利甚大，於是咸相倣尤，紗廠盛興，致有生產過剩之勢。近因棉貴紗賤，紗價大跌，恐慌以起。就恐慌之原理言，因恐慌之起也人人咸縮，不敢前進，生產因以減少，價格逐漸回漲，利益因之漸高，經營者於是又漸多，迨達一定之程度，生產又過度，價格又跌，恐慌又起，生產又減。生產減則供給少，供給少則價格漲，價漲則生產又多，以至於過剩。故恐慌有循環之性質，大概十二年一次，實爲經濟界自然之趨勢，實不能免者也。

若以我國棉紗業而論，適當漸見恐慌之時代，就我國最重要產業而論，當推紗廠。但目下以各種原因，紗價大跌，紗廠聯合會爲免同業危險計，乃呈請政府禁止棉花出口，公決停工一半，以減少出產，近更有三千萬公司債之議，紗廠岌岌可危，有不能不速爲救濟之勢。考紗廠之所以陷入危境者，生產過剩，固係一主要原因，而政治不良，天災流行，亦足以致其死命。紗廠唯一之原料爲棉花，我國棉花質地雖不甚優，然以紡粗紗尚稱適宜，且出產量亦不少，紗廠大部棉花均可仰給於土產，而棉花之所以現缺乏之象者，交通不便（政治不良）實其主因，又加以兵變，盜匪，天災三者，內地棉花卽不能運至各埠，以供紗廠之需要。於是棉花價昂，棉紗之成本增大，而棉紗之銷路，原以供一般織布之需，鄉民又以天災人禍之故，生計困難，購布者少，而紗之需要隨之減少，紗價因之跌落。於是紗廠一方以成本增加，他方又因銷路停滯，維持艱難，乃有請政府擔保發行公債之舉，價額定爲三千萬兩，以各公司之動產不動產，爲第一擔保，欲免廠用棉花之釐捐，加徵每包廠製棉紗附加稅一兩，以爲第二擔保。但一般輿論，以國家附加稅爲私人事業之擔保，并以紗商與政府所訂合同，未向公衆發表，頗多懷疑，多未贊同。倘上海各紗廠不能得相當之救濟，竟現破綻，以至倒閉，則與之往來之銀行錢莊必多牽連，其影響於金融界者實大，而紗廠之發生危險狀態者，又以經驗不足，不能愼之於始之故也。

他如交易所爲我國向來所無者，民國九年秋冬兩季，上海一埠一時興起者多至一百五十所，以美國境域之大，商業之盛，全國僅有交易所十四所，而滬上一隅竟達此數，人多嗤爲發狂，現在所剩者尚有七所。夫爲交易所者，必須知交易目的物之供給與需要，方能定其行市，否則行市何自而定？又交易所之要件必須交易目的物可以集中方可。以我國交通之不便，兵匪之遍地，其能隨時集中乎？交通既多阻礙，運輸實感困難，產物在運輸之中，須經甚長之時期，頗易損壞。既無便利之交通機關，則運送非藉人力不可，於是費用自大，我國內地多有『雞犬相聞，老死不相往來』者，其交通之不便可知，則全國物產之數量（如雜糧等類）安能集中於一處，以與全國之需要相比較，而定一相當之行市乎？至若美國敷設鐵路，密如蛛網，電報電話四通八達，消息靈通，集中頗易，所定行市自然確實。我國交易所所定行市既不確實，故忽漲忽落，變動太驟，易陷人於危險。此交易所失敗之原因，一也。物價變動太驟，投機自然勃興，然一般投機家對於物品，不敢大冒風險，蓋物品數量之多寡，不易推測，而需要之消長，亦不易預料也。以此之故，一般投機家咸注其全力於交易所本所股票，其數量易於操縱，其需要亦易於調查，於是股票投機買賣日趨於繁盛，以不值錢之紙片，而供交易之目的物，贏者瞬息暴富，輸者忽然赤貧，營業賭博，混而爲一。此其失敗之原因，二也。

（四）紗廠與交易所失敗之原因既如前述，簡言之，即（A）棉花之供給不足，（B）棉紗之銷路停滯。至棉花之供給何以不足，則大半因交通不便，我國鐵路總共不過三千五百哩（或謂三千三百英里），美國則有二十六萬英里，相差奚啻天壤？內地運輸多藉人力，例如漢口有某紗廠赴內地（如陝西四川等處）購棉花，必須用人工扛擡棉花每包計重一百六十磅，設扛擡者每日行十五英里，則七百五十英里須行五十天，工資每日約一角七分，即每噸(ton)每里(mile)須費一角四分，則七百五十哩乘一角四分等於一百零五元。故以人力運棉花

(一百六十磅)七百五十英里，其運費至少一百零五元，若以鐵路運輸，則七百五十哩，費二天之時間足矣，運費至多亦不過十五元。兩者之運費及時間相差頗鉅，故往內地購棉花者，尚不如向外國購買之合算。吾國棉花供給不足之原因，不在產量之小，乃在交通之不便，此亦我國政治不良，交通不能發達之結果。總結我國鐵路運輸對人工運輸之利，可得其八：(A)日期短；(B)有適當之保護，貨物不至損壞；(C)運費輕；(D)日期短，可免資本利息之損失，反之，人力輸運，既甚遲滯，須蒙資本在途中之利息損失；(E)以日期短縮，匯兌行情之變動小，若人工運輸，日期延長，則匯價之變動大，易受匯兌之損失；(F)可免盜匪之危險；(G)鐵路經過之處，度量衡貨幣制度均屬一律；(H)鐵路通過之地，無釐金，祇納一次統捐即可。鐵路之利益既如是其大，建築鐵路實爲我國之要圖，其便利於實業界者實大也。我國之貧乏，即在甲地有餘，乙地不足，以交通不便，不能調濟盈虛，甲地饑荒，乙地豐收者，無法救甲地之窮，諺所謂「遠水救不得近火」者是也。例如陝西產麥，四川產米，陝川之麥價，僅等漢口三分之一，終以運輸不便，運費太重，即運至漢口，亦無多大利益，以故陝川之人不願多多生產，以生產愈多，價格將愈跌，於是不願勤工，而事荒廢與游佚，是由經濟問題一變而爲道德問題。故經濟與道德及政治有密切關係，非可獨立者也。

中外信用制度之異同（十一年元旦新聞報增刊）

因經濟狀況之不同，可分經濟爲三大時期：(一)物品交換時代；(二)貨幣時代；(三)信用時代。茲就信用時代述之。

信用有二種：(甲)記帳，(乙)票據（信用證券）分別論之。

(甲)記帳　記帳者買入物品不付現款，惟憑一己之信用，便賣主記入帳簿，迨至端節，中秋，或年終，一併清償之謂也。中國商人都用此法，外國亦有用之者，不過爲數甚少耳。西人都用票據，用票據者必具有信用之三大要素：卽(1)資本，(2)品行，(3)信任是已。凡此三者，皆缺一不可者也。關於品行一端，中外觀念各別，外國以嫖賭及其他無益之行爲爲不正當，中國則以之爲媒介營業之一種手段，不足爲品行之汚點，是吾國所謂品行，與西人所謂品行不同矣。

(乙)票據　票據有二種：期票與匯票是已。例如布商甲買入棉商乙之棉，於一月買入，須至四月一日方能紡織成布，俟脫售後，始可交價，其間當有三四月之久，乙方能獲現，而另作他圖，不便實甚，於是票據之需要生焉。或由甲出一期票與乙，應允四月一日交款，至期乙可持票向甲領款，我國商場多適用之。或由乙出一匯票與甲，令其承受，如甲願承受，則簽字於票面之上，至期照票付款，乙之匯票由甲承認之後，卽變爲甲之期票，因甲已經承受也。此兩種票據之收款人爲乙，乙既得此項票據之後，倘有急需，便可持向銀行貼現。銀行除扣去自貼現日起至滿期日止之利息外，餘數則以鈔票付之，或作爲銀行之存款，此種利息名之曰貼現息。如是則乙既可以得現款，以之付工資，房租，以及一切費用，並可以之營業，另行圖利，而銀行亦可得此利息，以滋餘潤，是誠兩得之舉也。但期票匯票到期必付，以銀行收買票據之後，不能永久死藏於庫內，一俟到期，必須持票向甲取款也。當收買

（卽貼現）之際，銀行對於甲乙二人必有信用，否則銀行決不敢收買，以免受損失，此卽前節中所謂三大要素也。

此種期票或匯票乃由交易而發生，交易則由貿易而生者也。二者之外，又有支票與鈔票二者焉。支票者，商人存款於銀行，銀行與以摺據及支票，需用之時，則隨時塡寫支票，持向銀行取款，而銀行有見票卽付之義務也。財政部名之曰支付命令，義頗精當。蓋吾人出支票之時，乃命令銀行憑票支付於第三者，故支票含有命令之意。鈔票卽現時各銀行所發行之兌換券，以之代替現金者也。此種票據，銀行亦有見票卽付之義務。

吾國既無票據，自無貼現，既無貼現，則存款不能由貼現而生，鈔票不能因貼現而發出，故今日吾國各行所做者，非貼現，乃放款也。如前例中之布商甲買入棉花商乙之貨，在外國可以出票據以爲支付之具，在中國雖亦有出期票者，然大抵以記帳爲通例，故乙只有到季節之時，憑帳向甲索欠而已，並無票據可以向銀行貼現。顧乙之資金有限，不能待至季節（如端午中秋）始將欠款收回，於是不得不向銀行借款，以貨物或有價證券爲抵押，此在銀行會計上謂之抵押放款。故中國除錢莊莊票貼現外，無所謂貼現，因貼現之地位，爲抵押放款所占據也。故中國之存款與鈔票，非由貼現發生，乃由放款發生者也。此中外信用制度不同之處也。

以上所述信用證券雖有期票，匯票，支票，鈔票四種之多，而其來源則一也。蓋銀行發鈔票也，或作存款也，必有依據，其發行也。乃因匯票與期票之貼現，其作存款也亦因匯票與期票之貼現，而票據則由棉花賣與布商之交易所發生，布商所織成之布，實貨也。由是觀之，存款，鈔票，匯票與期票之根據，皆在有價値之實貨耳。

鈔票有自放自縮之能力，蓋鈔票之發行，非無所據，前已言之矣。倘準備無着，則鈔票將不能收回，如袁氏稱帝之時，令中交兩行發行鈔票，購買軍火，現款既因買軍火而耗散，軍火復以炸放而無蹤，於是準備乃至無着，鈔票遂不能收回矣。此中行所以不願再爲政府墊款之理由也。至前例之棉花交易，則眞正之營業也，棉與布皆存在，則由此交易所發生之票據，與此票據所發生之存款及鈔票，決不至成爲廢物，祇須待布脫售之後，鈔票即可收回，吾故謂鈔票有自放自縮之能力。

自銀行之責任上觀之，支票（即存款）與鈔票性質相同，蓋銀行對於二者，均有要求即付之義務。但自其使用上觀察之，則數大者用支票，而小者則用鈔票。此其不同之點一也。除美國政府對於存款（支票）稍加干涉外，其他諸國概不注重，惟對於鈔票，則特別注意，務加嚴重之取締。蓋支票之行使，必因存款，若無存款，則支票決不能行使，然存款乃存戶自己選擇銀行之後而存入者也，倘銀行不甚可靠，可以將存款移至他行，萬一銀行倒閉，存戶當自負其責，故存戶對於存款，立於主動之地位。若夫鈔票，乃銀行之所發行者也，行使鈔票者，立於被動之地位，如銀行倒閉，存戶當自負其責，而行使鈔票者，既立於被動之地位，不當自負其責，故法律對於鈔票，特別注意。此其不同之點二也。今日吾國政府有取締鈔票之條例，而對於存款之準備，則置之不問者，職是之故。此中外信用制度相同之處也。

吾國濫鑄銅元之原因 十一年雙十節新聞報

查各省所鑄之銅元，以湖南省所鑄者爲最輕，湖北次之，近來皖省所鑄，逐漸增多，全省幾成銅元世界，推厥原因，則因年成歉收，米糧不足，不得不由外省運米接濟，但向外省購米，必先有購買之能力，皖省民窮財盡，款無所出，不得不多鑄銅元，以爲購貨之資，此生計問題，影響及於貨幣之所致也。但濫鑄銅元，原因不一，約略言之，厥有三端，茲分述之如下：

（一）鑄銅元以償欠　各省財政，早已左支右絀，羅掘俱窮，點金乏術，所有積欠，既不能借債以清理，又不能加稅以償還，惟有鑄造銅元，以爲彌補之計。例如江西一省，歷年積欠甚多，因本省不鑄銅元，委託蘇省代鑄，但自江蘇禁止鑄造以來，窘迫萬狀，不過所有餘銅，可准其鑄完，故日後銅元之多寡，當視餘銅之數量以爲斷。惜餘銅兩字，從無切實之解釋，查皖省鑄造銅元，亦以餘銅鑄完爲止，不料餘銅鑄完之後，該省當局竟將餘銅兩字之範圍，推而及於已訂合同而未收到之銅塊，以故直至今日，餘銅尚未鑄完。北京當局非特不問其餘額若干，即對於鑄數亦絕不過問，不寧惟是，各省造幣廠往往有以少報多及以多報少之弊，餘額多則報少，報少可以藉口向外國購買也，餘額少則報多，報多可以延長停鑄之期也。近聞皖省輕質銅元，因受滬上商界之攻擊，不能運銷於江蘇省內，窮極智生，遂有私印江蘇模型之事。

查目下各省爭鑄銅元，恐落人後，自銅元局改名爲造幣廠以來，印花銅模，一律由部頒發母模，藉收統一幣制之效。無如中央命令不及於各省，各省長官自有隨時變更之權衡，重量成色，花紋符號，各不相同，於是濫鑄濫發，貽害無窮，雖經各處商會迭次呈請官廳，嚴禁濫鑄，而造幣廠持有護照，仍可將大批銅元運送出境。據幣制局中人云，此項護照大半係空白式，無一定日期，用過之後，可以再用，現擬設法收回，但迄今日止，未曾收回者，尚有千餘張之多，將來如何取消，眞一極大問題。

（二）鑄銅元以充軍餉　聞王占元在督軍任內，曾晉京向財政總長李某堅索軍餉，李某以庫空如洗，無以應付，遂囑其在湖北本省多鑄銅元，以資彌補。後幣制局總裁張某禁止江蘇鑄造銅元，對於湖北不便袒護，不得不下禁止之令，適值王占元在京參與軍事會議，張某告以禁止湖北再鑄銅元之意，王聞之大不以爲然，謂湖北官帖（俗名台票）太多，不得不多備銅元，以資兌換。其實官帖之數目隨銅元以爲增減，非銅元隨官帖以爲消長，王占元之言不足信也。後王堅請續鑄，並願竭力禁止湖南銅元出境，則受累者祇湖南一省耳。此項交換條件，於他省大有裨益，況湖南銅元不得侵入湖北，湖北便可多造耳。

聞湖北，安徽，江蘇，浙江，廣東等省銅元局曾在滬紛紛購買銅斤，每石市價二十八兩，照上海流行之新銅元祇重一錢七分二釐，每石銅可以鑄銅元九千四百枚，每石銅之市價（二十八兩）折合銀元約計三十八元，加上薪工消耗約洋五元，兩項合計四十三元，以四十三元除九千四百枚，每洋一元可得二百一十八枚，照現市上海洋價，每元可得淨利六七十枚之譜，大利所在，趨之若鶩。此各省銅元愈鑄愈濫之由來也。

（三）鑄銅元以圖私利　查銅元局逐日鼓鑄銅元，原有一定之鐘點，鐘點既定，鑄數自不致太濫，乃局中人員往往將規定之鐘點延長一二小時，以便多鑄，以多鑄之餘利，歸局中人之中飽，名曰『局私』。蓋報消册中不能將此項列入也。今各省銅元，其質地之優劣雖不同，而局中人之舞弊，總不能免，照目下銅斤價目計算，即按照國幣條例所規定之重量成色鼓鑄銅元，所得之餘利已不薄，倘再低減重量成色，濫鑄濫發，漫無限制，則貽害國民經濟，不可勝言。蓋銅元充斥，洋價逐步飛漲，零售販賣之小商，進貨概以洋碼計算，出貨則以銅元計算，倘洋價自一百五十枚漲至一百六十枚，一時又不得將各種貨價隨便漲價，不免多受虧累。以故銅元濫發愈多，零售販賣之人愈形恐慌也。

中國女子之經濟問題　在北京女子高等師範學校附屬中學演講

陳小蘭筆記

鄙人對於女子學校未演講者已七八閱月矣，此七八月中雖常有對於男學生之演講，然而對於男子之談話與對於女子之談話其性質習慣不能無異，既久未對於女子談論，則習慣上恐不免有冒昧失檢之處，惟諸君原之。

承貴校校長先生之召，來貴校談『中國女子之經濟問題。』此問題在現在之中國一為極緊要之問題，然鄙人之談此問題則當以此次為第一次，貴校以此見囑，可知貴校對於此種問題已早有相當之注意。此所以使鄙人不得不略抒己見，以為諸君告者也。

近來我國經濟問題已引起一般有識者之注意，如銀行界，商界，學界——男子——近皆異常注意我國之經濟狀況，而謀所以處之之道。此其故由於我國目前之情形所迫而致。軍人剝奪全國財產，使全國大多數財產充少數軍閥之私囊，多者累千萬，少者亦至數百萬。夫財產集中原無天然之惡根性，惟財產集中於少數人之手而大多數人無飯吃，此其所以能陷社會於危險之中，而不得不使吾人驚駭失措，吾儕以格外之注意，進而謀自救救人之道者也。

依我國社會上一般人固有之觀念而言之，男子之經濟問題倒可設法；以男子向來都是爲家庭經濟之負擔者，故都有『成家立業』『仰事父母，俯蓄妻子』之責任觀念。自己既知注意，他人再爲設法，自易爲力也。至於女子之經濟問題，則可謂無法可想。雖近來關於女子經濟問題已漸得一部份人之注意，然女界之自覺者有幾？平素無觀念，無計畫，並無訓練，在家吃父母的，出閣吃丈夫的，惟知注意現狀，孰復慮及將來？一旦不幸，靠山一倒，始知經濟問題之重要，然後追悔亦已晚矣。今試爲諸君舉一實例：

某女士曾留學美國，她在國內時學問已有根柢，由清華學校考選出洋；出洋後可謂爲彼之全盛時代，留學生界無不傾慕，求婚者更不乏人，學生時代當然不必顧及經濟。其後適人，婚姻圓滿，景況佳甚，亦未嘗慮及經濟。不幸命運驟惡，喪其所天，彼夫亦一留學生出身，青年人有錢則花，素無儲蓄，身後無所餘；所餘者惟此一妻二子，衣衾棺槨，喪葬之費皆朋友所醵出，二子年幼，女士何能，徒啜泣耳！

由此以鑒，可知女子經濟問題之重要，吾以爲女子經濟獨立，雖不易辦到；然至少須要辦到經濟自立，不靠丈夫也可吃飯。切不可於學生時期因有父母之撫育而無憂，於出嫁以後有丈夫之贍養而無慮，要知一經出嫁便知向丈夫要錢與向父親要錢之迥異矣。今按步驟與諸君一談『如何使經濟自立』之法。

（一）出閣毋索妝匳　妝匳多爲點綴門面之奢侈品，一釧一釵，所費者多，其益則寡。與其要過時不能穿着之衣服，何如要永遠能用之銀錢。銀錢既可買公債股票，亦可儲蓄於銀行錢莊；譬如以現金二千元買五千元之七年長期公債，年收利息三百元，不用仍可滾存，倘遇意外，亦足維持生計。

（二）嫁後使丈夫保壽險　社會之經濟組織今異於昔，普通人多遷徙往來，且多恃一身之技能以為生，故多無恆產；有此身存則無虞衣食，身亡則無升斗之蓄，寡婦孤兒何以為生？如保有壽險，平時所費無幾，不覺其負擔之痛苦，不幸而為『未亡人』則可收入一筆保險費，以之送死養生而有餘。但此亦僅指男子收入較多者而言，如月入在百元以上，每月扣除十二元，每年纔百四十四元，不為多費；男子年在三十以內保險費較輕，以此費保險可買四五千元之保險單，已足為養贍之用矣。但男子之收入月僅四五十元，則每月抽出十二元大非易事。

按此便牽掣到女子教育與素常對於經濟事業之注意問題；外國女子大都受教育，有常識，且有習慣上之訓練。在家時知其父若兄皆保有壽險，又知保險之性質與手續。故出閣後，輒強其丈夫保險，已保與否及保險單之真偽皆可密辨，為丈夫者不能欺彼也。中國向無此習，保險事業初發達，一般人尚未了解其性質，如無此知識則易於受欺，故宜注意使丈夫保險，且察看其保險單。

（三）毋為賭博性質之投資以希圖發橫財　無經濟知識，則不知運用其資產之道，於是僥倖之心，希發意外之財，固不僅女子為然，特據吾所知，則太太們購買有獎儲蓄票者，不乏其人耳。有獎儲蓄之章程說得天花亂墜，使財迷垂涎三尺，每月儲十二元，可有中籤之希望。頭彩二千元，二彩八百元，於是彼一十二元，此一十二元紛紛送去，都想發財，倒現在有幾人發財？且月儲十二元，一經交付，則須繼續履行至十二年，始得不中籤則還本，苟中止不付，則以前所交納者恐不得全數歸還，苟銀行倒閉，則盡被捲逃矣。

又有一種彩票變相之儲蓄票，每張五元，如不中彩，五年以後還本，其中之弊：(A)五元繼續五年之利息爲彼所獨吞。(B)須五年後始得取還，則此款變呆，不能得利，亦不能使用；苟須索回，則彼僅還三元半，受一元半之損失；豈如窖藏之爲愈哉？(C)每張分十條，此十條往往分售各省，中彩以後，如赴該處兌取，則彼以俟各條來齊再兌爲辭，而延宕不付，苟有一條遭逢意外，不能來兌，則永無得款之日矣。(D)尤有一弊竇在，蓋如買時向彼商酌，願拋棄還本之權利，則五元之票可以一元半購得之，倘不中彩，則完全損失，似此辦法，已失其儲蓄之精意，與彩票性質無異，實際上已成爲一種賭博行爲。故現在政府及全國銀行聯合會，有禁止之倡議，特未知能否？深望諸君從事投資，幸勿投機，以窮年累月所儲之金錢，供他人之揮霍耳。

(四)欲放款項於安全之途則買公債票　吾國公債基金現已妥實，指定由稅務司管理，一時不易打破。吾以爲有錢買房地，收利旣微，管理困難，女子尤無如此管理能力，如京城數萬元之房產，月租不過一二百元，買時須有鉅款，收租又有拖欠之煩擾。故不如買可靠之公債票，可多可少；利息不欠，變賣又易，或自存，或存諸銀行，皆可不覺累贅，於女子甚屬相宜。近來各機關，如南開大學及許多慈善事業，皆以此爲基金。

(五)職業問題　上述四層爲女子經濟之自立問題，此則進而至於女子經濟之獨立問題，益難設法，非在此忽促間所能討論。特就吾之觀察而言，吾國女子之職業範圍至狹，上等者除學校及醫院而外，幾無第三種。經有識者之鼓吹，於是先在『開風氣之先河，爲輿論之表率』之機關——報館——中試行爲女子職業開闢一新大陸。然未久而商報事件發生，爲識者所惜，爲儒者所懼，爲頑固者所竊笑，而女子職業問題於是乎益增解決之困難。惟其仄狹，惟其困難，故諸君亦愈宜注意，爲諸君自謀，亦所以爲女界全體謀也。

至於下等經濟界之女子則更苦，諸君居此地所見者不過以女僕爲較苦，然此間之女僕非經濟壓迫之最困苦者。如果一覘上海各種工廠之女工，則有令人戰慄慘痛，不忍卒覩者。麕集數千人於一室之內，僅有屋頂略通空氣，氣味薰蒸，令人欲嘔，而彼輩乃晝夜處其中，工作自十二小時乃至十四小之久，如虎如狼之監工且時加呵責。日工尙可支持，夜班至電光之下工作尤其傷人，子女棄置，不得乳哺，如是辛苦每工不過得四五角錢。衣食殘缺，形體傷耗而外，父母子女乖離不親，人生之樂已無稍存，且兒童無母親之慈愛，長大性格必多惡劣，爲社會之重大問題，其如何解決之耶？

（十六）女子參政問題　女子參政已有許多討論者，而且各處亦已有爲此種運動者，如湖南，上海各處。女子參政吾亦爲贊成者之一，特吾以爲事有先後緩急，女子參政以前，至少須能經濟自立。如未有經濟自立之能力，尙賴男子以生活；而思奪男子之政權，豈可能哉？試觀女界中倡言參政運動參政者大都爲女學生，學生時代賴父兄之供給，經濟方面毫無窒礙，課餘之暇又頗有閒工夫，故可隨意縱談。及至一出閨門，居夫權之下，雖擁太太之尊，然賴丈夫之贍養，衣食住三者無一不仰給於男子，既感經濟之壓迫，焉有參政之思想。吾國學生在學生時代高談參政，一旦出閣，緘默無語，此其故何哉？蓋由於經濟不能自立之所致也，似此運動參政決無成功之一日。

吾故云女子欲參政，須先養成經濟勢力，不賴男子以爲生；然後可獨立組織一黨，與男子立於同等之地位，爲政權之競爭；地位弱於男子，競爭未有不敗者。尤要緊者爲上等生活之女界與下等生活之女界，互相聯合，然後勢力始大。如革命家之必須聯絡平民——工人，勞動界也。然下等生活之女界既如第五點所云，其現狀之困苦如彼，彼等無團體，無智識，無財力，國家對於彼等又無法律上之保護，以致忍受資本家之利用，任爲剝削，而無力抵抗，惟有望上等生活者之援助。故此兩部分有互相聯絡之必要。然而試觀今日之中國，上等生活階級之婦女，其經濟勢力如何？經濟知識無有，眼光不遠，職業之範圍狹隘；種種之經濟問題，距解答之時期尚遠。遑云乎參政。

大凡人必自助，而後他人始易援手。近日之女界似乎已有自悟自覺之動機，談論女子種種問題者漸多，然猶未盛也。諸君在校者當然爲智識階級，又係中等社會以上之階級，有此自救救人之可能性；且貴校又特出斯題使我演講，是又有注意此題之動機，故吾不憚煩縷爲諸君言之，望諸君對於此問題多多注意，此時不注意，至覺悟時恐悔之已晚。吾深願此講能引起女子之自動的覺悟，注意經濟自立，設法擴充職業範圍，謀得經濟勢力，救出下等生活之女同胞，而與之提攜共進，然後可以談到攫取政權問題。是不特女子之本身問題，乃全社會之幸福問題。諸君其有意自救乎？有，則請努力！

吾國銀行業與歐美銀行業之比較

在北京大學與南開大學演講

欲知吾國銀行業之情形與其程度，當先將歐美金融界情形一研究之，以與吾國相比較，則易於明瞭。以歐，美，中三處之金融界相較，自以歐爲第一，美次之，中國第三。若以歐，美，亞相較，則中國當退居第四位，而讓日本居上。日本已有中央銀行，又有與外國通匯兌之正金銀行，斯已較我國爲優越矣。茲篇姑將日本除外，僅述歐，美，中三處。

（甲）美國制度（American System）　美國在昔買賣用往來記帳法，如甲售貨與乙，則開一戶頭，記乙欠若干。歷次取貨歷次付乙帳，乙來還若干則記收乙若干，其後美國南北戰爭，北政府以財政支絀發行紙幣以充軍需，卽歷史上著名之綠背紙幣（greenbacks）是也。此項紙幣因濫發而跌價，然係法償幣（legal tender），債主不得拒絕收受，故債務人多以紙幣來償債，債主大受損失。且其下落無已，如發出貨物時紙幣九七，及乙來還時紙幣已八五，日愈久則價愈差，故甲希望乙早日還款，愈快愈妙，而乙則願延期還款，紙幣價格愈低愈妙。甲不得已乃許乙以特別條件。在美國式簿記中常見如次列之字樣：2% 10 days, net 30 days。

卽十日內乙如還款，則甲減讓貨價百分之二，三十日內還款，則十足照付，不折不扣。十日與三十日相差僅二十日，卽差百分之二，則一年相差百分之三七·二，其算式如下：

$$\frac{2\times365\times100}{(100-2)\times20}=37.2\%$$

有此利益，故乙亦願早日歸還。

但乙從甲處買來之貨物，十日之內未必能悉數賣出，何從得錢以償甲。於是自出一期票（promissory note），持向銀行貼現，貼得之款，卽以還甲，而得此三分七釐之利息；此一法也。倘乙放棄此三分七釐之利息而延不還債，則如何乎？甲需款雖急，而乙不償債，亦無可奈何，亦惟有自己（甲）出期票向銀行貼現；此亦一法也。貫際上乙出期票借錢以償甲者居多。

如某一地方之期票太多，本地銀行無如許財力購買，則可託票據經紀人 (note broker) 銷售於他埠，出票者大都有名望，故其期票亦可至他處賣却。其買賣法：(一)某地銀行欲買某種期票，卽可告知票據經紀人，經紀人卽以賣主之期票介紹之；(二)票據經紀人有期票後，將其種類通知銀行，以便銀行之選購。

此種期票係根據交易發生，故名爲商業票據 (commercial paper)，大都爲單名 (single name) 票據。亦有因自己之信用不足，請他人簽註裏書擔保者，但雙名 (double name) 票據未必定較單名票據爲優，信用鞏固之公司或商號所出之期票，僅單名已足，信用平庸者縱多一人亦奚益？蓋惟出票者之信用及聲譽是視，並不以多爲善也。故普通所用者以單名居多。美國此種票據有三種缺點：

(1)單名期票不足以爲眞正交易之憑據　僅憑出票者之一名字借得之錢，究作何用，銀行毫無把握，倘貸出之款不用於商業上，乃用於浪費或賭博，亦常有之事。

(2)出票者還款往往延期　凡出票向銀行貼現者，必與銀行夙有往來，如期滿不能償還，則商請展期(另出一新票抵換舊票)；而銀行往往礙於情面，不得不予通融。

(3)此票之根據不穩固　乙出期票，固不足爲眞正交易之憑據，甲出期票亦未必無意外之糾葛。因甲對乙有債權，則到期可向乙索還貨價，以之還付銀行，並不蹈空。但甲與乙結帳時，或因帳目不清，或因貨色稍低，或因貨價太高而發生糾葛，乙不肯照付，則甲便無以還銀行，仍須拖延。

此三者即美制之缺點，其制度之變遷，初爲記帳，繼因紙幣關係而變爲期票，期票之缺點，又如上所述。茲再述歐制。

（乙）歐洲制度（European System）　所謂歐洲者，即不但指英國一國而言；德與法亦在其內。歐制甲售貨與乙不用記帳法，而用滙票（bill of exchange）。賣主甲向買主乙有應得之債權，遂作成一紙令乙付款之滙票，連同各種單據如提單，保險單等呈遞於乙，令乙承受。乙承受後，將滙票還甲。甲如需款，即可以之賣給丙，丙賣給丁，丁賣給辛，輾轉售受，不知落於何人之手。到期始由最後持票者辛向乙索款，乙始知此票在辛手中。此種票據既有各項單據（提單，保險單）爲憑證，可斷其由眞正交易而發生，否則提單保險單何來乎？歐洲之滙票比較美國之期票，有三種優點：

（1）因有提單等爲憑據，故可確知其爲商業使用，非用於賭博或投機者。

（2）乙如有異議，當在承受之時向甲交涉。既承受後便不能因貨色太低或貨價太昂而生糾葛。故滙票可以使債權固定。

（3）乙承受後將滙票還甲，甲以之在市場出賣，由丙至丁，由丁至……辛。辛與乙未必相識，到期即付，無可通融，不如美國之期票因情面難却而許其展期也。

由斯以觀，可知歐美之制度，迥不相侔。歐制實勝於美制，其影響於美國者：則因歐洲對於美制頗不贊成，故於國際金融（international finance）上美國無立足之地。歐戰以前，南北美通商發生之滙票，須經英國之銀行承受，方發生效力，可以在市場出售。倘無英國銀行爲之承受，其售價較低，由此可知英人在國際金融上之勢力矣。惟美人富而多金，既不能行使於國際間，惟有用之於投機，作爲拆款（call loan），借給交易所之經紀人(stock exchange broker)。經紀人用以投機買賣證券，如公債票，公司，鐵路，礦山股票債票，以及其他各種實業債票與股票。

拆款基金（call loan funds）所以多者，因準備金(reserve)集中之故。現在之新制未實行以前，美國全國有準備市(reserve cities)五十餘處。各地方銀行須有百分之十五之準備金，以百分之六自存，百分之九存入於五十餘準備市之準備銀行，準備市之銀行須有百分之二十五之準備金，以其半存入於中央聯合準備市之聯合準備銀行。（紐約，芝加哥，與聖路易三處。）此鉅額之資金，不運用則可惜，運用則須防存戶之不時提取，決不能以之放長期借款；故不得不出於放拆款之一途矣。蓋拆款可以隨時取回也。但平常經紀人借拆款者，遇銀行需索時，輒從他行借入以應之。故在局部恐慌，地方銀行與準備市銀行向中央準備銀行提取準備之時，中央準備銀行即收回其拆款，經紀人可以借新還舊，移東補西，尚得以彌縫。若在全部恐慌之時，中央準備市各銀行皆收縮營業，經紀人需款雖急，而告貸無門，不得不稍受犧牲，於是利息遂蒸蒸日上，由百分之四之五之一百八十，竟在高至百分之三百之時者。愈恐慌，愈收縮，愈收縮，愈恐慌，因果相循，靡有底止，此其弊也。現在美國已覺悟，更改新制，國際金融上漸有立足地。由此可知歐美金融界之優劣矣。

（丙）中國之銀行界　吾國銀行界事業，以買賣公債票爲主，此何以故？列舉其因，約有四端：

(1)國外匯兌事業不易做;

(2)外國貨幣買賣事業不易做;

(3)國內押匯事業經營甚少;

(4)抵押放款事業亦甚少。

今試詳述此四者之原因如次:

(1)國外匯兌事業不易做之原因

(一)本國無航業,海外航業,皆爲外人經營;運貨出口既需用他國之輪船,則運費之低昂,裝載之先後,及其他一切條件,均須聽他人之苛索。歐戰中,英美輪船盡用於戰役,日本遂乘機壟斷航權,運費之昂,實所罕聞。我國中國郵船公司,僅三艘輪船,今竟至二艘停駛。

(二)本國無大規模之保險公司,貨物保險,俱投降於外人旗幟之下。

(三)本國進出口事業多由外人所辦之洋行經手:蓋進出口貿易手續既繁,資本又鉅;例以雞蛋而論,既易破損,復須經十二次之檢驗始至外國,區區雞子價值甚微,欲其得利則非大量不可,大量收買運輸出口,非鉅額資本不爲功,而其損失之危險程度又大,故惟有坐視和記洋行之經營壟斷耳。不惟雞子一業,他業莫不皆然。近來華商經營出入口事業者雖有,然本小勢微,如華昌貿易公司者不過一二,難與外商爭衡。進出口商業既爲外人所操縱,彼自然與外國銀行往來,故國外匯兌多操之於外國銀行之手,中國不能染指,其原因一。外商之中亦有信用不好者，外國銀行不願與之往來，彼始轉請華商銀行與之往來，此輩第三流人物，與之往來自多危險。以此之故，華商銀行亦不敢輕於冒險，此其原因二。

（四）外國匯票之利息低　英美間之票據，如係銀行票據（bank bill），拆息不過百分之三之四，平常商人票據亦不過四五釐。至於其到中國來者，利息雖高，亦僅六釐至八釐之譜。而吾國市面息率，普通在一分四五左右，自不能與外國銀行相競爭。

（五）華商對於外國情形不熟悉　外國某商號殷實，某商號空虛，平日無此調查，貿易從事，危險殊甚。且外國之法律更非所知，故不敢經營。

（2）外國貨幣買賣不易做之原因

此種事業，與上述之國外滙兌事業，並非完全無人經營，特因其不易，而經營之者甚少耳。如浙江實業銀行，上海銀行等，皆經營之，其結果甚好。特此事匪易，如先令買賣，一面買進每兩規銀三先令二便士，一面即以三先令一便士四分之三賣出，或一面先賣出，一面立須補進，僅獲利一便士的四分之一。其所以看利甚輕者，以漲落不定，不敢久滯耳。此種事業，全恃經理者之才幹與膽識，惟究屬投機性質，各銀行願做，但終不敢大做。其所以不敢多做者，當有他因在。蓋上海金子商之勢力甚大，銀行難與抗衡。如銀行看漲買入，彼則可暫時犧牲本金，多量賣出，使其下落。或銀行看落，彼則多量收買，使之上漲。金子商買賣標金，在金業交易所，昔日同行交易每月結帳一次，金價漲落，應收應找，一爲清理。標金以十兩爲一條，買賣以七條起碼計算，（如七條，或十四條，二十一條等七之倍數）每日買賣數目可至五六萬條。一月之內，金價之漲縮過大，故一月一結，危險太甚。故其後改爲以金價之漲落爲標準，不以日期爲標準。如漲落在十兩以上，結帳一次，危險略減。嗣後又改以五兩爲標準，上漲下落，一至五兩，卽彼此一結，故危險更少。此同行間之買賣法，該時金號在金業商會（現改爲金業交易所）中做交易，並無保證金，故結算之方法，理應從嚴。如外行託金號買賣，則每條須出佣金五分，保證金規銀十兩。倘價格變動至十兩外，當須追加保證金。歐戰前，英美多買現標金以爲準備，故金價騰貴，日本人趁機取利，運日本金元，來中國鎔化，四百八十元當金條一條，故雖無金條，亦可買賣，至交割時，則以日元代替。歐戰過後，各國財政困難，羣以其盎斯金條運滬銷售（外國盎斯金條 gold-bar ounce troy）。金之供給多，銀之需要大，故金價甚賤。前兩年交易所風潮乍起，各金號遂將金業商會改爲金業交易所，自爲經紀人，以本所股二百股作保證金，所做交易，每日軋帳，盈則收進，虧則付出。金商歷年所獲之利至厚，故現在之勢力甚大。雖因操縱市價而犧牲一二百萬，亦不以介意，而銀行則烏能如此？此此銀行之所以不敢撒開手大幹也。

(3)國內押匯事業所以少做之原因

(一)提單不可靠　中國人辦事最重人情，縱無提單，苟本號之聲譽佳，交際廣，或邀一有名望者爲擔保，亦可向輪船公司或鐵路公司起貨。昔日上海滬寧鐵路，曾發生此糾葛。

(二)輪船甚不可靠　長江輪船，弊端最大，苟非與輪船公司有交往者，不免偸漏。

(三)打包者亦不可靠　打包者於打包時亦常施其鬼蜮伎倆，防不勝防。

（四）各處匪亂　縱令跟單押滙能免上述諸弊，然此層難關，則不可免。卽京漢車上，尙常有傷人越貨者這云。其他基此四者，而押匯事業甚難。但並非無經營之者，如漢口上海間此事業卽甚盛。

（4）抵押放款所以少之原因

（一）商人頑固　商人處處喜弄情面，擺架子，需款則逕以一聲電話告知錢莊，需用若干，錢莊立卽送去。如向銀行借，則須有抵押品，並須覓保證人與立約簽字等手續，輒厭其煩瑣。且以抵押爲可恥，北京商人尤有此習氣。如在上海買來價值十萬之貨物，設以抵押辦法，存於銀行之貨棧中，則可借款六萬元。而京商輒以爲『賒面子，』寧願以信用借款名義得二萬元，其結果不僅商務不振，且銀行放款事業亦不能多。

（二）實業不振　不惟其他各種實業尙未萌發，卽如已成立之紗廠，麵粉廠，近年來亦岌岌可危，尤以去年爲最甚。其故織業由於洋紗競爭太烈，兵匪不靜，棉產量少而價貴，人民食料尙難爲繼，孰能購備新衣，故布業不振而紗價賤。（棉花產地，如南通去歲歉收，四川陝西交通艱阻，有棉而不能來，反不如買美棉之便利。）麵粉業亦然，本國麥歉收價格貴，美國白粉復進口價較廉，大奪本國麵粉之銷路。如我國關稅有自主權，當可提高稅則，以保護麵業。關稅協定，惟有坐視其倒閉耳。

基於上述之種種原因，故銀行事業，惟有以買賣公債爲主矣。其所以願買賣公債者，亦自有故。

（甲）公債易於脫售。

（乙）公債爲發行準備　如發行鈔票十萬元，須備現金準備五萬元，公債準備五萬元。假定年息六釐，則年可得三千元，足以彌補發行之費用，否則發行鈔票毫無利益矣。

（丙）銀拆低　銀拆低則放款無大利可圖，於是大買公債，俟銀拆高時再行賣却，以備放款之用。

（丁）盤剝　此爲使銀行買賣公債最主要之動因，蓋有專以盤剝公債爲事者。譬如有人以公債票十萬元向銀行做抵押借款，市價六萬元，向例銀行借款須有墊頭(margin)以備不虞，值六萬元者祇可借予四萬五千元。再多則銀行不願收押，再少則借戶不肯承認，且放款利息至大不過一分二釐至一分五釐左右，買賣公債或可至二分。抵押放款與買賣公債均含有冒險性質，然買賣公債利息較大，與其放款，不若自己買賣公債，此其一。

盤剝者以六百元買面額千元公債票，以之向銀行抵押借款，倘銀行按市價留二成墊頭，卽可借得現洋四百八十元。以此四百八十元又可買公債票八百元，再以之向銀行抵押，又可得現洋三百八十四元。再以此數購買公債票又可買得六百四十元，再向銀行抵借現洋三百零七元二角，再去買再來押。如是更迭爲之僅需五次卽可得極大之利益。

抵借	本金	公債面值	公債收利	借款付利	贏餘
480.00	600.00	1000.00			
384.00		800.00			
307.20		640.00			
245.00		512.00			
196.00		408.00	3687.00	1612.20	258.09
		327.00	× .07	× .07	−112.85
1612.20	600.00	3687.00	258.09	112.85	145.24

本金僅六百元，盤至第五次即可買得面額三千六百八十七元公債票，所借之款共一千六百十二元。公債票之利息設爲整理公債年息七釐，則可得二百五十八元餘。借款之利息設亦爲七釐（民國五六年時，利息尚低，各行存款五六釐，放款七八釐）則僅需百十二元八角餘。兩數相抵，可得淨利百四十五元餘，是合二分五釐利也。倘盤剝到底，所得更大。銀行知此妙算後，始悟自己資金爲人利用，人利用我之資金而獲鉅利，我自己豈獨不能運用而致富乎？於是一面擡高利息以杜盤剝者之來借，一面乃自己買賣公債。中國之重利，此亦一因。故欲取締重利而禁止銀行擡高者非根本辦法；根本辦法當從維持公債不使落價入手。如十一年公債價格至九九五，自無人盤剝；以無利可圖也。公債價格低，盤剝者利厚，買賣銀元，貼現，放款等事業其利均不及此，安能禁止其買賣耶？

今試取吾國之情形與美國一比較之，則知吾國金融界之程度爲如何矣：

（一）美國銀行以其營業餘剩之錢（即各行存入之準備金及貼現，放款，滙兌等資金目前所用不着者）始貸與經紀人，經紀人所買賣者爲公司，鐵路，及各種實業公司之股票及債票。

吾國銀行並非以其剩餘之錢買賣公債，乃以其資金之大部份買賣公債；竟至占其資金百分之五十或百分之六十。

（二）美國銀行並非自己投機，乃借與經紀人投機，其危險由經紀人擔負，經紀人顧信用者，銀行決無危險。蓋銀行有兩重保障：一爲債票股票之發行者，一爲經紀人。

吾國買賣公債，乃銀行自己投機；其危險銀行自己擔負之。

(二)美國雖係投機，然其買賣之物爲公司，鐵路，礦山及其他各種實業(industry)之股票債票。此種證券所代表者爲現實物，且如鐵路所經過之區域，其產業種類不一，未必同時俱衰。如其所經過之地帶，有農產，有礦產，有森林。同爲農產，有米，棉，麥等，此種雖歉收，尙有他種，不致使鐵路營業毫無。又有煤油礦，雖礦產有時而盡，然在最近十餘年內，必不致罄盡，可推知也。故此種證券價格決不至甚低。

吾國公債票所代表者爲何物？收入之錢，久已浪費；或飽貪吏之私囊，或助武人之殘殺。此種公債，非代表國家之財產者。所恃者爲關餘，關餘握於英人之手。其危機有三：(一)政府打破基金，(二) 外人欲以之撥還外債，(三)金價貴，目前每規元換三先令一便士者，如縮至兩先令八便士，則關餘垂竭。吾國之金融界甚爲危險。

有斯三種之不同，可知吾國金融界程度較之美國金融界，相去尙太遠。若與歐洲相較，更不可以道里計矣。吾人將何以處此？

何謂九八規元（在北京中國大學演講）

吾國國內外貿易之所以不振，金融界之所以屢起波折者，皆因幣制不整，無確實之計算標準故耳。故欲振興商務，整理金融，非改良幣制不爲功。欲改良幣制，實行金本位，必先統一現行之銀幣，使雜亂無章之銀幣歸於劃一。其爲統一之梗者，厥惟銀兩，而各處銀兩之最有力量者，厥惟上海之規元。故欲統一幣制，非先去規元不可，欲去規元，必先實行自由鑄造。（三年前當上海造幣廠借款成立之時，銀行界頗有人主張，先廢規元而後實行自由鑄造吾則主張先實行自由鑄造，而後方可廢規元，不然益滋紛擾，於事無濟也。原稿列入鄙人演講集，茲不贅述。近來上海銀根奇緊，銀拆已達七錢，且無銀可拆，上海各發行銀行因恐發生擠兌風潮，對於鈔票力事收縮，以故市面上籌碼益形缺少，上海銀行公會遂有銀洋並用之議，以一千三百八十元當規元銀一千兩行使，苟能實行，未始非廢規元之初步，但上海係銀兩碼頭，大宗買賣皆以規元爲本位，一旦銀底不足，銀拆（即規元一千兩每月之利息）奇昂，倘以銀洋並用，自可救一時之急，但錢業公會對於銀行公會之提議，不肯贊同，並謂非到實行公開公鑄（即自由鑄造）之時，決不能使銀洋並用，蓋鑄造不自由，對於銀洋之成色，毫無保障。（詳見演講集第一集『吾國關稅與幣制的關係』一篇）鄙人之主張，從此得一有力量之試驗，深望銀行界之巨公放大眼光，開誠布公，幸勿再爲一知半解者所誤也。本星期六日下午一時半，擬在西單石虎胡同平民大學講『上海造幣廠之重要』，與此問題有相互的關係，所有關於銀洋並用之意見，容演講後再披露之。）

今日之演講題爲『何謂九八規元？』因既欲廢去規元，不可不知規元之爲何物，而規元之所以不易廢去者，必有特別之原因在焉。嘗考吾國各種經濟雜誌，討論規元問題者屢矣，其對於規元之解釋，多根據於張公權先生之金融論一書，而張先生對於規元之解釋，則似淵源於中國銀行之內國匯兌計算法一書，民國四年印行，茲摘錄內國匯兌計算法第一百二十三頁之文如下：

二七寶銀爲本埠（上海）銀爐所鎔鑄，或外埠來寶，以成色不同，經銀爐改鑄者。每寶重量爲漕平五十兩左右，送由公估局批過，方能通行。其成色高者，每只可批升水二兩七錢五分，謂之爲二七寶者以此也。如成色較低，批升水二兩六錢五分者，亦能通用。苟成色不及二兩六錢五分者，卽退回不批云云。

九八規元，爲本埠（上海）唯一通行之記帳虛銀兩也。無論華洋交易及匯兌行市，均以此爲計算標準，卽現寶按照固有之重量，加上公估局所批之升水，尙須以九八除之，合升規元若干，始可運用於市。蓋非經此階級不可，其現寶轉若一間接品矣云云。

讀者對於以上兩種解釋，頗有懷疑之點，玆列舉之如下：

（一）何以外埠來銀必須經過爐房之鎔鑄？

（二）現寶之成色，高者何以必批升水，成色之高低，究以何種成色爲標準？

（三）成色高者，可以批升水二兩七錢五，謂之爲二七元寶，但何以必須批二兩七錢五分？

（四）將現寶折成規元，何以必須以九八除之？

以上所述各種疑問，皆爲經濟學者所必須研究之問題，若徒知其然，而不知其所以然，殊非研究之道，玆逐一答覆之如下：

（答一）今日之現寶，大抵以由外國運來之大條銀鎔鑄之，但現寶之成色，高低不一，以九三五爲標準，卽漕平一千兩之中，有九百三十五兩爲純銀也。（其實標準成色，爲九三五·三七四。）凡在九三五以上者，其成色較標準銀爲高，由外洋運來之大條銀，其成色爲九九八，似乎太高，故必送爐房鎔鑄，攙以雜質，使之降低，此大條銀必須經爐房鎔鑄之理由也。

（答二）下表所列：（一）記號，（二）成色，（三）等於規元銀一千兩之漕平兩數。茲舉一例以說明之。

譬如記號四之紋銀，其成色爲九七二·七八八，比較標準銀高百分之四，故以四記之，此可以照下式計算之。

標準銀之成色 935.374

加上升水百分之四 037.414（935.374×.04）

972.788

可知九七二·七八八比較九三五·三七四高百分之四，倘以二者並用，則成色高者，必加上百分之四之升水。此上加升水之理由也。

計　算　表

記號	成色	等於規元一千兩之漕平兩數
0	935.374	980
4	972.788	942.31
$4\frac{1}{4}$	975.127	940.04
$4\frac{1}{2}$	977.466	937.80

$4\frac{3}{4}$	979.804	935.56
5	982.142	933.34
$5\frac{1}{4}$	984.481	931.13
$5\frac{3}{8}$	985.650	930.01
$5\frac{1}{2}$	986.819	929.05
$5\frac{3}{4}$	989.158	926.71
6	991.496	924.53
6.91	1000	$916\frac{2}{3}$

（答三）上海最通行之寶銀，其成色爲九八六·八一九，比較標準銀高百分之五又半，故以$5\frac{1}{2}$記之。（參照上表）

標準銀之成色		935.374
加上升水	$5\frac{1}{2}\%$	51.445（935.374×.055）
		986.819

上海之元寶，成色既異，重量又不同，有秤漕平一百兩者，有秤漕平半兩者，普通以五十兩左右爲最多，照上列之算式，每百兩既須加上升水百分之五又半，則每五十兩祇須加上升水百分之二·七五，即 $0\frac{1}{2}\%$ 之半。此公

估局批二兩七錢五之理由，亦即二七寶銀名稱之由來也。

（答四）規元亦以漕平計算，凡重量爲漕平一千兩，成色爲九一六又三分之二（$916\frac{2}{3}$或$\frac{11}{12}$）者，即謂之爲規元。實際上並無此物，不過其重量與成色有一定之規定，絲毫不容假借，以視銀洋之成色高低不一者，奚啻霄壤。規元之所以可貴，即以此也。華洋交易，必以規元爲本位者，亦以其一定不變，計算上不致發生變動故也。故欲廢去規元，必先有如規元一定不變之物以代之，倘以新國幣爲替代品，則新國幣之成色重量必須使之確定，歸於劃一，但欲使之確定，非實行自由鑄造不可。（理由詳演講集第一集）

以上所述之標準銀，其成色爲九三五·三七四，規元之成色爲九一六·六六六，是標準銀之成色，比規元爲高，成色既高，重量必小。譬如甲有黑米，欲以之換乙之白米，但白米之品質較優，甲決不能以一斗黑米換得乙之一斗白米，祇能換得白米八升或九升，無論如何，換得之白米，必在一斗之下，可斷言也。故品高之物，與品低之物，相互交換之時，高者之重量，必輕於低者，物品如此，規元亦然。故以成色九一六·六六六之漕平一千兩（即規元），與成色九三五·三七四之標準銀相互交換，祇得標準銀九百八十兩，此可以反比例求得之，如下：

$$935.374:916.666::1000\text{兩}:x$$

$$935.374x=916.666\times1000$$

$$x=980$$

明乎此理，則上列之表，可以一目瞭然矣。表之第三欄，爲等於一千兩規元之漕平兩數（即與規元一千兩相互交換之漕平兩數）即九百八十兩之標準銀，因其成色較高可以抵規元一千兩之意其餘各行，可以依此類推。

以上所述，上海最通行之寶銀，其成色爲九八六・八一九，係在標準銀之上每只元寶應加升水二七・五，（見答(三)）即漕平五十二兩七錢五之標準銀，適足以抵五十兩之寶銀，蓋五十二兩七錢五標準銀所含之純銀，與五十兩寶銀所含之純銀相等也。$(935.374\times52.75=986.819\times50)$

成色九八六之寶銀，在標準之上，而標準銀之成色，係在規元之上，但成色九八六之寶銀五十兩，加上升水二・七五，即變爲五十二兩七錢五之標準銀，試問用何種方法，可以更進一步使此五十二兩七錢五之標準銀，化爲規元。此方法即係以九八除五十二兩七錢五，即得規元之數。至用九八去除之理由，亦有可得而述者。

上海運銀出口，以箱爲單位，每箱裝元寶六十只，每只重漕平五十兩，全箱計重三千兩，每只加上升水二・七五，則六十只須加升水一百六十五兩$(2.75\times6=165)$等於標準銀三千一百六十五兩，試問等於規元銀若干。

據以上所述，九百八十兩之標準銀，因其成色較規元銀爲高，可以抵規元銀一千兩，則三千一百六十五兩之標準銀，當可以抵規元銀三千二百二十九兩五錢九分，此可以比例求得之。

$$980:1000::3165:x$$

$$980x=3165\times1000$$

故

$$98x = 3165 \times 100$$

$$x = \frac{3165 \times 100}{98} = 3229.59$$

由此可知，欲以三一六五兩之標準銀化爲規元，卽以九八除三一六五卽得。此就全箱六十只而論，若以每只而論，則以九八去除五十二兩七錢五，卽得五十三兩八錢二分六五，此卽九八去除之理由，亦卽九八規元名稱之由來也。若以六十乘五十三兩八二六五，卽得三千二百二十九兩五錢九分。明乎九八規元之來源，當可以知此物之不易廢去，苟欲廢除，非實行公開公鑄不可。此篇當與鄙人演講集第一集內所載之『吾國幣制之整理』一篇參照。

日本震災後金價何以看跌投機家何以失敗（在北京通才商業專門學校演講）

今日鄙人應貴校之召，來此講演，因時間偪促，未及預備，本宜展期，後因有人以『日本震災後金價何以看跌，投機家何以失敗』見問，遂以爲此題頗有研究之價值，作爲今日之演講題目。蓋此種問題，關係於國外匯兌，而中國之國外匯兌與外國之國外匯兌原則雖同，而方法互異，尤須將中國辦進出口貨情形，計算匯價方法，以及交款手續解釋明白，方可作答。茲將此問題分四層說明之如下：

（一）國外電匯行市 (telegraphic transfer) 吾國國外匯兌，無論電匯，卽期，及遠期，皆以上海規元銀爲標準。例如規元銀一兩等於英金電匯三先令二便士，規元兩一百兩等於美金電匯七十九元，（先令以一兩計算，美金以一百兩計算）而此先令電匯，係根據於倫敦之銀價，倫敦之標準銀一盎斯（ounce）成色九二五，（卽千分之九二五爲純銀，其餘之七五爲雜質），小於上海規元因規元一兩等於標準銀一·一八二，此可以連鎖法（chain rule）求得者也。但倫敦之標準銀，日有行市，今日標準銀一盎斯定爲三十六便士，明日或漲至三十七便士，或降至三十五便士，全視供求之關係以爲斷。倫敦爲世界金銀市場，如中國，日本，印度，海峽殖民地等處欲購買生銀，須致電於倫敦經紀人，此就求一方面而言也。同時墨西哥南美等處，有生銀出售，亦可委託經紀人代售，此就供一方面而言也。倫敦經紀人共有四家，資格極深，信用極優，爲世界各國所共知，此四家日派代表會議一次，憑供求之多少，而定銀價。大概以昨日之銀價爲標準，如今日之求多於供，則提高其價，如供多於求，則抑其價。定價之後，卽由經紀人與報館通函各處，卽上海之匯豐銀行，每日由倫敦接到大條銀之行市，如今日之行市爲三十六便士，則規元銀一兩，必爲三先令六便士半（1.182×36＝42.552＝3先令6便士半）。但匯豐銀行之先令電匯，掛牌未必卽爲三先令六便士半（上海惟匯豐一家有國外匯兌行情掛牌，）蓋因買賣先令之情形，而稍有伸縮者也。買者多，價必漲，否則落。茲假定爲三先令六便士，倘買者過多，或情形大變，則將掛牌收回，另定行市。至其他外國銀行如花旗，麥加利等，則自有暗盤，不必按照匯豐掛牌也。

（二）進口貨多匯價必漲（先令縮） 吾國之進出口貿易，大抵爲外人所操縱，未聞有直接運貨出口或運貨進口者。（近年來中國有自辦之貿易公司，但買賣貨物之總額甚微。） 譬如華商欲辦疋頭，通知洋行，由洋行向外國製造家甲定購，製造家接電之後，一面發貨，一面將輪船公司所給之提單及保險單等，連同匯價，（卽甲向洋行所出之票，命其付款，）交與素有往來之銀行代收。該銀行卽以此種票據，一併寄送於上海某某外國銀行，託其代收（簡稱滬行。）滬行卽通知洋行，洋行卽通知華商，但向輪船提貨，非有提單不可，而此提單，仍在滬行手中，如洋行信用甚優，滬行願將提單交與洋行，所有提貨，報關，付稅，以及存棧等事，均由洋行辦理，一切費用稅款，均加於物價之上，歸華商擔任。存棧之貨，其所有權不在洋行，仍在滬行，俟貨價付清之後，方可將貨交出。但大宗貨物，華商可以分批提取，如今日先取十分之一，則須將十分之一之金價，按照當日電匯行市，折成規元銀若干兩（假定一千兩）再向上海素有往來之錢莊，取得一千兩莊票一紙，交與洋行，由洋行轉請滬行通知堆棧，將貨交出，一面將莊票交付滬行，收入洋行之帳。上海商業習慣，華商出貨必須用莊票，若用華商銀行之本票，恐被拒絕，以此之故，錢莊之勢力竟駕銀行而上之。此項莊票，大都係五日期或十日期，到期之時，外國銀行向錢莊收款，錢莊必須照付。但外人對於中國之錢莊，未必定有信用，故所有收入之莊票，均須由買辦負責，此買辦制所以不可少者也。

俟貨物分批出清之後，所有分批交付之莊票，均收入洋行銀兩帳內，該時卽須由洋行與滬行商定匯價，照貨物之金價，作成電匯或票匯，匯解外國之製造家。故洋行買金匯兌之時，滬行卽須付洋行之銀兩帳。如收多於付，作爲洋行之盈餘，反之，付多於收，則爲虧損。至此各方面之帳已結，而此一番交易始告清結矣。

吾儕所當注意者，則爲對於金匯兌之需要，進口貨以金價計算，洋行必以金幣交付，故進口貨旺時，金幣

(或先令或美金或日金)之需要甚大，所謂 demand for gold increases 是也。需要大，金幣必漲，銀幣(規元)必跌，此千古不磨之定則也(假定別種情形不變)。簡言之，進口貨旺，金價必漲。

(三)出口貨多匯價必跌(先令長)　外國製造家欲買華貨，致電於上海某某洋行，示以種種條件，如貨質之優劣，買價之大小等類。洋行接電之後，如甚合算，卽行照辦，否則須請外國製造家增加買價，以便着手收買。一面卽與素有交易之外國銀行商借銀款，陸續領用，隨用隨付洋行之帳。貨收到後，存入堆棧，作爲銀行之抵押品，一俟土貨辦竣，候輪裝運出口時，洋行卽照原定之金價作成匯票，令製造家或製造家所指定之銀行(在外國)付款，連同保險單，提單等，賣與上海之外國銀行，折成銀幣(規元)收入洋行之帳。如收大於付，則爲盈餘，否則爲虧損，所謂 offering the paper 是也。故土貨出口甚旺之時，外人必以金匯票換得銀幣，以爲購貨之資，銀幣之需要驟增，其價必漲，銀價漲，金價必落。(俗稱先令放長卽規元一兩可以多買先令也)簡言之，出口貨旺，金價必跌。

(四)綜合以上所述，金價之漲落，視進出口貿易之消長以爲衡。進口多於出口，金價必漲，出口多於進口，金價必落(其他情形不變)。今次日本震災，東京與橫濱已化爲灰燼，欲圖復興，則所需之食料木料以及一切建築料等，必須仰給於外人。我國物產豐富，價且極廉，一般投機家遂預料我國之出口貨必大增，以上述之原則推之，出口貨增，日金必跌。至英美兩國多用日絲，此次日絲多被焚燬，則英美所需之絲，必仰給於中國，故出口必盛，出口盛，先令與美金必俱跌。此日本震災之後金價所以看跌之理由也。

金價既看跌，一般投機家遂紛紛抛出，例如今日以三先令二便士抛出（賣出），預料日後跌至三先令二便士半之時，卽行補進，以圖半便士之利。不料抛出之後，先令不跌，卽日美金亦無大變動，大失其望。蓋日本儲存之糧食，目前尚敷應用，不必亟亟買進。英美兩國對於華絲桐油等貨，此時亦不急於購買，因而中國之出口貿易，未嘗因日災而驟增。但日前抛出之期金，必須補進，雖價稍漲，亦必忍痛吃虧，以便交割。此投機家失敗之理由也。

我國經濟界之三濫

十二年十二月一日晨報五週年紀念增刊

我國自辛亥改革以來，變亂相循，迄無寧歲。財政金融之紛亂，至今已極。默察情狀，乃有三濫：

（一）濫借內外債；

（二）濫鑄銅元與輔幣；

（三）濫發紙幣（各省官銀號或地方銀行之官帖銅元票與兌換券）。

此三濫者，皆政府困窮財政狀況不良之結果。入不敷出，無以彌補，乃濫借內外債，以救一時之渴，濫鑄銅元，以博厚利，濫發紙幣，以括民財。至借外債條件之嚴苛，財政金融之前途，國計民生之利害，均未暇計及也。外國雖亦或此有種情形，但不如我國之甚。如美國當南北戰爭之時，亦曾多發紙幣。英國當歐戰時，亦曾大舉外債，增發紙幣，但未涉於濫。美國雖濫，亦只有其一端，我國則兼三濫而有之。政府財政困難，乃舉外債以應急需，自無不可。但所借者須用於生產之途，而不應供消費之需，庶可無損於國計。或財力不繼，乃暫借短期債款，亦未始不可。如十月爲稅收暢旺之期，而四月逢某項急需，乃募短債，俟十月徵收償還，亦無危險。募集公債以應政府之需要，爲財政上之手段，已成財政學上不磨之原理，惟流於濫則不可。至濫鑄銅元，濫發紙幣，爲金融上之問題，與財政無關，即政府財力不足，亦只能舉借，而不能鑄銅元，發紙幣，以侵金融界之範圍，而況於濫乎？今合財政與金融爲一途，危險孰甚。銅元充斥，則物價漲高，此爲必然之勢。以北京而論，日常必需品如糧食煤油鹽等物，受銅元與銅子票過多之影響，無不漲價。例如粗布每尺銅元十枚者，漲爲每尺十二枚，貧民生計，於是益見困難。銅元之值既跌，人人存不相信之念，因將來難保其不再繼續跌價也。紙幣濫發，物價亦必漲高。湖南紙幣之害，當猶記憶，東三省之紙幣，異常複雜，已成爲不兌換紙幣，世界各省亦有濫發而已收回者，亦有已收回而重行發出者。紙幣因濫發而跌價，不惟人民對政府不信任，即人對人亦失信用。以紙幣既跌價，日常以紙幣授受者，少不爽快，如此普通信用一失，實爲交易上一大障礙。小宗買賣損失有限，大宗交易則危險矣。

輔幣與銅元雖多，若能以之向造幣廠兌換本位幣，決無跌價之虞。奈流於濫鑄，只發不收，不能兌換，各省官錢局之紙幣亦濫發不能兌現，社會上通貨既多，鈔票可以兌換之故，普通人又多未明鈔票與不換紙幣之區別，乃回至銀行兌現。鈔票本可流通於市面，今以銅元紙幣太多，以致不應回去而回去，實受銅元紙幣濫鑄濫發之害。其與三人鬪禍，一人受累無異。如果銅元與紙幣均能伸能縮，則自無過多之患。銅元紙幣既不能收縮，通貨過多，物價必漲。鈔票以有兌換劵取締條例，銀行不能不兌現，若不兌現，即屬犯罪。

欲社會上信用發達，非普通信用均穩固可靠不可。若只有某種信用穩當，而欲一般信用均臻於良善地位，實爲不可能之事。蓋人民對於可靠之信用券，亦存懷疑也。穩健之銀行，若能多發鈔票，以驅逐銅元及紙幣，誠爲善事，但勢有所不能。欲驅逐之，只有取銅元而毁之，取紙幣而焚之。若然，將何以彌此鉅大之損失？鈔票既不能驅銅元及紙幣，反被銅元及紙幣所驅而回至銀行，因銅元銅元票以及紙幣（官帖等）既不兌換，當然愈發愈多。銀行之鈔票既可兌現，自必愈收愈少。其結果則銀行準備金之保持，已極爲困難，復能設法推廣發行耶？故經濟勢力與政治勢力相衝突時，在幼稚之社會如中國者，前者必被後者所屈服，我國政治不良，實軍閥橫暴之故，故軍閥之禍無論從何方面着想，非去不可。此層我於去年在朝陽大學講演時，已經詳述。今卽以保持準備金之小事而言，軍閥亦在所必去也。（吾所謂銀行鈔票，係專指殷實之銀行所發行者而言，不敢謂任何銀行所發之鈔票，均可靠也。目下在市面流通之兌換券，種類複雜，莫可究詰，除外國銀行以及中外合辦銀行之鈔券外，尚有各省省銀行之鈔券，其發行之目的，不在調劑金融，乃在籌集軍餉，其危險之程度，與北京之銅元票相去不遠也。此外復有信用不著之銀行所發出者，一旦破綻暴露，不免頓成廢紙，其爲害之大，莫可言喻。若夫殷實銀行之兌換券，其流通額視商業之盛衰以爲消長，係輔助商業唯一之武器，與省銀行所發行者大異其性質。讀者於此二種鈔券，不可不辨別之也。）

天津造幣廠前本鑄造銀元，聞近來停鑄銀元，專鑄銅元。因社會上銀元之流用已多，雖加鑄之，無大利可圖。例如銀元之實價爲七錢二分，市價只七錢二分一釐，所獲之利甚微。若鼓鑄銅元，則獲利甚豐。銅元有單雙之別，所得之利亦異。例如三文制錢可鑄單銅元一枚，得利亦屬不少，而鑄雙銅元一枚，只需制錢五文，所得之利，比鑄單銅元尤厚。四川甚且趕鑄當五十當一百當二百之銅元，流通於市面。安徽造幣廠僞造廣東毫洋輔幣，獲利之厚，可以想見。上海一埠外人之勢力甚大，輕質銅元，不能侵入。上海有所謂電車銅元者，因各電車咸拒新鑄之國旗銅元，專收前清光緒年間所鑄之龍紋銅元。因前者比後者質鬆量輕，是以電車銅元之價値比普通銅元略貴，此事前年上海鬧得甚久，但只禁輕質銅元之侵入，非法之善者也。例如上海，杭州，寧波三處，上海既禁輕質銅元之進口，則輕質銅元必流至杭州與寧波。杭甬銅元既多，物價必漲。當初每銀元換銅元百五十枚者，寖至每元換銅元百六七十枚，以銅元爲交易媒介之物品安得不漲價？杭甬物價既貴，與上海相距甚近，輪船火車相接，消息靈通，滬上物價必受其影響，隨之而漲。是直接禁止其進口者，間接仍受其害。根本救濟之法，惟有令各省收回銅元，或准人民兌換本位幣，則必無跌價之慮。否則上海一隅獨異，無補於事。所以銅元之濫鑄，實爲我國金融界之重大問題。

穩實銀行不發鈔票之原因有二：

（一）不能發行鈔票　銅元紙幣日多，勢力甚大，金融界之地位爲所佔據。例如漢口官票既多，地位穩固，中交兩行向來發鈔根基已實，尚可保其原有之地位，但不能增發新鈔。若新設銀行資本雖雄厚，亦不能侵他人已佔之地位而發行鈔票，卽信用素著之舊銀行（如浙江興業銀行）恐亦不能多發，因地位已被官票所佔，而此種官票恃官場之勢力以爲奧援，銀行鈔票不能與之決雌雄也。且不惟新鈔不能發行，卽已流通於市面之舊鈔，亦將被官票所驅而收回。鈔票至須收回，則保持準備已屬不能，此種惡現象，實係政府所闖之禍，應由政府負其責也。

（二）不敢發行鈔票　信用素著受社會一般相信之銀行，於金融界之勢力甚大，地位甚固，固可發行鈔票矣。但各通商鉅埠無不駐紮重兵，軍餉不足，譁變時聞，兵變一起，搶掠隨之，富商鉅賈咸移其資財於外國租界，以避軍禍。銀行爲股東之血本所關，存戶之財產所寄，安得無防患之方。故銀行均貯其準備金於租界之總分行，而不敢存準備於內地，誠以怖軍人之擄掠也。如河南之鄭州，交通便利，銀行正可發行鈔票，但住軍隊甚多，銀行恐其搶掠，不敢存準備於其地。發行鈔票必需有相當之準備金，今既不敢存準備金，即不能發鈔票，所以武力得勝，經濟勢力必遭失敗，而社會幼稚，武力每足以壓服經濟勢力。我國如能除去武力，則各重大問題均可迎刃而解。又如武昌與漢口隔江相望，銀行正可發鈔，然屯兵既多，設有兵變，銀行殊多危險。不但現金被搶，鈔票亦將被擄。鈔票爲流通證券（negotiable paper），雖被擄去，亦可通用，與他物之有主者不同。若馬雖被偷去，若能查出，仍可收回，以其非爲流通物。鈔票既爲流通劵，被偷或被擄，而流通於市面，即爲銀行之負債，不能如馬之被偷可以取回。若鈔票被擄可以取回，已失其爲鈔之本質，將無人肯爲收用。若支票則轉授尙須簽字，遺失可以掛失，鈔票與貨幣相同，不能掛失。故在武昌發鈔者，設起兵變而被搶掠，其危險更大。例如某發鈔銀行庫存現金五十萬元，並鈔票一百萬元，若只現金被搶，而留鈔票，則損失只五十萬元。若鈔票被擄，現金幸免，亦只損失一百萬元。今幷現金與鈔票同被搶去，則爲損失一百五十萬元。苟不發鈔，不惟鈔票可免搶掠之危險，且亦無須貯鉅額之現金準備，雖起兵變而被搶擄，損失當不甚鉅。故銀行不惟不敢發行新鈔，連舊發鈔票亦將收回，而即截角，以免危險。

是鈔票不惟不能推廣發行，且有收縮之傾向，欲保持準備其可得乎？

上述三弊之根本原因，實係軍閥之禍。使軍閥不去，財政無整理之望，金融無旺盛之期，吾人其注意及之。

吾國新式銀行之準備金問題

銀行負債中之存款與鈔票，爲流動債務，有要求即付之義務，銀行資產中之貼現，放款，及透支，爲流動資產，到一定時期方能收款，然則流動資產之不可恃，而須有現金之準備也明矣。

資產		負債	
現金	$2000000.00	資本	$10000000.00
未收資本	7500000.00	存款	4950000.00
房地	300000.00	鈔票	1980000.00
開辦費	200000.00	利息	70000.00
貼現	4000000.00		
放款	2000000.00		
透支	1000000.00		
	$17000000.00		$17000000.00

流動債務＝4950000＋1980000

＝$6930000

右表現金二百萬元爲第一準備金，約合流動債務之28%，外國除中央銀行代理國庫者，須準備金略高外，其他商業銀行有15%至20%之準備金已足。返觀吾國銀行，則15%至20%之準備金似太薄弱，茲舉其原因如左：

(一)鈔票流散之不遠也　中國鈔票，僅流通於商埠及繁盛之城市，未嘗及於鄉間，一有不幸，擠兌風潮發生，持鈔票者萬衆齊來銀行，爲自衞計，準備金固不得不高也。

(二)銀兩習慣未除也　銀幣常按銀幣市價之漲落計算，(如上海用規元算洋釐，天津用行化算洋釐)，洋釐既時有漲落，持鈔票者往往兌換銀幣以圖利，如國幣在上海，有時合銀元七錢二分三，或七錢三分四，或七錢三分五，有鈔票者固樂爲兌現，以求七錢三分五之代價，利之所在，趨之若鶩，大宗鈔票兌現之事，層見疊出。故銀行苟欲準備金不如此之高，固非廢除銀兩，專用銀幣不可。

(三)交通之不便也　假如上海金融緊急，又無造幣廠，不能鑄造銀洋，天津則此時禁止銀洋出口，不得已而由寧杭轉運，然路途太遠，迫不及待，則交通不便之影響，及於準備金者，不亦顯而易見乎？

(四)存款之時常提取也　中國金融界因信用薄弱，故支票不甚通行，一旦市面恐慌，兌鈔提存，同時並行，故準備金成數非高不可。

(五)小錢莊之取巧也　各地小錢莊與小銀行慣弄市儈伎倆，所收花旗，匯豐，中國，交通，邊業等混亂之鈔票萬元，上午持至銀行存款，下午遂卽提取現洋，既可以免分析雜鈔，持向各行兌現之煩，又可以取得存息之利，在錢莊方面，固一舉兩得，而收受存款之銀行，實難應付。

（六）歐美有中央銀行爲金融界之後盾，一旦市面恐慌，商業銀行均得以已經貼現之票據，持向中央銀行，請求重貼現，變爲現金，以資應付。吾國之中央銀行因受政局之影響，尚無餘力以實行貼現之政策，況吾國商業銀行之貼現業，尚未發達，卽有健全之中央銀行，亦無濟於事也。

就以上諸大端而觀，吾國新式銀行之準備金成數，實不得不較歐美爲高，未識閱者諸君有救濟之良法乎？

上海金融緊縮之原因 十一年三月在北京大學演講

上海爲吾國金融之樞紐，欲研究吾國金融貨幣等問題者，不可不於此三致意焉。蓋國內商務與國外貿易，皆視上海金融之緩急以爲消長，當實業勃興，商務繁盛之際，通貨之需要必增，原有之籌碼必不足用，於是金融漸趨於緊急，利率升漲，一般商人難得資金之通融焉。在英，美，德，法，日本諸國，一遇市面緊急，籌碼可以隨時增加，卽所謂通貨有伸縮力者，非特利率無從飛漲，（如有特別事情，如恐慌戰爭者發生，又當別論）卽稍有升漲，亦不難抑之。若夫吾國，則平常之事，如絲茶之上市，或雜糧棉花之登塲，亦足以使上海金融界大興波折，政局之變化，固無論矣。推厥原因，則以上海之金融以現金之行使爲原則，外人往來均用規元銀兩，華人往來多用銀元，鈔票之用途雖日益推廣，而支票之用途，則尚屬有限，況在信用制度極不發達之中國，卽能推廣鈔票之用途，亦時有擠兌風潮之危險，甚且有因擠兌而向銀行提取存款者。其結果人人對於鈔票與支票，皆不敢受授，信用之範圍益狹，現洋之範圍益廣，於是有籌碼不足之慮，銀行錢莊咸抱緊守主義，對於放款，不敢放鬆，未放者不敢放出，已放者急於收回，而商人愈感籌碼之不足矣。（外國之中央銀行，於此之時，卽採放鬆主義，以平日所蓄之實力，出而救濟市面，中國尙無此種調劑金融之機關。）一旦風潮陡起，市面緊急，銀行錢莊束手無策，祇有聽其自起自伏而已。在此種情形之下，欲求商務之振興，實業之發達，不啻緣木而求魚也。須知金融之緩急，當視通貨之伸縮以爲準，而通貨之伸縮，則須視交易之多寡以爲斷。交易繁，通貨應伸，金融不至甚急，交易少，通貨應縮，金融不至甚緩，此良好制度之要素也。吾國今日之金融，殊不足以語此，甚且有因伸而反縮者，於雜糧棉花上市通貨應伸之時，政界忽起波折，戰雲彌漫，消息險惡，銀根驟緊，利率飛騰，是通貨應伸而反縮也。通貨伸縮問題，爲銀行問題之大關鍵，通貨而不能伸縮，卽銀行不能應時勢需要之特徵，是銀行猶如死物，關於此問題吾另有長篇之演稿發表，無庸贅述。茲將上海金融緊急之種種原因，述之於下：

（一）歐戰未停之前，金賤銀貴，外國銀行以買賣生金銀爲營業之一種，紛紛吸收現銀，陸續運出，以圖厚利，吾國銀底，遂有日益枯竭之現象，此該時金融奇緊之原因也。

（二）當絲，繭，茶，棉，雜糧等上市之時，上海銀行錢莊均須運現洋至內地，以應辦貨之用，上海銀根驟緊，洋釐遂漲，但流入內地之現洋，不久仍回至上海。蓋國家之大宗收入，如關稅鹽稅，均以現洋繳納，集中於上海之外國銀行，內地商人來滬採辦洋貨，亦以現洋支付，故內地現洋，仍復流入上海也。

（三）內地各省濫發紙幣，依格來森惡幣驅逐良幣之原則，內地現洋當盡被驅逐出境，焉有上海現洋流入內地之事?詎不知良貨被逐之後,可以歸於私藏,不必流出境外,蓋持有紙幣者深恐紙幣之日跌,決不願藏之以待將來之兌現。故一切買賣,均以紙幣爲之,而現洋則留作別用,或歸窖藏,不復現於市場矣。其有現洋之需要者,願出重利以招致外者之現金,故外省現金有流入者。

(四)上海大錢莊與大錢莊相互往來,有一種票據交換所(卽錢業匯劃總會)爲之清理各莊間之債權債務,出入款項,相互冲消,現洋之行使,得以減少。至華商銀行與華商銀行之間,與華商銀行與洋商銀行之間,則彼此不通匯劃,甲行收到乙行應付之支票,卽派人持票向乙行去收,或由乙行送至甲行,無所謂票據交換所也。彼此出入款項既不能冲消,現金之行使自不能省卻,銀根時緊,亦固其所。

(五)近年以來,華人從事於外國貨幣之買賣者,不知凡幾,迹近投機,受累不少,聞華人中之因買賣馬克所受之損失,不下數千萬元,或曰人民之損失,卽華商銀行之利益,故資金仍在華人掌握中,非外人所有,此乃隔靴搔癢之論也。今日之華商銀行買賣馬克,不冒危險,蓋一面向顧客賣出,一面卽向別人買進。此種生意,英語謂之cover,卽補進之意也。譬如賣出之數,以一百三十馬克計算(規元一兩值一百三十馬克),則買進之數必在一百三十以上,方有利可圖,否則虧本矣。此種交易似極穩健,蓋有賣出必有買進(補進),不致落空。雖有時亦有冒危險而不補進者,然爲者極少耳。從可知今日華人數千萬之損失,決非華商銀行之利益,鉅額資金大抵盡爲外人所獲矣。市面流資,當然減少。

(六)去年滬上交易所勃興,相繼設立者,有一百四十五家之多,其影響於金融至深且鉅,茲請分三層說明之：

（甲）凡存鉅款於銀行者，往往提取全部或一部以投於交易所，於是爭購地址，建築高樓，並爲種種佈置，大宗活資，不轉瞬間，即變爲不動產矣，金融界焉有不發生激變之理？

（乙）每逢月底交割之時，買賣兩方，於出入相抵之後，必有找進找出之數，有時爲數過鉅，竟有不克交割之勢，此次上海老交易所擱淺之風潮，即由此發生。譬如某甲以某股八十元賣出，又以六十元買進，交割之時，每股應找進二十元，如買賣之數爲一萬股，則應找進二十萬元，十萬股即須二百萬元，以此類推，可知一百四五十個交易所所需之款，必不少也。

不特此也，買進者之銀行，未必即爲賣出者之銀行，如買進者之銀行爲甲，賣出者之銀行爲乙，則買進者當以支票交與賣出者，賣出者即以之交與乙，乙持之向甲取款，各行之存款，因而大有更動矣。如買賣兩方同一銀行，則轉帳足矣，固無取款之必要。故每逢交割之期，銀行出入驟增，甚形忙碌，且不得不有鉅額之資金以備提取之用，市面銀根，或因此而緊縮也。

（丙）銀行不但有支付存款之義務，且有在透支定額之內或定額之外暫行墊款之融通。譬如甲有股票或公債票賣與某某股票公司（此公司亦係交易所之經紀人）而股票公司即以之賣與乙，至月底交割之時，乙向股票公司取貨，該時股票尚在甲之手中，公司無貨可交，故公司不得不向甲取貨。但取貨之時，必交貨價，否則甲不肯將貨交出，於是公司遂向銀行借款，公司早與銀行約定透支額數，於此額數之內，可以隨時動用。公司以借款所得交與甲，以爲取貨之代價，次日或當日卽以所取之貨交與乙，而乙當以現金支付，公司取得乙之現金後，卽存入銀行，以償還昨日之墊款。故於每月底交割之時，銀行往往爲經紀人墊款以資周轉，此項墊款，固當在透支範圍之內，苟經紀人信用甚優，亦有在原定透支之外者，此種現象，足以使金融緊急，不可輕輕看過也。

票據交換所與上海錢業匯劃總會

十一年一月在北京大學演講

徐兆蓀筆記

各銀行互相交換支票，期票，匯票之機關，各票據交換所，例如有中國，交通，興業，浙江之四銀行，均入票據交換所，爲交換所中之會員，在未有票據交換所以前，各銀行持有他銀行票據時，須派人向他行取款，例如中國銀行收有交通，興業，浙江三銀行票據，則中國銀行須派人向他三銀行憑票取款；反之，交通，興業，浙江銀行有中國銀行票據時亦然。於是此來彼往，往返不絕，不惟徒費時間，手續亦苦繁重。設如某甲爲中國銀行之存戶，今與某乙有來往，甲書中國銀行之支票予乙，命乙向中行領款，同時乙爲興業銀行之存戶，卽將所收甲之支票交興行作爲存款。是時爲中行欠興行，而興行亦有欠中行者，設有票據交換所，則甲銀行持有他銀行之票據時，不必卽派人送至他行取款，只須每日將本行收進他行票據攜至交換所，以與本行票據在他行手中者相抵銷，抵銷之後，猶有餘額，則將餘額找淸。設例如下：

如是，銀行債權債務之數，欠人及人欠餘額，可列表如下：

(一) 中國銀行

欠人		人欠	
交通銀行	4,000	交通銀行	4,500
興業銀行	5,000	興業銀行	5,500
浙江銀行	6,000	浙江銀行	6,500
應收餘額	1,500		
總數	16,500	總數	16,500

(二) 交通銀行

欠人		人欠	
中國銀行	4,500	中國銀行	4,000
興業銀行	5,500	興業銀行	5,000
浙江銀行	6,500	浙江銀行	6,000
		應付餘額	1,500
總數	16,500	總數	16,500

(三) 興業銀行

欠人		人欠	
中國銀行	5,500	中國銀行	5,000
交通銀行	5,000	交通銀行	5,500
浙江銀行	6,000	浙江銀行	4,000
		應付餘額	2,000
總數	16,500	總數	16,500

(四) 浙江銀行

欠人		人欠	
中國銀行	6,500	中國銀行	6,000
交通銀行	6,000	交通銀行	6,500
興業銀行	4,000	興業銀行	6,000
應收餘額	2,000		
總數	18,500	總數	18,500

應收餘數		應付餘數	
中國銀行	1,500	交通銀行	1,500
浙江銀行	2,000	興業銀行	2,000
總數	3,500	總數	3,500

若已有票據交換所，則如上記諸式所示只須交通找出一千五百元，興業找出二千元，中國找進一千五百元，浙江找進二千元。彼此相抵銷，將餘額找清足矣，不必每行將他行票據送至各銀行取款也。如無票據交換所，則例如交通欠中國者爲四千五百元，誠不知此四千五百元中有若干紙票據。若每收一紙輒派人取款，亦不知當取若干次數，中國欠交通者亦同，則徒勞往返，其結果仍與交換所中交換者相等，而一繁一簡，則不知相去幾何矣。且派人領款，不惟搬運困難，亦多危險也。

中國現尚無票據交換所，然吾國錢業匯劃總會之性質，大抵與票據交換所相同，據吾國財政部公佈之銀行公會章程之規定，則票據交換所歸銀行公會兼辦，現在北京及上海之銀行公會均已成立，則票據交換所之設立當不久矣。

既有票據交換所，必須有一總銀行，以備其餘各銀行存款於其中，如英倫銀行然。則清算來往帳目，皆可由此存款支撥，例如上列四銀行以中國銀行爲總行，則交換所中交換完結之後，交換所經理將各銀行應找進找出之餘額，通知中行，中行即於交行帳內付一千五百元，興行帳內付二千元，中行帳內收一千五百元，而本行亦須開一帳，浙行帳內收二千元，照此劃帳之後，交換之手續已完，而仍不見現金之用處。故支票之結局，爲以貨易貨，並不見有現金介乎其間。以支票之發生，由於商業上正當的交易而來，例如甲爲紗商，向乙買棉，付乙以中國銀行之支票，乙得支票以後，即存之交通銀行，作爲存款，交通銀行攜此支票至交換所清理，照此則豈有現金出現之餘地乎？

交換所中交換之情形略如下述：例如中國銀行有交行欠之票五千元，興行欠之票六千元，浙行欠之票七千元，中行派二行員攜此三銀行之票至交換所，一行員居站內（每行有一定地方）一行員行走於站外，其他銀行之行員亦然，時間既屆，站外行員攜他行欠己行之票至他行之站，付以票據，以表示他行欠己行多少，站內之行員則收他行行員所交之己行票據，而知己行欠人多少（但未交換之前尚不能確知）如此將人欠欠人之數兩相比較，則應找進或找出之數可知矣。於是將應找清之數報告於交換所經理，由交換所經理將應劃之數通知各行存款之總行，由總行於各行之帳中過劃，則交換完矣。故自始至終，未見有現金之出現也，其便利爲如何？

我國上海錢業匯劃總會之性質，大抵與票據交換所相同，不過錢業匯劃總會除清理票據之外，猶有議決錢市等職務。故中國雖無票據交換所之名，而有票據交換所之實。匯劃清理之步驟分爲二次：第一送銀票，第二軋公單。

（一）送銀票　例如甲錢莊收到乙錢莊劃洋票銀三萬兩，又收到票銀二萬五千兩，又收到票銀一千兩，又還劃五千兩，又拆票五千兩，又客路匯劃一萬零一百五十七兩，共計七萬六千一百五十七兩。至下午二點以後，甲錢莊將所有之票送至乙錢莊（外國之票據所則無此手續）其送至乙錢莊者並非取現，不過照票而已。於是乙以七萬六千兩之公單付甲，其餘額一百五十七兩則記帳，即乙錢莊收甲帳百五十七兩。蓋公單最小額須五百兩，故在五百兩以下之餘額，須另記帳。其與中國各銀行異者，甲銀行如有二銀行之票據，甲銀行即向乙取現款，而不軋公單，在中國之華商或外國銀行皆如此。又與外國之情形不同者，即外國無送票之手續，直接攜他行票據至票據交換所而行清理也。反之，乙錢莊收到甲錢莊劃洋票銀四萬兩，又收到一萬五千兩，又收到二千兩，又還劃四千兩，又拆票三千兩，又客路匯劃一萬三千二百十七兩，共計七萬七千二百十七兩。至下午二時以後，乙以票送甲呈照，甲乃出七萬七千兩之公單於乙，又於乙帳內收二百十七兩，乙欠甲之餘數為一百五十七兩，甲欠乙之餘數為二百十七兩，兩相比較，尚差六十兩，甲即付乙以六十兩現銀，於是餘額已清理，而公單則尚未清理也。

（二）軋公單　甲欠乙之公單為七萬七千兩，乙欠甲為七萬六千兩，於是甲乙均至總會（所有入會之錢莊均須至總會）公單軋過後，則甲付乙以一千兩之現銀，此係僅有兩錢莊時之情形。如錢莊甚多，則亦可照票據交換所之法以清理之。錢莊多時，設公單軋過以後之結果為甲淨欠一千兩，乙淨收一千兩，丙淨欠三千五百兩，丁淨欠一千五百兩，戊淨收五千兩。於是甲出一千兩，丙出三千五百兩，丁出一千五百兩，乙收一千兩，戊收五千兩，是出與收之數適相等，總會則可通知甲，使甲將其應出之一千兩付乙，通知丙丁，使之將其應出之數付於戊，而清理之事了矣。但應出應收之數，恐仍爲劃帳，而非實以現銀交付也。故旁人有譏錢莊爲無準備而只記帳者，實坐此故。惟此固商業發達自然之趨勢，不能以劃帳而非難錢莊也。

有一種錢莊曰元字號錢莊者，卽元字號小錢莊也，不能到總會去軋公單，如有公單待軋時，非託入總會之匯劃錢莊不可。例如乙爲元字號錢莊，甲欠乙一千兩，則乙不能到總會軋之，惟有託匯劃錢莊代軋，故大錢莊（卽匯劃錢莊）稱小錢莊爲元字號錢莊，其意卽表示不入總會之錢莊也。外國銀行亦有不入票據交換所者，若須清理之時，亦須託入票據交換所之銀行代爲清理，例如篇首所舉之中國、交通、興業、浙江四銀行爲入票據交換所者，而新華銀行爲不入票據交換所者。新華託中國銀行代爲清理，中國銀行之應收餘額本爲一千五百元，今因又加交通欠新華之票三千元（新華託中國清理者）則中國銀行之應收餘額增加爲四千五百元，其先中行應收餘額爲一千五百元，浙行應收餘額爲二千元，交行應付餘額爲一千五百元，興行應付餘額爲二千元。現在因交行欠新華之三千元，託中行代爲清理，則中行之應收餘額變爲四千五百元，交行之應付餘額變爲四千五百元，卽中浙兩行合併之應收餘額爲六千五百元，而交興兩行應付餘額爲六千五百元，如此，則應收與應付之總數仍相等。中國銀行收四千五百元以後，內中一千五百元爲已有，其餘之三千元則爲新華託收，故應於新華帳內收入三千元，而新華自己則不能至票據交換所行清理也。元字號小錢莊之託匯劃莊代爲清理者，其手續亦如是。例如甲爲匯劃莊，乙爲元字號小錢莊，甲欠乙五萬三千五百兩，乙欠甲五萬一千二百兩，兩兩相軋，甲應解乙二千三百兩，其中二千兩用公單由乙向甲劃與另一匯劃莊（卽乙應解該莊款者）餘額三百兩由甲交乙。凡匯劃及元字號錢莊，均須持到期應收之票據向出票之家呈驗，呈驗時蓋章登記，然後匯劃莊用公單軋帳，小錢莊間接由匯劃莊用公單軋帳，統在匯劃總會交換，故匯劃莊之權利，在用公單軋帳，小錢莊無此權利也。凡數在五百兩以上者，必須間接由匯劃莊用公單代理，各匯劃莊以所得之公單，與自己發出之公單分收付登記，代理小錢莊收解之數亦包括在內，於傍晚持向匯劃總會交換，而一日之手續畢矣。

吾國銀行業歷史上之色彩

今之談銀行業者，每謂歐美銀行組織完備，發達迅速，而吾國之銀行業尚屬幼稚，無足述者。殊不知吾國銀行業極盛之時，英，美，德，法諸國尚在草昧時代，幾不知銀行為何物也。嘗考吾國銀行業發軔於山西，蓋山西出產以鹽鐵為大宗，絲煤次之，自給之外，餘額悉運銷於外省，年復一年，獲利甚厚，遂成為中原富庶之邦。但以鹽鐵在外省換得之現銀，不可無特殊之機關以任運送保管之責，於是山西票莊興焉。山西幫之成為銀行家者，固自然之結果，亦環境使然也。茲就山西票莊與各方面之關係，分別述之，以明其歷史上之貢獻及其功效。

(一)山西票莊與政府之關係

山西票莊勃興之日，即政府財政拮据之時。在政府固不得不求票莊之資助，以免竭蹶之虞，在票莊亦可藉此取得官款，以為運用之資。於是相依為命，各得其益。但吾國政府每以財政支絀，濫發紙幣以充歲費者，八九百年於茲矣。夫紙幣之為物，既發必收，既收必發；否則，不足以資周轉而廣推行。各省官款既存儲於票莊，收發之責，當然由票莊任之，是不啻以票莊爲政府之發行機關矣。票莊之勢力愈盛，紙幣之流通愈廣，而人民所受之痛苦亦愈大。幸票莊謹小慎微，往往不肯爲虎作倀，且預知紙幣之流毒甚於洪水猛獸，遂從事於厚集實力，以備不虞。故一面爲政府發行紙幣，一面爲自己吸收現金，墨守舊章，不稍鬆懈。其結果，則政府之信用雖因發行過濫，喪失殆盡，而票莊之信用依然如故，未嘗受其牽累，隨狂瀾而俱去矣。票莊雖不受紙幣之累，確受官款之益，蓋攬得官款之後，其勢益壯，其效彌著。各處分設之支號，日增月盛，通都大邑，幾無一不有山西票莊之足跡，各省匯兌，殆基於斯。

（二）山西票莊與本地錢莊之關係

山西票莊之應運而生，已如前述。其相繼而起者，則爲本地錢莊。吾國幣制向不統一，品位重量，各各不同，一般官僚遂視爲利藪。蓋利用貨幣之龐雜，以圖私利也。例如人民以制錢完納租稅，須照官定之率，折合銀兩或銀元，貨幣愈亂，轉折愈多，獲利亦愈厚。雖政府屢有整理之計劃，其如與官僚之利害衝突何。貨幣之種類既雜，其行使之範圍自狹。此省之幣，當然不能行使於彼省。兌換之業，於以發生。故當初創辦之錢莊，均以兌換爲主業，蓋兌換之外，無業可營也。此不獨於中國爲然，即今日泰西之銀行，亦由兌換店 (money-changers) 遞嬗而來也。本地錢莊之應運而生者，此其一。

吾國幅幀遼闊，交通梗阻，省與省既鮮往來，州與州亦少聯絡，此疆彼土，畛域顯然。則利害不相共，休戚不相關者，亦固其所。故此省之人一入他境，則以異國人視之，敲詐盤剝，無所不爲。外省人攜來之貨幣，既不能行使於本省，則可藉兌換以施其盤剝敲詐之手段。本地錢莊之應運而生者，此其二。

本地錢莊崛起之後，在表面視之似與山西票莊立於反對之地位，大有兩雄對峙，勢不兩立之概。但實際上相處甚善，毫無衝突之虞。推厥原因，則本地錢莊資力薄弱，有賴於票莊之供給，而票莊於各省人情風俗，亦諸多隔閡，極願與之往來，以通聲氣。於是相互提攜，共營斯業。然感情雖已聯絡，而營業究屬一致，不免日久發生衝突。於是劃分界限，不相侵犯，本地之事，以錢莊任之，各省間之事，以票莊任之。日後海禁既開，中外貿易，蒸蒸日上，各省間之通商固日趨於繁忙，本地之商務亦日見其旺盛，商務既盛，則票莊，錢莊各有分內之事，尤當分道揚鑣，不容自相侵犯。數百年來，其得以相安無事者，以此。

(三)山西票莊與洋商之關係

以上所述，尚不足以明票莊之功用及其利益，故此節僅舉其歷史上之貢獻與發明而略述之。當中英鴉片戰爭以前（西曆一八四〇年以前），中外通商，祇限於廣東一隅，不准外人入內地交易。其以貨來者，運至廣東，分售於華商，各省華商之欲辦洋貨者，勢必攜款前往，換得洋貨，再運銷於內地。反之，洋商之欲購華貨者（如絲茶等）亦必以現款託行商（經政府指定專與外人交易者，故普通華商不能與外人直接交易）運至內地，換得土貨，運至廣東，再行裝船出口。如是，以鉅額之現銀移來搬去，既覺笨滯，又恐遇險，殊非經商之道。但非有特殊之機關，專任匯劃之責，決不能免除此種障礙。而匯劃之責，除組織完備，分莊棋布之山西票莊外，又將誰屬？至其匯劃之手續，則不外乎今日中外各銀行所用之存欠抵沖一法。例如東印度公司欲辦華絲一百包，委託廣東行商代辦，行商卽將款交付於本地錢莊，令其將款運至上海，交付於行商所指定之某某代理人。但廣東錢莊在上海旣無分莊，自不得不轉託山西票莊代辦，票莊承允之後，卽作一通函通知上海票莊照辦，上海票莊接信之後，卽囑上海錢莊付款若干於廣東行商所指定之駐滬代理人，以爲購絲之用。此山西票莊代人匯款至內地之辦法也。同時亦有請票莊由內地匯款至廣東者，例如東印度公司有洋布若干疋，在九江銷售，所收之款，應由九江匯至廣東者，亦託票莊代匯，於是九江之山西票莊作一通函，通知在廣東之票莊照解。如是，旣無長途運送現金之煩，又無中途水火盜賊之險，而收解又可以兩淸。商業以興，國富以增，票莊歷史上之貢獻，不可謂不大矣。至廣東，上海，九江三處票莊互欠之款，則自相抵軋，亦無運送現金之必要矣。山西票莊旣遍設分莊於各處，公私匯款，當然由其獨攬，其匯劃之唯一武器，則爲匯票，英語謂之 draft。此項匯票，隨在可以兌現，幾無所往而不有購買力，票莊匯票之所以可貴在此。當匯票盛行之時，英美各國尙不知匯票爲何物，若謂匯票係山西票莊所發明，亦不爲過。

銀之市場與銀之現期兩種買賣

銀之市場，在世界上稱爲最大者，倫敦是也。倫敦市中有大商四家，舉凡五洲大宗之銀塊買賣，均爲此四家所經理，故得經紀人之稱。各國之銀塊價格，莫不依倫敦之行市爲標準，實則操縱於此四家之手耳。然銀之市場，何故不在他處而反在倫敦乎？考其原因有六，茲列舉之如左：

(一)英爲島國，少受戰亂之影響，海軍又強，不慮他國之攻擊，貿易得以安全。

(二)金塊市場亦在倫敦，金銀皆爲幣材，其行市有連帶關係，如昔採複本位制之國家，其金銀二項幣材，皆購自倫敦，以圖手續之簡便，現複本位制雖廢，而此等國因銀塊貿易之歷史上關係，銀塊仍必購自倫敦。

(三)中國印度均用銀幣，銀塊之貿易上實稱大主顧，而英國與中國印度商務上有密切之關係，印度更爲英之屬國，故此二國所用之銀塊，必由倫敦供給。

(四)英國輪船數目極多，水上交通便利，對於銀塊之轉運，非常敏捷。

(五)英之商法完備，商人恪守成規，誠實無欺，苟外商涉訟，裁判公平。

(六)倫敦爲世界財政之中心點，各國帳目往來，多在倫敦，如中美二國之交易，亦往往在倫敦付款。

觀上所述，可見銀業貿易上，倫敦實佔天然地勢，人事各方面之極優地位，世界莫與比也。吾國幣制用銀本位，幣材盡爲彼所供給，則彼手一上下，四萬萬人之利害繫之矣。

倫敦銀之買賣，計有二種：一曰現貨(cash)，定七日內交銀塊；一曰期貨(forward)，其交銀塊以兩月爲期。蓋他洲之賣銀者，因路途遙遠，運輸需時，恐銀價低落，故預先電託倫敦經紀人，照時價賣出兩月後銀塊，運至倫敦時方可交貨也。期貨價值之高低，以銀根之鬆緊及利息之多少而定，銀根緊或利息高，則期貨價貴，但期貨市價超出現貨市價之差數，爲利息所限，不能在利息之上也。譬如現貨每一盎斯之市價爲四十便士，倫敦市場利率爲年息六釐，則四十便士之兩個月利息，必爲一釐，即一便士之十分之四(40×.01=.40)本利合計四十便士零五分之二（卽十分之四）。倘現貨行市爲四十便士，則兩個月之期貨行市，不能在四十便士零五分之二之上，否則人將以四十便士買進現貨一盎斯，留之以待兩個月以後之用。其所損者，亦僅此兩個月五分之二之利息耳。本利兩項合計，亦不過四十便士零五分之二，斷無超出此數之理，期貨超過現貨之差數，爲當時利率所限者，卽在此也。

以上所述之原則，不獨於銀塊之期現買賣爲然，卽公債以及物品之期現買賣，亦不能逃此例也。茲設金融公債之例以明之：如市場上銀根奇緊，吾國銀行缺乏現金，於是以千元之金融公債出售，得洋六百四十元，同時卽買進二個月期貨，預約兩月後以現金六百六十元購回。銀行乃將所得之六百四十元以年息二分四釐放出，兩月後得利銀二十五元六角，計共六百六十五元六角，以六百六十元購回公債，尚可賺銀五元六角。此種做法稱爲賣出近期，買入遠期。可知期貨市價超出現貨市價之差數（如前例之期貨高於現貨二十元），當視市上拆息之高低以爲轉移，且爲拆息所限，不能在拆息之上也。換言之，期貨之市價，不能大於六百六十五元六角，必須受金融之支配，隨拆息之高低以爲消長，不能自由行動也。若夫現貨，則雖同受金融之影響，然其漲落不爲拆息所限，如抽籤有望，則銀根雖緊，其價必漲。反之，如基金動搖，銀根雖鬆，其價必跌，其行動極爲自由，不如期貨之被拆息限止也。

不特此也，期貨之價與現金之價（卽拆息），適成正比例。現貨之價與現金之價（拆息），或成反比例，亦未可知。何以言之？譬如北京某甲賣金融公債（一星期）於乙，訂明一星期內任何一日交貨，倘於交割之前（現洋與貨對交）甲手中尚無貨可交，勢必設法補進，以備交割。但貨極缺少，無從補進，因彼有現貨者（丙）不肯賣出，只有向丙借用，但須以現洋與貨對交，並須找給丙現洋每星期若干元，故一面丙以現貨（公債票）交甲，甲以現洋交丙，請丙收執，又須付丙每星期之若干元。（少則每萬元三四十元，多則每萬元一百五十元不等）是甲將現金交丙，歸其運用外，尚須倒給利息，此皆由於公債現貨漲價之所致也。現貨漲價，即現金跌價之特徵（倒給利息即現金跌價之表示）吾故曰，現價之價與現金之價或成反比例也。

吾國關稅問題

十三年八月二十三日在武昌中華大學經濟學系演講

胡治新　楊悅祖　筆記

前次所講銀行，貨幣，財政各問題，皆為中國目下之緊急問題，其中底蘊，尚得諸君自己加以工夫，兄弟所講無非大要而已。今日講演關稅問題，關於此種問題，諸君可以參考之書甚多，有海關通誌，北京銀行月刊所出之『中國關稅問題專號，』財政部所發表之各種公文，以及鄙人所著之小冊子中國關稅問題，所有中國關稅情形一一備載，再者外國書籍方面，猶有模斯君（Mr. H. B. Morse）所著之書，亦可為諸君之參考。

在一八三四年以前，中國無所謂關稅，中外貿易不能直接往來，彼此皆由『行商』(co-hong merchants)經手。如外國貨物進口，必先交與行商，代賣所繳之稅，除去行商之報酬，其餘則交與中國政府，其貨則交與中國商人，中國土貨出口亦然。故此種行商，實不啻一經紀人也。其時貨物往來甚多，鴉片隨來中國，至一八三九年林則徐嚴行禁止輸入，釀起戰爭，失敗後，除賠款外，並開上海，寧波，廈門，廣州，福州五口為商埠，此一八四二年事也。

該時定海關稅則爲值百抽五，外人設領事與地方官往來，於是行商之設，遂取銷於是時矣。

一八五八年中國復敗，訂天津條約，藉謂值百抽五之法不得其平，乃有要求我國修改稅則之舉，蓋如價值百元貨物，若跌至八十元時，則不爲值百抽五，而其實爲值百抽六七矣。如物價漲至二百元時，仍抽五元，則爲值百抽二·五矣。是以物價跌，則外國人吃虧，價漲則中國人吃虧，該時物價跌落，故外人不得不有此一次之修改。故第一次之修改稅則，僅於外人有益也。

一九〇二年物價增高，而中國人遂有要求修改之舉，此次修改，外人本居於吃虧地位，但因拳匪之亂，中國戰敗，賠款爲四萬五千萬兩，卽以海關關稅擔保，其時外人惟恐關稅收入不敷賠款總額，故卽行允諾修改，此次修改，表面上中國雖占勝利，實則全爲外人之利益。此卽第二次之修改也。

一九一八年歐戰發生，是時吾國分有贊成宣戰與反對宣戰二派，卒以段祺瑞梁啓超之主張，對德宣戰告成，第一步乃實行絕交，而協約國原知中國無兵可出，遂借用華工，允許中國延付庚子賠款五年，並修改稅則，作爲交換條件。厥後中國在巴黎議會中，提出關稅自由案，然未得各國同情，以致失敗。此卽第三次修改之經過也。

以後美總統哈丁召集華盛頓會議，以縮減軍備爲目的，乃照會中國加入，於是中央政府派遣代表顧維鈞，施肇基，王寵惠三人列席，而南政府孫文表示反對，乃加派蔣夢麐余日章爲國民代表，表面上雖代表國民，實則代表孫文，提出關稅自由問題，於是有九國協約，是時僅承認中國關稅自由之原則，至於實行一層，尙非一時所能也。玆將九國協約之要點列後：

（一）切實值百抽五　如承認現在切實值百抽五，則以前所抽之稅卽爲不切實之值百抽五，既爲不切實之值百抽五則應補以前之不足。然逼處強鄰之下，其勢有不得不退讓之苦衷，至於補償一層，竟無人提及矣。

（二）特別關稅會議討論二·五附加稅　卽值百抽五再加以二·五，變爲百分之七·五。但二·五附加稅如何保管，何時實行，作爲何項用度，尚待召集特別關稅會議共同解決。

（三）裁釐加稅　加至一二·五。

目下欲實行關稅自由原則尚有一線之希望，如第一步固已達到目的，而第二步之特別關稅會議，原定在實行切實值百抽五後三個月內再行召集，惟因法國尚未批准，並加以金佛郎問題，故至今尚未召集。第三步裁釐加稅，其困難之點猶屬甚多：（一）釐金每年收入均受各地方政府支配，而關稅之權則屬於中央政府。（二）釐金每年全國收入總額爲三四千萬，至於關稅所加至一二·五之數，每年能否達三四千萬尚屬問題。（三）先行加稅，則外國惟恐中國不能一時裁釐；先行裁釐，則中國又恐外國不願一時加稅，互相猜忌，自然難以成爲事實。

裁釐加稅，其困難之處固多，其實並非束手無策。卽如裁釐後所加收之關稅，尚可由中央分攤各省，如廣東政府先前之關稅，由中央政府撥給數百萬，將來分配抽收一二·五之關稅，亦可用此方法分給於各省。不過今日政府失信之處甚多，全以敷衍爲事，能否守約，殊難預料。若夫釐多稅少，尚可以出產稅與銷場稅彌補。至於值百抽一二·五一層，則中英、中美、中日、中葡四國新約業已規定爲一二·五矣。

民國十年中德重訂條約，取銷庚子賠款與治外法權，收回漢口租界等等，是對德可以自由征收實行國定關稅，乃不知何故，竟許德人以暫照四國新約辦理，茲將國定關稅解釋於後：

（一）一大部分國定或有一小部分出於協定。如甲乙二國彼此交換貨物，互相特別優待。

（二）用從價稅不用從量稅。中國之稅大都從量而不從價，如貨分類爲三百幾十宗七百幾十目，其中一百餘目從價，六百餘目從量。然則何謂從價稅與從量稅？譬如外國機器進口，估價一萬元，依値百抽五計算，課稅五百元，如該貨漲至二萬元時則應抽以一千元，是謂之從價稅。再如一八五八年時漂白洋布一疋估價二兩，當抽稅一錢，稅則上註明，每疋一錢，非至修改，永以爲例。殆至一九〇二年，該貨價値漲至四兩或八兩時，則應抽收二錢或四錢，乃因稅則上既已註明每疋一錢，仍當抽收一錢。蓋抽收之時非以實價爲標準，乃以重量尺寸（疋）爲標準也。是之謂從量稅。是故從量稅之目愈多，中國之損失愈大。然則中國何故多用從量稅而去從價稅？蓋欲實行從價稅，非先估價不可，估價太低，中國受損，估價太高，外商必爭，直不如採用從量稅之易於施行也。

（三）稅則：（A）奢侈品，自百分之三十抽至百分之一百。（B）無益品，自百分之二十抽至百分之三十。（C）資用品，自百分之十抽至百分之二十。（D）必需品，自百分之五抽至百分之十。

（四）稅則隨時修改。至稅則何以分此四類，則以今日中國之關稅對於外國進口貨物，無論奢侈品，競爭品，以及需用品，必要品，皆一律値百抽五。故奢侈品如白蘭地等，理應提高稅率，阻其輸入，日本磁器能以賤價售於中國，與吾國之江西磁器相競爭，亦應抽收重稅，阻其進來。乃按今日之稅則，政府不惟不能保護，反經各地方稅局嚴課重稅，故外貨卒能抵制土貨，我國實業不振，良有以也。他如書籍棉子等類，皆爲吾人日需用品，按理本不應課稅，然而仍爲値百抽五，是皆不合於國定關稅原則，倘能依國定關稅原則分別貨物之種類，及其性質征抽，庶幾可得均平之利矣。

經濟與教育之關係

十三年八月二十三日在武昌師範大學演講

李國瑄筆記

教育問題，本與經濟無關，使研究經濟者來講演教育，是何啻班門弄斧。不過中國之教育，受經濟之影響不淺，而要以北京教育爲尤甚。教育費在中國，只國稅收入百分之二三，教育費之少，爲各國冠。然此百分之二三尚且不發，巧婦難爲無米之炊，教育何能辦好？貴省或比較稍好，因鈔票銅元甚多，尚可維持；然亂發鈔票銅元充斥，亦非好現象也。

爲什麼辦教育？以經濟眼光觀察，可以說是增加生產。所謂經濟，即是生產。生產之來源，曰資本，曰勞工。中國現在之經濟情形，爲資本缺乏，勞工太多，因之利率過高，工價低廉。故中國每百元年利約二十元，勞動者之工資每月約三四元。外國每百元年利不過五六元，而工人薪金有竟超過中國工人勞資幾十倍者。其所以相差如是之遠者，中間有經濟之關係，然此亦屬教育問題。假能普及工人教育，當然可以多得報酬，此即所謂增加生產，此即余所謂經濟與教育之關係也。

（一）資本與勞動之比較　資本少，得利大；工人多，取薪少；社會之資本有限，工人生產不增。故欲使生產增加，一面須增加資本，使利率低降，一面提高工人生產能力，使工資上升。然欲提高生產能力，非普及教育不爲功，此則貴校諸君應負之責也。

(二)各國工資之比較　工資以美國爲最高，英國次之，德法又次之，最低爲日本，而中國尤在日本之下，故中國工資爲世界最低之工資，東西洋均呼中國工資曰 subsistence wage，因美國工人之工作結果成效甚大，中國工人太多，作事又少。何以言之？例如中國之洋車夫掮夫工作終日，所得不過餬口；在美國工人可駕電車汽車，轉運則用起重機，所需不過一二人，在中國竟非數十百人不可。故中國之數十百人只可當美國之一二人，其成功之大可想而知。成功大，報酬亦大，此當然之理也。故薪金之多少，以其生產成效之大小而定。中國工人之工資低，亦有由也。

(三)中國各種工人之比較　中國以何種人所得爲最多？當以律師所得最多，銀行公司之正副經理次之，醫生與教授又次之，最低者爲工人。再以律師與成衣匠之比較，以縫衣論，恐律師未必能縫衣矣，因此則律師所得不應多於成衣匠。此卽所謂教育問題也。因外國學法律者，或須經過大學畢業十餘年可成；而成衣匠不過二三年而已。故欲提高工資，必須提高教育，方可提高生產。美國普及教育，因之人人稱富家翁矣。

再者我附帶說明一事，從前北大有外國教員，每月六七百元薪金，並須發現。中國教員每月至多二百八十元，且發不兌現之中交鈔票。有人問所以然之故，則外人必答以生活太高。所謂生活太高，可以在異地而言，同在一地而言生活太高，殊屬不通。况外國人從前來中國者，多係毫無智識之徒，只等於乞丐耳，其薪水理應在中國教員之下。及後蔡先生來長北大，留學人材歸國，將外人之無學識者，完全革去，聘請中國人，可謂痛快極矣。以上均係教育問題。

中國國家之收入，其用途有五：(一)軍費；(二)外債；(三)行政費；(四)內債；(五)教育費。軍費用於保商保民，則吾人又何必多言。豈料此大宗款項均作爲殺人之工具，人民膏血竟爲一二人之富貴而犧牲，殺人無算，其痛恨爲何如也。不正當之外債以日本爲最多，信用借款如參戰借款等是也。其他如鐵路借款，森礦借款，借來後均不知其用途。所謂參戰，何曾參戰？所謂創辦實業，而實業又何在？此外債均用於內戰，在安福時代，用於打孫中山，至今現款虛糜，毫無結果，而現在中山反而攻打北方矣。其次爲行政費，再次爲內債，最少是教育費。教育受經濟影響，余實不忍言。

現在中國講財政者必講外債，其實外債非財政全部，財政應講稅制。就所得稅論，所得稅專稅富人，不稅窮人，而拉洋車者可以不納稅矣，如是方稱平均。此稅由富人繳納，辦理地方醫院，圖書館，公園等，並開辦平民學校，提高貧人教育，增加人民生產力，如此可以漸趨於均富之途。然中國恰反乎此，出稅以貧人爲最多。中國以佃戶稅爲最大。如窮人與富人各有田一畝，均須納稅五角，富人之五角如九牛一毛，窮人之五角，則性命攸關，同是五角，而心理上事實上均大相懸殊，此爲不公平之尤者也。中國田賦不分貧富，一律徵收，稅率以地爲本位，不以人爲本位，故稅制之壞，有如是也。吾不謂徵收田賦地租可以人爲本位，但田賦之外理應實行所得稅與遺產稅，以補田賦之闕陷，若祇徵田賦，不平孰甚？

其次之大稅爲鹽稅，鹽之爲用，無分窮富，爲人人必需之品。政府科以同等之稅，可謂富人納稅少，窮人納稅多，其理由與田賦等耳。蓋吾儕不能因人之富，使之多吃鹽，多納稅，亦不能因人之貧，使之少吃鹽，少納稅耳。

再次爲關稅，如洋布棉織品等均須抽稅，但洋布富人多不穿，買主均係窮人，故關稅比較多爲窮人所納之稅。關稅現已作內外債擔保，但外債已被外人拿去，而內債均以關餘作基金，內債又完全在富人手中。故現在中國之情形爲窮人納稅，變成關餘，關餘作內債基金，而內債又在富人手中，故窮人所納之稅，竟爲富人吸收矣。如

稅——關餘——內債——富人。

由此知錢均在富人手中。若外國均係富人拿錢給窮人，獨中國爲窮人將錢給富人。此即所謂中國之財政也。

但中國富人多係軍閥，財政之紊亂，窮兵黷武有以致之也。有軍閥在，則財政無從整理。我研究湖北財政，尤爲痛心。貴省金錢，均爲彼輩拿去殺人，可謂無惡不作。諸君爲人師表，應負此責，普及教育，貧富一律，並須均富。富不均，則亂無已也。諸君將來服務社會，不應以個人享樂爲目的，亦不應爲一二人作傀儡，應以全體社會爲前提而犧牲！貴省爲他人之外府，彼輩不去，人民無噍類矣。諸君應宣傳或實行社會改造，主張均富，使社會無貧富之分，則人民不爭，國亂自已，即教育界之幸福，亦經濟界之幸福也。

中國之銀行問題

在武昌中華大學演講

李國瑄 金國珍 筆記

中國以前無銀行，此制來自歐洲。銀行之西名曰 bank，直譯爲一堆泥土。從前意大利兌換貨幣，多在一堆

泥土之上——如現在之櫃臺——以行交易，當時人民均呼爲 bank。此 bank 名之所由來也。至中國『銀行』名詞之來源，乃從前廣東有一種行商者，專門介紹中國人與外國人之交易，此種行商，係由政府派定，享有專利，資本雄厚，其他鋪店皆所不及。又當時中國已用銀，故以交易之目的言，採用銀字，以交易之雄言，採用行字。此又中國『銀行』二字之由來也。然銀行有用金者，及專發紙票而無有現銀者，豈不可曰金行，紙行。故銀行二字之名稱，殊多不通。但沿用既久，無從改稱，要之顧名思義可耳。玆將銀行之種種問題，略爲講述：

(一)存款　現在中國之銀行，不成其爲銀行，以其毫無準備金故也。存戶欲提大宗存款，非先與銀行商議不可。例如某銀行有存款五六百餘萬，其中小宗存款，共一百萬，若風潮起時，銀行僅籌一百萬元之準備金足矣。其餘之四五百萬元，銀行可不必顧慮，蓋小宗存款銀行不得不給，而大宗存款雖不令提出亦不足畏。此中國之銀行特別之現象也。其理由有四：

(A)小存戶生計較窘，不還則恐生計將無着。

(B)大存戶之大宗款項，大都由括地皮而來，不還亦無不可。

(C)貪官贓款，自錢莊勢衰，皆與銀行往來。銀行不還款，彼輩之錢來路不明，亦不敢大事聲張。

(D)卽令大宗存款須付，然銀行多請闊老爲董事，可以用彼之面子向提款者疏通。

故在此情形之下，銀行其預備小宗存款之準備金足矣，其危險實不堪設想。故余謂中國之銀行，實不成銀行。

(二)放款　上海錢莊，資本自十萬兩至三十萬兩，其勢力與銀行相差不遠。漢口錢莊資本只有二三萬兩之譜，但習慣上三萬兩之資本可作三十萬之交易。其交易之款多出自銀行之拆款。(call loan)先是上海各錢莊資本不足，乃向外國銀行拆款，及至光復時，市面發生恐慌，錢莊清償不出，倒閉者甚多。以後外國銀行卽不作此營業，近來只華商銀行拆款於商人。錢莊向銀行拆款之原因，有數種理由：

(1)方便問題　錢莊自朝至暮，均可隨時交易。銀行交易有一定時間，普通至下午四五句鐘，卽停止營業。

(2)星期問題　錢莊不分星期，皆可交易，銀行於星期日則停止辦公。

(3)擔保問題　向銀行借款須有保人及抵押品，商人以此有關體面，多不願向銀行借款，向錢莊借款，不過利率稍高，可以不用保人或抵押品。

(4)額數問題　錢莊借款數目可大可小，而銀行則只歡迎大宗借款。

因上之種種理由，故商家多不願與銀行往來，而銀行方面亦不如錢莊中人之深悉借款人之信用及品性，不敢輕易放款於商家。於是想出一種妙法，使銀行拆款於錢莊，由錢莊再放於商家。從此銀行亦多得一層保障。商家卽倒閉，銀行可向錢莊索還；不過銀行未想到商家倒閉太多，錢莊亦難免停業。況錢莊之行動，銀行一概不知，錢莊營業不規矩，銀行亦直接受其拖累。故銀行間接放款於商家，於自身不利，商家亦蒙損失。如銀行直接放款於商家，則只取利息九釐，若由錢莊放出，利息至一分三釐，經手愈多，利息愈大故也。

再漢口有所謂大比小比，小比五日一次，大比在月半月底，比期云者，相互清理債權債務之期也。比期拆息由交易處定出，例如某行拆與某莊洋例銀一千兩，以十五天爲期，須照交易處定出之比拆計息（假定五兩），在錢莊方面則出一莊票交與拆款之銀行收執，此外並無他種擔保，萬一在此十五天之內錢莊擱淺或竟倒閉，殊屬危險，惟漢口之中國銀行作此營業較爲穩健，如甲莊向中行拆款，須持乙莊所出之莊票交與中行，如此中行可得二重保障。漢口利率比津滬爲高，其原因爲漢埠本地無錢存款不豐，而用處卻甚多，求過於供，利率自高。

雖然，吾國利率無論何處，均比他國爲高，其原因至爲複雜，詳見鄙人演講集第一集之『中國重利問題』篇，茲不贅述。祇就其與投機有關係者約略言之。

今日吾國利重之癥結在乎套利，例如上海六七月洋釐小，銀行乃以銀子買洋錢，再以洋錢買進近期（七月）公債，同時賣出遠期（九月）。近期賤，遠期貴，如買進近期價八十四元，賣出遠期價八十六元，每百元可得利二元，萬元可得利二百元。九月到期交貨（即陰歷八月），收進現洋。其時洋釐必大（因新穀新棉上市）又將洋錢賣出，其中又獲利若干，公債洋釐雙重利益，計算利率在二分以上。因之銀行放款於商家，利率亦必達二分以上，否則不肯放款，專作公債買賣之業務矣。此即吾國利高之一大原因也。然公債買賣危險甚大，苟九月買主因公債跌價，不來提貨，則損失仍由銀行自負矣。

（三）鈔票　銀行存款準備之少，已如上述。而鈔票準備之少，亦爲現在銀行之通病。如上海甲，乙，丙，丁四銀行，甲銀行收到乙，丙，丁各銀行鈔票，先將各銀行之鈔票分類整理，繼而將乙，丙，丁各銀行鈔票提出，分向各該銀行兌現。如甲銀行提出乙銀行鈔票六千元，持往乙銀行兌現，乙銀行除將收進甲銀行之鈔票抵銷外，其餘則付以丙銀行與丁銀行之鈔票；若將丙銀行之鈔票向丙銀行兌現，丙又付以乙，丁銀行之鈔票；丁銀行亦如此，付以乙丙銀行之鈔票。如是輾轉流通，均係鈔票，始終未見一元之現洋，且不勝整理之煩，上海之洋商銀行亦如此辦理。鈔票充斥，準備金缺乏，一旦發生風潮，危險將不堪言狀矣。若在內地，如江西等省則被兌之行除以來兌行之鈔票相抵外，餘則不付現金，請其付帳，或請其將原票收回，代爲用出，此乃中國之鈔票情形。在美國則不然。美國法律規定，國民銀行有收受他國民銀行鈔票之義務，但既收受，不能再行使用於市面，收受後銀行將他銀行之鈔票剔出，以便互相抵軋，如有不足，則提取準備金支付之。其只准收受不准用出他銀行鈔票之理由，卽所以強迫兌現也。

(四)準備金　準備金在中國有二種:(一)洋錢，(二)銀兩。中國多數銀行之準備金，在漢口幾盡存於錢莊，在上海則大半存於錢莊與外國銀行，謂之存放同業。究之係存抑係放?按理只有錢莊存款於銀行，未有銀行存款於錢莊者。銀行放款於錢莊，只可謂之放款，但放款之利高，存款之利低，今銀行借款於錢莊本爲放款，但因利息低之故，故曰存放同業。杜撰未免近於滑稽，命意亦不通之極。

銀行之準備金既多在錢莊，故錢莊對銀行之關係極重要。例如:

甲銀行之準備金存於子錢莊，乙銀行之準備金存於丑錢莊，每月可得六釐或七釐之利息。(在漢口存洋六釐，存銀七釐)。若甲銀行付乙銀行款項時，甲開一上條與乙，令乙持往子錢莊取款，但子錢莊並不付現款，卽予以上寅錢莊上條一紙，令乙銀行向寅錢莊取款，俟乙到寅莊時，寅又予以上卯錢莊之上條一紙。如是轉輾流通，始終不見現洋，乙銀行知其無結果，亦不往取，卽以甲銀行之上條作存款，存於丑錢莊，丑錢莊與子錢莊皆到錢業公會軋帳，結果子丑二錢莊一轉帳而已。此處危險，爲現錢在錢莊之手。錢莊失敗，則銀行受其害。上海向有查倉之舉。庫中存現金多少，每期必須被查一次，漢口則無此例。此乃漢口不及上海之點。

西洋中央銀行利高，普通銀行利低。平時生意中央銀行不與之競爭，均由普通銀行承攬。遇有恐慌時，中央銀行卽出而維持，但利率較高。日本則反乎此。中央銀行利低，普通銀行利高。因日本普通銀行資本不足，平時亦須中央銀行幫助。及遇恐慌發生，則中央銀行之力量在平時已用盡，無餘資以救濟恐慌矣。此次日本之大地震，中央銀行束手無策，可以知矣。中國之銀行以低利貸款於錢莊，復由錢莊以高利轉放於商家者，其情形與日本相同。

此篇講演爲兄弟從前所未曾講過，乃最近調查漢口情形，參之以學理，以成是篇，特舉以貢獻於在座諸君之前。

兌換紙幣 在北京法政大學演講

兌換紙幣者，乃對於票面所示之金額，約定隨時兌現之信用證券也。發自政府者，是謂兌換紙幣，發自銀行者，是謂銀行兌換券。無論其爲兌換紙幣或兌換券，苟供需相當之時，其利固屬甚大，若因財政困難，或市面恐慌之時，一意肆行濫發，則其害將無底止。徵諸各國之先例，當濫發紙幣之際，必財政困難之秋，愈濫發，愈困難；愈困難，愈濫發，竟成相互之關係也。英國當十八世紀之間，物價常常增高而發生恐慌，一般學者研究之，乃知其爲銀行濫發紙幣之過也。至物價高而市面即現恐慌之理，亦易明瞭。誠以銀行發行之兌換券，超過社會需要額之後，則其兌換券之價格必下落。兌換券價格下落，物價增高。例如前以一元可購帽一頂，販賣者此時不得不多取至一元以上，以補其損失，故或至兩元不得購一帽，一般人不悉貨物漲價之眞象，方以爲帽價昂貴，必有利可圖，遂相率爲帽商，因之，票價將愈跌，或至四元不得購一帽，而各方面以爲業帽者大有利可圖，遂羣趨於帽商之途，其時票價仍繼續下跌，或至八元不得購一帽。於是業帽者日益多，票價日益跌，帽價日益昂，一旦供過於求，帽價大跌，其勢遂有不得不閉歇者矣。市面已受紙幣之影響，再加以此重大之打擊，又安得而不現恐慌乎？中國雖在農業時代，然此種情形在東三省已屢見不一見也。

夫兌換券濫發之結果，物價增高，販賣者固似乎可多得利潤，然試問當時兌換券之購買力若何，則必較前減少也。如此，則何利之有？試再以例證之，設兌換券未超過需要額之時，每疋布價銀五元，每斗米二元五角，故布商賣去一疋布之所得，即可買入二斗米。至兌換券濫發之餘，物價增高一倍，則布商賣去布一疋，固可得價十元，但此時物價之高，不僅布惟然也，百物莫不如是，故前每斗二元五角之米，此時亦必增至五元無疑，則以十元購米，仍只二斗而已，較之前日，毫無利益也。且一般人用兌換券購買貨物，商人收受兌換券，必以之存儲手中，至販買他貨時再行用去。兌換券既繼續濫發，則物價必繼續增高，恐數日之間，其情形必大變化，前可以五元購得之米，或非六元不能購得，則是非惟無利而反有損也。

英國當一八四四年以前，其兌換劵之發行，毫無限制，無論中央銀行與地方銀行，皆得自由發行，故時時演成恐慌。當時經濟學者乃競趨而研究之，於是有主張限制其發行者，又有主張任其自由發行者。茲分別述之於後：

（一）主張限制之說者（即通貨學派）

通貨學派之健將奧味司頓爵士(Lord Overstone)者，主張限制發行兌換劵最力之人也。彼以爲英國設發行兌換劵，則通貨無維持之必要。其說云：如英國流通於市面有一萬萬鎊現金，因國際貿易輸出少而輸入多，遂欠外資二千萬鎊，於是遂流出現金二千萬鎊，本國只存八千萬鎊矣。但英國之通貨驟少二千萬鎊，市面不敷分佈，通貨既少，物價必低，貨物本乎向上之原則，輸入必減少而輸出必增加，於是一變前狀，輸出多而輸入少。兩相抵償，外國欠英國二千萬，前之流出者，今復流入。於是通貨既多，物價亦平，遂復原狀矣。若英國於流出通貨之際，因市面不敷分佈，驟發二千萬紙幣以補足之，則通貨既不缺少，物價絕不能賤，而國際貿易必仍如前狀，其結果，必復欠外資二千萬鎊，於是又補發二千萬鎊以補足之；年復一年，恐一萬萬鎊通貨，不五載俱流出外國矣。至市面之流通者，不惟俱爲紙幣，或恐有甚於此者。紙幣充斥，通貨缺乏，其價必跌，五年補發之一萬萬紙幣，其實價或僅值六七千萬，於是再多發紙幣以塡補之，愈濫發愈跌價，勢非至演成不可收拾之恐慌不止。奧味司頓爵士之主張，爲通貨學派所公認，風行一時。至一八四四年四月，英之首相皮爾 (Peel) 採其說，乃下令國中凡新設立之銀行，皆不得發行兌換劵。其舊日設立而已發行兌換劵者，以下令之日始，而以其前十二禮拜所發兌換劵之平均數爲標準，不得多發。至於英蘭銀行則以 14,000,000 爲限，以貸與政府之款與公債券爲保證。但各地方銀行，如有倒閉者，其發行額三分之二，亦屬英蘭銀行享有。若於此限制之外多發，則須一一準備現金。且分英蘭銀行爲發行部及營業部，而發行部專負發行兌換券之責云。此種辦法英國沿用至今，謂之一八四四年之皮爾條例(Peel's Act of 1844。)

皮爾條例實行之後，英國之兌換券已無濫發之虞。吾人欲知其兌換券與其他營業之關係，可於其發行營業兩部之報告表中得之。今舉其兩部一九一二年十一月十七日之報告表於下：

發　　　行　　　部

鈔票	£54,901,385	國債	£.11,015,100
		證券	7,434,900
		金圓與金塊	36,451,385
	£54,901,385		£54,901,385

營　　　業　　　部

負　　債		資　　產	
資本	£14,553,000	國債	£15,270,184
公積金	3,467,422	證券	31,665,009
國庫存款	16,983,685	鈔票	26,857,345
其他存款	39,607,897	金銀	855,162
七日期匯票及其他各種匯票	35,696		
	£74,647,700		£74,647,700

吾人對於以上二報告表，其應注意之第一點，卽其兌換券（鈔票）在發行部屬負債，而在營業部則屬資產。蓋兌換券由發行部發行之後，卽負有兌換之義務，故屬之負債，此理固易明瞭。至於在營業部之屬於資產者，乃因其所以有此兌換券之故，卽其將有價證券及金幣金塊交於發行部，而發行部以同額之兌換券發行，故其結果，發行部不惟對於一般人所持之兌換券負兌換之義務，卽營業部所有之兌換券亦負有兌換之義務也。彼方旣爲義務，此方當然爲權利；旣爲權利，則當然屬於資產矣。其應注意之第二點，卽其發行部報告表中之國債11,015,100。所謂國債者，卽銀行曾以此數分期貸與英政府，英政府負有償還之義務者也。當拿破崙時英法戰爭之際，英政府經濟緊迫，乃借此款於英蘭銀行，戰爭旣終之後，英政府並未償還，且無意償還，而英蘭銀行以得政府許可發行兌換券，且予以單獨承攬國庫存款之權利，故亦不願英政府償還借款而致失此權利也。

其應注意之第三點，卽發行部報告表中兌換券『鈔票』總數爲 54,901,385，而金幣及金塊之總數僅36,451,385，其餘爲 18,450,000 之各種證券國債。夫英政府限制發行兌換券之故，而使英蘭銀行必一一準備，則何故不幷此而亦令其易以金幣或金塊乎？不知 18,450,000 之兌換券，於英市場之中當不足以敷流通，而終無來兌換之時，故僅備有價證券卽已足也。

其應注意之第四點，卽發行部發行之兌換券旣爲 54,901,385，而營業部所存之兌換又僅 26,857,345，卽可推知流通於市場及存於其他銀行之總數爲 28,044,040 也。

其應注意之第五點，卽設有人向英蘭銀行購買兌換券或兌換現金，則其結果將若何？夫英倫乃世界之自由金市也，故金之出入，毫無窒礙，設一旦金之至英倫者過多，市上無人購買，則勢必下落而生變動，故英政府令英蘭銀行凡無人購買之金無論多少皆由其購買。英之定價一盎斯（ounce）實等於三鎊十七先令十便士半，但以金塊賣於英蘭銀行，則一盎斯僅等於三鎊十七先令九便士較之定價減少一便士半，此非以其金無人購買之故而減少，乃英蘭銀行購得金塊之後，自然交之造幣廠鑄造，其鑄得通常均在七日左右，此七日之間，所有利息，當然應歸原有金之人負其損失，故先扣除耳。英蘭銀行既負有購買金塊之義務，則其購買時，其兌換券當然可以多發，且有人兌換則兌換券當然因之取回，此出入之間，不過其貸借兩方之總數時有所增減耳，彼既一一均有準備，故無危險之可言。

吾人既注意於上之五點後，則知英自採用通貨學派之主張而限制發行兌換券後，其銀行誠不能再有所濫發，然則是已至當而無人反對乎？是又不然；蓋銀行學派即持反對之論調者也。銀行學派之主張，以爲兌換券斷無多發之事；蓋銀行之發行兌換券也，非以強制之手段令一般人使用也，乃因社會之需要，然後發行；若社會無人需要，則銀行亦無從發出。夫銀行之發行兌換券，以放款爲大宗，今即以放款證之，銀行之有放款，必先有請求放款之人；人之所以請求放款者，必係社會上有可以生產之事業；由是言之，則雖謂銀行之放款，乃本乎社會之需要，實不爲過，既爲社會之需要，則何能謂之多發？且放款之取還也，何嘗非使用兌換券？則是發出之後，仍有收回之時也，又何患乎？若照通貨學派之主張，非一一有現金準備，則不能發行兌換券；試問當有人請求放款之時，銀行何來若許現金？則是無法應付。推其結果，則生產事業豈不因之停滯乎？

通貨學派不以上之理由爲然，彼謂銀行於放款之時發行兌換券，發行之後，果能如銀行學派之說，至償還之時仍交之銀行，則誠當矣！但請求放款之人，旣得兌換券後，非以之儲藏不用也，必以從事生產事業。如是，則難免不流入輸入商之手。而輸入商得此兌換券，不能持至外國購買貨物，其勢必以之向銀行兌取現金無疑。銀行既無準備，則將何以應付？旣無以應付，而安有不倒閉之理？是陷經濟界於危險之途也。

銀行學派又謂，甲銀行所發出之兌換券，雖不盡於償還放款時交回，但無論何國何地，斷不只一銀行，甲銀行之兌換券因放款而入張某之手，由張某轉用於李某，李某以之存入乙銀行。當是時也，乙銀行固將以之來甲銀行兌換，但兌換券非甲銀行單獨發行者，乙銀行亦發行，則甲銀行當然亦有乙銀行之兌換券，亦將以之向乙銀行兌換，如此，則彼此即可以兌換券易兌換券，而不必使用現金。夫銀行發行之兌換券，誠如通貨學派所云，不能全至償還時交來，但一般大商人必皆各有其往來之銀行，則兌換券自可用上之方法彼此兌換，而無須現金。即對外之支付，亦可用匯兌之方法，彼此往來。至於一般來兌換現金者，不過小商人耳，其所持有限，易於應付也。且銀行自身，亦未嘗不患倒閉，故當發行之時，必能從事謹愼，而預防也。如是，則何至濫發哉？

通貨學派與銀行學派之主張各異，彼此爭論，異常激烈。吾人試以第三者之資格而批評之，則互有長短。英國當一八一〇年左右之時，支票之制未興，當時之經濟學者，故皆注意於兌換券，以其濫發而屢致恐慌也，故皆主張限制之。自一八四四年之後，兌換券之限制旣嚴，故支票之制興。至於今日，則英國經濟界之使用支票者，已佔百分之九十七矣。支票之勢力旣如此其偉大，則其他自無大關係矣。兌換券雖被限制，而不克任意發行，但支票則非常自由，故銀行業務不以兌換劵發行之被限制而受影響也；於是，而通貨學派限制發行兌換劵之效力失矣，故銀行學派所謂兌換劵不能限制者，在實際上固已辦到矣。

由上之所述，則通貨學派之主張，豈不大錯？其實亦不盡然。且通貨學派所謂兌換時之危險，則實爲定論。吾人於歷史上及實際上觀察之，凡現金之流出，固多由於以兌換劵兌現之所致也。

由此觀之，則兩派之學說，實各有所長，吾人固當折衷其說，以謀經濟界之福利。方今歐美等國，對於兌換劵雖不限制，但亦加以取締，是卽折衷之辦法也。

折衷之辦法，一面既不限制，以盡其能，一面加以取締，以防其濫，故甚善也。夫兌換劵既不限制，則何不幷取締而亦免之乎？殊不知兌換劵之使用也，在一般人民，乃被動的而非自動的。銀行發行之後，一般人以市面既以是代貨幣，故不能不使用。若銀行以不能兌換而倒閉，或兌換劵價格跌落，則人民將受其害，故政府爲保護人民之權利計，不能不加以取締，以預防之也。至於支票之使用，乃由存款上發生，存款係人民之自動，各本其選擇之結果，而自願存於某銀行，故無取締之必要，學者不能以是而遂謂兌換劵亦無取締之必要也。

支票之發生，由於存款，存款之存入銀行，大半由於貼現。夫貼現者，商務上使用票據之必要方法也。設票據之使用，在貼現時稍有限制，則商務必以是而停頓，此爲必然之結果，而吾人斷不能不承認者也。吾人既承認貼現之不可限制，然苟主張對於銀行之存款應有範圍，則銀行之存款不自由，是不啻間接限制貼現也。由此推之，吾人苟欲限制支票，則其影響必及於存款，而使之使用不便，不能充分發達，是不啻間接限制存款也。由是言之，使吾人而限制支票，則是間接限制商務之發達，有此理乎？

英國以採用通貨學派之主張，對於兌換券限制綦嚴，然終能以商務稱雄於世者，實未限制支票之結果；此實英國之長，而吾人所應注意者也。

吾人欲知英國支票，不可不研究其單獨準備制，以其有密切之關係也。所謂單獨準備制（single reserve system）者，簡言之，即英國全國之準備金全在英蘭銀行也。英國各銀行之存款，其準備額未經國法規定，大抵在四分之一以上，始能不致發生危險。但各銀行之準備，以一部份存於本行，以一部份存於英蘭銀行。英蘭銀行之信用既著，則不患其不能隨時提款，故無不樂爲之。其結果存戶存款之準備理應在各銀行，但各銀行以一部份存款之準備存在英蘭銀行，直不啻全國存款之準備在英蘭銀行也，故謂之單獨準備制。在此單獨準備制之下，各銀行可以隨時存款於英蘭銀行，作爲現金準備之一部份；但所存之款，未必盡屬於現金，可以將貼現票據呈示英蘭銀行，請求再貼現。由再貼現所得之款，即作爲存款。此即各銀行樂於存款於中央銀行之理由也。

英政府收稅之時，其多額之稅金，商人皆以支票支付，政府則概以之存入英蘭銀行，英蘭銀行則由各銀行之存款項下扣撥。當此之時，各銀行之準備因英蘭銀行扣其存款而減少，且英國時有恐慌發現，金融緊急，人心惶惶，各銀行爲自衛計，不可不採下列之三法：

（一）以其所有之票據至英蘭銀行重行貼現，而補其存款。

（二）暫時停止貼現放款。

(二)收回放款，以增加其準備。請求放款之某甲得款之後，即存入本銀行，作爲往來存款，此爲事實上必然之結果。至某甲營業之後，所有收入，自一一以之存於本銀行。及償還之期，但須書一支票予該銀行，該銀行即可由其存款項下扣除，此亦支票使用便利之結果也。

上之三法，其二則於銀行之利益不能不受損失，其三則非即時所能辦到，故當此之時，以採用第一法爲妥善。

各銀行採用第一法之結果，英蘭銀行之存款因之增加。且當此等情形發生之時，各銀行又因金融緊迫之故，不能不暫時提高利率，收縮放款，則票據經紀等將無活動之法，其勢不能不轉借於英蘭銀行。英蘭銀行之利息誠比各銀行較高，但各經紀無他處可借，亦不能不向英蘭銀行借款也。因有此二種原因，英蘭銀行之存款自較前大盛。然英蘭銀行營業部之鈔票現金兩項足以準備，故亦不發生危險。惟吾人於此有須注意者，其鈔票雖可以作爲現金，但其中亦有一部係以有價證券準備，而不能皆認爲現金也。

當此之時，英蘭銀行一面既提高利率，一面又復賣出證券，以吸收現金，則市面上之金價必高，而外金因而流入，市面之恐慌，可以漸平矣。

吾人研究至此，可知英之支票，毫無限制，則通貨學派限制兌換券之主張，其結果不過移其勢力於支票耳，豈有他效哉？

通貨派之主張，事實上既無效矣，反觀銀行派之主張如何，則爲預防發現恐慌之故，又不可不稍事愼重也，故取締之法尚焉。

取締之法分為下列數種：

(一)全部準備法　全部準備法者，即係發若干鈔票，即須準備若干現金。此何嘗有鈔票之作用，直代表現金耳。但其利(1)輕便易於攜帶；(2)無磨損蝕耗之弊。其利不過如此，而其弊則：(1)毫無伸縮力，失貨幣之本能；(2)準備現金全數，易為政府挪用。此例不遑枚舉，荷蘭昔曾經發現此種情形。一八七一年普法戰爭，法國亦然。一八一〇年英蘭銀行之準備金為政府取用，因之停兌。回憶吾國洪憲時代，取中交兩行之準備金以供戰爭之用，因之中交兩行不能兌現，遺毒頗久，良可慨也。因是此法現無倣行者。

(二)最低準備法　最低準備法者，即係發行鈔票時，其準備金至少須有百分之三十。例如發行一千萬鈔票，即須有三百萬現金為之準備。如銀行為穩固信用起見，多備現金，亦無不可。例如發行一千萬鈔票，竟有五百萬現金為之準備是也。但即以五百萬現金為準備，雖較之百分之三十之準備尤多，然若兌去二百萬，則只存現金三百萬；如再兌去二百萬，只存現金一百萬；其在外流通之鈔票，則尚有六百萬。如是，則準備金只剩百分之十六強，銀行豈不違法？若來兌者日增，又將何以應之，則不倒閉何待？故今日各國，大都不採用此法焉。

(三)比例準備法　比例準備法與最低準備法彷彿。例如發行一千萬鈔票，比例為百分之四十，即須有四百萬現金為之準備；如發二千萬，即須有八百萬現金為之準備。其流弊亦如最低法。

(四)公債準備法　公債準備法，其來源甚長。當一八六一年及一八六四年間美國南北戰爭之際，政府財政異常困難，遂發行綠背紙幣。綠背紙幣信用極其薄弱，故實價極低，美政府處戰爭之際，需款浩繁，縱多發亦無補於事，遂一變從前濫發紙幣之方針，而從事整頓發行公債。但發公債一事，勢必使人民樂於購買，始能收效。試想美國當上下交困之時，焉有人肯以現金購買公債？況當綠背紙幣充斥市面之時，現金亦必缺少，人民雖欲從事購買，恐力亦不及也。而美國竟能出奇制勝，挽狂瀾於既倒。但只可謂救一時之方策，若以爲發行銀行券不易之方，則大不然。容述之於下：

(A)獎勵人民購買公債　公債之爲物，在國家有信用之時，其價値必日長增高；若在國家濫發紙幣之時，則恐無人過問；若一面濫發紙幣，一面發行公債，則勢必至於兩者俱行跌價無疑。今欲使公債不跌價，則惟有獎勵人民購買之一法。其獎勵之法，卽設立國民銀行制，凡所有國民銀行，須在中央政府註册。當註册時，在政府方面給以特別權利，許其發行鈔票；在銀行方面無論發行鈔票與否，均須購買公債。其規定購買公債之標準，卽資本金在十五萬之下，須以四分之一以上購買公債；如資本在十五萬以上，須買三分之一之公債。政府強迫銀行購買公債，除發行鈔票外，別無私毫利益。但可以所購之公債交於司泉官，爲銀行發行鈔票之擔保品。初購十成公債，僅能發行九成鈔票；後購十成公債，亦可發行十成鈔票。美之所以設此策者，因欲增高公債之價値，鞏固公債之信用，以期得良好之結果，而從事戰爭。夫各國銀行制度之成立，大半發生於專制時代，且於戰爭上有莫大之關係。試列舉之於下：法國銀行發生於一八〇〇年拿破崙英法戰爭時，德國銀行發生於一八七五年普法戰爭之後，日本銀行發生於一八九七年中日戰爭之後，美國國民銀行制度發生於南北戰爭時。

(B)劃一鈔票　美國各省均有銀行，所發鈔票甚多，信用不著，當然倒閉。蓋其組織毫無統系，貨幣之數目不同，形式不一，價值則各有高低也。若國民銀行則不然，鈔票均係一律，政府設一司泉官，以司其事。銀行向司泉官處購公債註册，司泉官給以憑照及國民銀行鈔票，其註册年限，以二十年爲限，期滿之後，須復往註册。

(C)兌換方法　各銀行於購買公債之外，尙須繳百分之五之兌換金 (redemption fund) 存之於司泉官處。設甲乙丙之銀行，各以其資本百分之五存之於司泉官處，有張某以甲銀行之紙幣存於丙銀行，作爲存款，又有李某向丙銀行貼現，須用現款，適値丙銀行既無現款，又缺乏本行之鈔票，若以甲銀行之鈔票與之，則於本行又毫無利益可圖，故只有兌換現金之一途。其方法有二：(1)向甲銀行兌現，即將所存甲銀行之鈔票持往甲銀行兌換現金；(2)向司泉官處兌現。當司泉官處發給各銀行鈔票之先，已將各銀行之記號印於票上，故票到司泉官處，再對底帳，即知爲某銀行所發出之鈔票。設知爲甲銀行所發出，即一面由百分之五之兌換金內提款若干，以應丙銀行之兌現；一面再通知甲銀行，須速補足已兌去之數。若兌換之鈔票尙不破壞，即仍舊發交甲銀行使用；如破壞不能應用，則火而焚之，另給甲銀行以新者。但在司泉官處兌現，其最少額須在千元以上。兌現手續費，每十萬元應繳司泉官處六十三元。如是所有兌換費用，均歸甲銀行擔負。至於紙幣之印刷費，則由政府負其責。

(D)救濟方法　國民銀行共有七千餘處，設有倒閉者，司泉官處負兌現之責，即以各銀行百分之五之兌換金應兌現之需，再變買已倒銀行擔保發行鈔票之公債補還之。若變賣公債之款，不足補還，則有最後之二方法以救濟之：(1)該行股東須負雙層責任。在平常各有限公司，無論資本多少，於該公司既倒之後，股東即無須再負賠償之責。今國民銀行股東則不然，設銀行於既倒之後，某甲有該銀行百元一股之股票十股者，此時銀行雖倒，當須再出一千元，即所謂股東負雙層責任是也。(2)將該銀行之不動產及有價證券概行變賣，而順次償還於債權者，而鈔票則有優先索抵權(first lien)焉。或曰，銀行鈔票，往往有人僞造，設某銀行僅發出五萬元，但既倒之後，來司泉官處兌現者，竟有六萬元，試問此一萬元之紙幣予以兌現乎，抑不予以兌現乎？由某銀行負其責乎，抑由司泉官負其責乎？曰，此事在所難免，設眞票先發現，而僞票後發現，尙有可以查考之處；但恐僞者先發現，或互相參雜，則惟有由售公債之贏餘，或鈔票已發出因水火而失去竟無人來兌現者之餘款內撥款以補其損失焉。上之所述，祇限於有利的方面，若言其有害的方面，則有下列種種：

(甲)無伸縮力　銀行購買公債，所謂三分之一及四分之一之標準，係指最低額而言。若銀行願多購公債，政府亦甚歡迎，但銀行欲多發鈔票，亦勢非多購公債不可；然而銀行有不得已之苦衷存焉。蓋美洲當九，十月之間，正農夫收穫之際，需款浩繁，而農人不慣用支票，勢非用鈔票不可。已流通市面之鈔票，屆九，十月之交，絕不能敷分配，應由銀行多發鈔票以供給之。然銀行發行鈔票，又非經過購買公債之手續不能有效。當此時也，各銀行若購公債而發行鈔票，則公債因之漲高，而銀行且將因發行而受損失，故只有以現金往應之。然紐約省各銀行，若有現金百萬作準備，可以應四百萬之放款。試問有四百萬之放款在市面流通，其活動力較之百萬如何？由其反面言之，以四百萬流通市面之放款，而縮小爲百萬，則其影響於市面又如何？故銀行爭買公債之時，即紐約現金缺乏之際表面上僅只少百萬現金其實際上已少四百萬，其影響於商務及促起市面之恐慌，更不待言。設市面只流通六萬元鈔票今又須六萬元鈔票，於是各銀行爭購公債，而公債票面額陡漲，昔萬元可購公債票萬元，今非一萬六百元不能得萬元之公債而銀行以萬元公債爲準備，又僅能發萬元之鈔票，是銀行於無形之中，損失六百元，若就利息而言，更不止此也。如：

$10600 \times .05 = 530$　現金可得之息

$10000 \times .5 = 500$　公債可得之息

以兩者相較，於是利息上又少三十元矣；試問如此情形，銀行豈情願多購公債而發行鈔票乎？故當社會正需用鈔票之際銀行反以少發鈔票爲利；若社會不需鈔票之時，銀行反以多發鈔票爲利。蓋社會上不須鈔票，自無人多購公債，而公債價格跌落，以九十五元可購公債百元，以百元之公債向司泉官領得百元之鈔票，如此，銀行豈有不願多發之理乎？但設此策者，其最初之最大目的，只在售賣公債，劃一紙幣；今其目的雖可謂完全達到，但於貨幣之本能已失，毫無伸縮力，不徒於社會無益，反於社會有損也，故美業已改良之矣。

（乙）以紙易紙　各銀行所繳百分之五之兌換金非盡現金也，其中有國庫證券及政府所發行之各種紙幣，不過均爲法貨耳（綠背紙幣亦係法貨）。故司泉官於兌換之際，必將各種紙幣先行兌出。若政府在有信用之時，則各種證券尚不至跌價；設若政府信用不著，各種證券大行跌價，試問於兌換者有何利益？恐不但無益，反有損也。如是，人民遂不向司泉官處兌現，而向銀行兌現，銀行又豈能儲若許之現貨以應兌現者之需？於是只有售賣公債票急切求售，只有賤賣之一法。銀行以貴價購來之公債票，今忽以賤價售出之，試問銀行身受之損失當如何？

（丙）失銀行之責任　設銀行之資本爲十八萬元，則按國民銀行條例須以六萬元購買公債。購買公債，非銀行之責任也。其責任爲貼現放款。若以六萬元爲營業，則可得三十萬元之放款，今以之購買公債，僅能發六萬鈔票耳。

（丁）將使公債永遠存在　公債之爲物，乃係國民借款，自應以取銷爲是，而美則不然，彼以公債爲國民銀行之擔保品，設取銷公債，不啻取銷銀行擔保品矣。美之預算，年年有餘，應以其餘款積存，作爲收回公債之用，但恐有妨害銀行發行鈔票之根本計畫，故不能如願耳。夫預算之事，有所不足固不佳；蓋有所不足，須仰求外資，以資挹注也。然預算有餘亦非善，蓋易啓政府之奢侈也。

（戊）欲求減少鈔票而不得　社會上需用鈔票之際，欲求其多，其爲難情形，前已詳言之，但欲其少可乎？曰，不能也。蓋美國法定每年只許收回三百萬公債，因收回後，公債卽行消滅，故取銷鈔票無異取銷公債；若遽行收回鈔票，更恐影響及於公債之價格也。故美之公債準備法弊多而利少，對於發行欲多不能，欲少不可，乃世界最壞之制度也。現在有所謂中央準備制者，卽以補國民銀行制度之缺點也。

以上所言，係美國發行制度之利害得失，今請更論其存款制度：

美國發行鈔票之方法，其不良已如上所述，殊不知其存款方法，更爲世所詬病；蓋美之公款，初本存於銀行，其後銀行倒閉，國家公款亦受莫大之損失，遂設分庫制，且於他較大省分，均設立分庫焉。美在昔日亦有中央銀行，因美人反對集權太甚，終不能久存。若改存於普通銀行，又恐倒閉，不得已只得設立分庫，專爲存儲公款之用。夫現金本應在市面流通，盡其媒介之能力，若私而藏之，則又何貴乎其爲金也？夫美之分庫名爲存儲，其實與窖藏何異？且因存儲之故，市面現金缺少，促起恐慌，在所難免。例如銀行有百萬現金之準備，可以應四百萬之放款，如藏儲百萬於分庫，市面上即少四百萬也。

美國國家捐稅所收現金，均儲存於分庫，英國則不然。彼之徵收現金，均存於英蘭銀行營業部。例如多存一百萬於英蘭銀行，而英蘭銀行即可以此百萬作爲準備金，以應四百萬之放款。如有甲乙丙丁四銀行，各向英蘭銀行貼現一百萬，計共四百萬，即以此百萬作爲準備金，而應其請求，四銀行又各以其所得之一百萬爲準備，而應商人請求之放款；遂一變而爲一千六百萬矣。故存款於英蘭銀行，係活的，可以周轉市面，應社會之需要；如存款於分庫，係死的，不能周轉市面，無以應社會之需。而美政府亦深感其病，故有臨時救濟方法焉（凡此皆在中央準備制度施行以前）：

（A）囑各銀行多購公債，可以多發鈔票。多購公債，固可以多發鈔票，但互相爭買公債，則公債價格自高，殊無利可圖，絕少過問，故此非根本解決之辦法也。

（B）預發公債利息。如公債息期爲二月一日及八月一日兩次，在八月一日前可以預先付公債息，俾存於分庫之現金，可以流出於外間也。

(C)收買公債用分庫之金，收買其他公債，使現金流出於市面，此項公債，非國民銀行公債。國民銀行公債乃存於司泉官處，無從得而購買之也。

(D)將內地稅存於銀行。美國稅收分三種：(1)政府稅，如關稅，內地稅；(2)省稅，如公司稅，銀行稅，遺產稅；(3)地方稅，如土地稅。以上各稅中，其內地稅可以存入於各銀行，但須有雙層擔保品。蓋銀行對一切存款，本已有準備，今政府以內地稅存入銀行，除其應有之準備外，尙須有同數之政府公債擔保之，故謂雙層擔保也。

(E)政府存款準備金可以移作他用。蓋政府存款業已有公債擔保，且一時不提取，空儲殊屬無補於事，不如使銀行以應放款，流通市面爲有益也。

(F)政府存款擔保品，本以中央公債券充之，茲特變通辦理，將各省與地方公債券送交司泉官，以代中央公債券，即以代出之中央公債券爲擔保，多發鈔票。

(G)購買現金者，最後之方法也。然向外國購買現金，斷非一時所能辦到，只得先向金庫借用，俟所購之金到時，再行撥還。

以上所述，均非根本解決之辦法，故美乃取銷分庫制，將全國分爲十二區，由政府監督之，其詳容後再述之。在各國國庫，均由銀行代理，即所謂代理金庫。美之國庫，只與吾國昔日之藩庫相似。美自知制度不善，一九一三年遂着手改良，實行中央準備制。美與加拿大不過一橋之隔，但橋南之制度則極壞；橋北之制度則極佳，故促起美人有不能不改良之勢。未改良以前，尙有各種救濟方法，容補述之：

（甲）郵政儲金　當恐慌發生時人民爭向各銀行提取存款，私相藏蓄，於是金變爲死物，不能流通於市面，其恐慌更甚自不待言；其勢必波及商務，非擾亂全國之秩序不可。政府亦深憂慮之，設立郵政儲金，訂定利息，人民雖不信銀行，但郵局係國家設立者，且無放款等事，當不至倒閉，故由銀行提出之款，遂均存諸郵局矣。試問郵局存若許之現金，既不從事放款，有何用處？故仍由政府提出，存於各銀行，以救濟市面。當各銀行發生恐慌時，往往賴郵政儲金以救其急，故視郵局爲良友。如承平之時，則深妬忌郵局，因其奪彼等商業也。

（乙）存款擔保　所有銀行（一萬五千銀行）設一大公會，由歷史方面研究歷來銀行之倒閉，不過百分之三，故建議由各銀行提出百分之三爲公共金，萬一有一銀行倒閉，卽由公共金款項內撥款救濟之。此事在學理方面觀察之，似甚妥協；但有兩弊端：（1）小銀行任性放款，縱銀行一旦倒閉，於彼無甚關係；（2）無相當之監督團體。全國銀行有若是之多，地方若是之大，焉能得一團體，呼吸相通，能監督之糾察之，而使其不得任意妄爲。俄克拉何馬（Oklahoma）現已試行此法，由各方聯環擔保，其實幷非存款，乃擔保其準備金，而令存戶無心提取也。

（丙）合力防備　經紀人在恐慌時代，無從借款，只有賤賣股票，於是引起市面之恐慌，故各銀行合力防備之，一銀行有急，其他銀行，協力補助。其協力補助方法，例如甲銀行欠乙銀行十萬元，乙銀行欠甲銀行八萬元，甲乙兩銀行在淸算所互相劃帳時，其結果必係甲銀行淨欠乙銀行兩萬元，按章應由甲銀行卽時付現款淸帳；設遇甲銀行恐慌之際，甲銀行欠乙銀行之兩萬元可以不必卽時付現，卽甲銀行出一欠款若干之證書，由淸算所擔保，俟恐慌過後，再行撥還。如是，甲銀行之恐慌，遂不致波及全局也。

（五）資產準備法　發行鈔票收效最大，莫過於加拿大。加地有二十九大銀行，六百九十分銀行。按法律規定，設一銀行至少須有資本五十萬。至於發行鈔票，且由政府嚴加取締。因此，只有通商大埠及各較大省分有大銀行，若小地方，則無人設立銀行。蓋設立銀行一事，發達與否，事前固不可知，至於小省分商務簡少，絕無設立大銀行之必要，故無人情願以若許之資本冒此危險也。加地大銀行，昔有三十四，今合併為二十九矣。但大銀行既不克多設，而其他地方只有由大銀行設立分行焉。加地各銀行，固有銀行公會負監督之責，且須受政府之監督。至於各分行，則又須受總行之監督，故其危險甚少。其發行紙幣，有下列數條件：

（A）銀行鈔票至少由五元起碼，五元以下之通貨由政府發行（此款與美同）。

（B）發行額以銀行之資本為限，不得超過資本。

（C）以銀行所有之資產為擔保品。

（D）股東須負雙層責任（此款與美同）。

（E）銀行券有優先索抵權（此款與美同）。

（F）百分之五之擔保金（此款與美同）。

（G）銀行停兌以後，兌換券須付六釐利息。

（G）項甚為緊要，蓋兌換券予以利息，則人人將收買而藏之（其情形與公債相同）。人各爭買兌換券以作投資之事業，於是兌換劵流通於市面者自少，絕無跌價之虞也。但何以只付六釐利息，而不付七釐耶？此層規定，須觀其國利率之大小方能定之，若以吾國衡之，則利率當然在一分左右也。停兌之兌換劵，給予利息，其作用固甚善也。不停兌之兌換劵，則不能付予利息，茲附帶說明之：貨幣之為物，貴在流通，故謂之通貨；若珍而藏之，是一變其貨幣之本質，而為尋常之物品矣。物品受貨幣之尺度而後有價格，貨幣則不能有價格也，有之；除非係停兌之兌換劵，如昔日之京鈔是也。然而不得謂之曰貨幣，直可稱之為商品也。兌換劵有利息，則形同公債，亦商品矣。其弊端有(1)人民儲藏之而失其流通之效力。(2)兌換劵付以利子，則來兌現者當然連同利息計算取去，若銀行復發出之，則其利息之計算，必載明自今日起無疑。夫兌換劵固有流通於市場而不兌現者，然亦斷無不來兌現之事實；有之，則來兌一次，將計算一次之利息；發出一次，將登載一次之日期，手續之煩，不可言喻。(3)市場上不能無貸借租賃之關係，既有貸借租賃，則不能不有利子，普通利子，隨金融之緩急以為高下，此一定不易之理。今付兌換劵以利子，將不設一定之利率，則勢有所不能，故必須明白規定其利率焉。今假定付以六釐，則當普通利子為五釐時，是百元之兌換劵，將與百二十元之貨物等其利子，兌換劵因之增高其價值矣。設一旦普通利子高至七釐，則百元之兌換劵，僅與八十六元之貨物等其利子，前者固可以增高兌換劵之價值，而後者豈不因之減少乎？如是兌換劵高低不常，失其本性矣。此等資本化 (capitalization) 為經濟界必有之事實，安能有以易之乎？

加拿大銀行之發行鈔票也，有以上之種種條件，其結果自然良好；但其所以有今日之現象者尚有其他原因焉。其他原因惟何，卽多設兌換所是也。各銀行有一定地點爲兌換所，各錢行均可互往兌換，且甲銀行之鈔票，可往乙銀行兌現，丙銀行之鈔票可往丁銀行兌現焉。蓋多設兌換所，固便於小資本家之營業，且於鈔票之信用亦大有關係也。加拿大自一八九一年後，鈔票卽未跌價，雖不盡收功於多設立兌換所，然亦不能謂其全無關係也。

加拿大之鈔票，因其發行係採用資產準備法，故其結果，亦大優於美國；而其中尤以富於伸縮力爲最，茲述之於下：

加拿大之西北諸省，農產之區也。農忙當九，十，十一諸月，去冬令甚近，其東有大湖，爲運輸必經之道，而冬令則有冰凍之虞，故當農忙之時，非急速從事於運輸不可。以是其地之需要兌換券增加，然銀行固能應之發行也。例如甲商借款十萬於總行，總行卽通知其西北諸省中心地之分行，由彼發行兌換券，而分存於其小分行；無小分行之地，遂存於殷實鋪戶。甲商在各地收買農產物之後卽付農人以憑條，使之向各小分行或鋪戶支取此等農人惟使用現金與兌換券耳。若銀行於此，不能應其需要，而發行兌換券，則非使用現金不可，豈非經濟界之大不利乎？

夫商人之購買米穀也，一面以穀存於堆棧，一面由銀行代爲付款。銀行旣確知其有是米穀也，故可以代付而發行兌換券，此等兌換券不啻卽以米穀爲擔保品。

甲商運至湖濱，設此時轉賣於乙商，則由甲書一匯票令乙承認，而幷其提單，同持往該地銀行貼現，則甲商之米穀既已賣去，又得貼現之款，以之償前之借款，則雙方面即均清帳。

米穀既至湖東，乙商亦可以前之手續，轉賣於丙，由丙運至海口；復以同樣手續，轉賣於英商丁，以此等米穀，多運至英國也。其結果，付款者實爲英蘭丁某銀行與甲乙丙皆可從中取利也。

加地之米已運至英倫，而英之金仍在英國，縱加地銀行可囑彼在英國之分行代爲收存，但農忙時期已過，本國之鈔票須縮小其範圍，以人民必踵求兌現也。試問將用何法使英金匯往加地？則只有將英之所欠分兩部分，以一部分匯至紐約，蓋加欠美帳，可以此款抵銷也；其他一部分運往本地。

加地銀行制度之善，不僅其發行鈔票一事；美之劣，亦不止發行鈔票一事也。如美銀行各自爲政，勢必互相傾軋，存款制度之不良，金庫制度之惡劣，如欲改良，不僅改良一事而後已也，必須事事改良。而加地銀行則無一不善，如分行制度，較之設立總行，尤事半功倍。今試與美比較，而述其優劣如下：

(A)資本　美國之法，設一銀行，資本至少須在二萬五千元以上；而加地則不然，設立一銀行，雖須五十萬之資本，但設分行，即無須添設資本，不過雇用數人，分行即可成立。

(B)人才　設立一銀行，苟無相當人才，則其弊不堪設想；然加地則不然，設立分行，可由總行借調人員，以資熟手。

(C)管理上之便利　美國各銀行各自爲政，除自身管理之外，則無人過問，往往弊端發現，救濟已屬不及；若加地則不然，分行須受總行之監督，分行遇有不良之處，總行隨時可以令其改良，且各分銀行互相爭美，力圖營業之發達，善者各相倣效，惡者互相戒勉，較之美之獨立支持又何如？

（D）利率一律　利率一事，關係全國商務極大，故加地全國一致，均係四釐左右起息；而美則不然。蓋美地大物博，周轉不易，東方或四五釐起息，而西方竟有二分五六釐之利息；如此，則兩方商業，殊少進行之時機也。

（E）美國銀行制在恐慌時之弱點　美國銀行無分行之制度，故各各成立。美國有七千餘國民銀行，將全國城鎮分為三等，其有中央準備市銀行者凡三，其準備為百分之二十五；有準備市銀行者四十九，其準備亦為百分之二十五，不過可以其準備二分之一存入中央準備市銀行；其餘均為地方銀行，其準備之五分三可以存入準備市銀行。夫準備市銀行與地方銀行所以存其準備之一部於其他銀行者，其利有二：（1）可以得二釐之利資；（2）因存款於大埠銀行，則可以辦理匯兌。此等制度，雖有上述之利益，然其準備既集中紐約等銀行，則恐慌一起，無不至此等銀行取款，此等銀行雖大，亦不能不因之將所有即貸放款索回。金融既如此恐慌，則各銀行皆不能不停止放款，經紀商人將無處借款以償還銀行，故不能不將其證券跌價賣去，即一般商人亦因是而不能不受同樣之損失，而恐慌增矣。較之加拿大之能互相維持者，其利弊為何如？

（F）節省經費　各行均係一律，故可節省。

（G）調劑金融　甲分行錢多，可以匯至他分行；如他分行之錢多，可以匯至甲銀行代為放出。

（H）美國人反對設立分行理由之不充分　美人反對設分行，謂設立分行於某地，必招其他獨立銀行之忌而受排斥，故不若彼此互為代理。蓋有數利：（1）不受排斥，（2）利用其經驗，（3）失敗後之損失小。加人反對之曰：分行如受排斥，總行亦須受排斥，如總行公積金多，正可冒險設立分行，即不幸受失敗，其損失亦有限也。

（Ⅰ）分行制對外之利益　分行設立於外國尤有利益。設無分行，則彼此間之來往匯兌，必將由倫敦英蘭銀行匯轉，而受兩層比價之危險。

吾國公債票之買賣（在北京清華學校演講）

中國何以無眞正的金融界（real money market）？　欲知金融界之情形，當悉證券之需供情形，所謂證券者即指『股票』（shares）與『債票』（bonds）而言。在外國，公司甚多，故股票種類亦多，而債票亦有公司債與公債兩種，公債之中又有地方政府公債，省政府公債，與中央政府公債等等，故證券買賣之範圍大，事業繁。我國則不然，各公司規模都小，組織欠當，故可靠之股票甚少，非特股票種類甚少，即公司債券亦絕無僅有。是故講中國有價證券之情形，必須知公債之情形（國庫券包括在內）。而我國之所謂公債者，在市面上亦惟有中央政府所發行之公債票，其中最活潑者，厥惟金融公債與整理六釐公債兩種。蓋上等公債如三年公債與十一年公債兩種，因基金穩固，市價頗高，多爲外人所收買，或貯藏而不忍賣，下等者如九六公債，則市價太低，危險太大，幾無人過問。斯二者在市場上皆不活潑，故最多最活潑者，惟有金融公債與整六公債而已。蓋金融與整六既不如三年十一年之穩固，又不如九六之危險，宜其買賣較多也，此其一。

在英國一般人對於金融市場所注意之焦點爲英蘭銀行之利率（bank rate），此利率爲全國金融界之指南針，市場上之一般利率（market rate）皆隨之而上下。我國尙無眞正之中央銀行，卽有之，或不能操縱全國之金融（日本銀行尙無此能力）故無所謂銀行利率。於一般銀行事業之中，貼現一項，微乎其微，幾等於零。而事業之大部分則爲公債票買賣，故一般所注意者惟有公債，此其二。

再者內地土紳跋扈，強盜橫行，富者不能安居，更不能企業，在南方者輒挾其資避居上海，上海之現款增加，無相當之用途，於是如前年之情形，交易所信託等事業風起雲湧，結果一一失敗，有錢者更不敢輕於投資，自己復無企業之能力，其錢如何措置乎？可靠之股票無幾樣可買，於是惟有與公債相週旋，不惟如是，目今有許多教育與慈善機關如南開學校等，卽以公債爲基金，慈善事業及銀行亦然，外此則一般有職務之人員及孤兒寡婦持有公債者亦頗多，此其三。

有斯三者，故公債買賣與社會之關係至密切，吾人不得不先行研究，請分段討論之。

（甲）買賣種類　公債買賣有『現貨與期貨』兩種。所謂現貨者，必當日交割（settlement），錢貨兩清，但北京向例，凡前場成交者，必須於後場以錢貨對交，其在後場成交者，則須在翌日之前場對交，推厥原因，則經紀人對於素少往來，或信用不孚之顧客，或委託人所出之支票稍存懷疑之時，自當將支票向銀行照驗，但該時銀行營業時間已過，不能爲之照驗，不得不待之翌日也。『期貨』有一月期兩月期等，卽今日訂約一月後或兩月後交割者是。據理而論，『期貨』乃交易中之應有者，所以調劑需要與供給也。如買棉花，棉花現存市上之量有一定數，卽其供給有限，而購者則甚多，或應目前之用，或備日後之用，如是則供給有定數，而需求無限。以無限之需求，向有限之供給商量，則賣主必居奇而價飛漲，漲至若干則不可知。苟可買期貨，則將來之供給量若干，賣主必不能知。蓋棉花可以由印度美國運入，亦可以由西北各省運來也。故有現貨者無法居奇，因之市價得平。但此惟無限之產物如棉花者為然耳。至於公債票則其數有限，一望而知，如七年長期公債只有四千八百萬，盡人皆知，決不能加多，又何以能使期貨辦法顯其功用乎？故就此方面而論，公債之有期貨，似乎悖理。

然就另一方面而言，自有其存在之理由。譬之某甲有定期收入，預知下月有一萬元的款定可收入。但心中即須籌劃如何處置此款，放給人不穩，存諸銀行利息薄，惟有買債票為是。而下月款收入時，債票之行市如何，則不可必。於是就目前之行市，趁其價格之適宜，預先買下，以免下月價漲時再買之損失。此就買者而言。在某乙於下月需用現款，現款無其他來路，惟有賣却債票，目前既不需用，下月去賣又恐價跌，於是亦就目前適宜之價，預為賣出。則是買者賣者雙方皆有『期貨』交易之需要矣。至於雙方各不相識，何處相逢，於是經紀人之介紹，使買賣雙方相遇而成交易也。

(乙)投資與投機　債票買賣有極熱鬧者，有不然者。如十一年公債期限五年，以庚子賠款之俄國部份為基金。俄國現既分裂，賠款自可不付，故得為該項基金，因之信用鞏固。三年公債本以常關稅收為擔保，現以德奧賠款為基金，故信用亦鞏固。因之該兩種公債價格常在九九九六左右。持之者多不忍割棄，而買之者又多為外人，故市場上竟少見此項公債之交易。故三年十一年公債之買賣，係屬投資性質，並非投機。其與三年十一年相類似，而不如三年十一年穩定者，則有七年長期與五年兩種，至於九六公債，本利都無的款支付，致價格在二六

（百元票只賣二十六元）左右。近來因新財長上台，時造種種空氣，謂九六有付息之望，故一般投機家異常活動，竟飛漲至二八以上。如有買賣，完全係投機性質但九六公債分兩部，一部在日本人手中，此部每月由鹽餘撥款七十萬，爲付息之用，按月由正金銀行扣留，其債票總額爲三千九百六十萬零八千七百元。因妥實可靠，故價格尚好，約在八九折之間。惟吾國交易所向不開日金九六之行市，在中國人手中之九六公債爲銀元部份，計共五千六百三十九萬一千三百元，價格太低。如上所述，且其基金正在籌劃，苟有可望消息，則價格立漲，今日二六者明日或竟漲至四五。後日消息驟行失望，則價格驟跌，仍至二六。不寧惟是，最低價格至二二已不堪再跌，而上漲則尚多餘地。苟空頭以爲下月價尚須跌落，本月以二六抛出，一月爲期，希冀下月交貨時價格低於二六，可以買入塡補（cover）者，詎知下月竟因有指定基金之傳說而竟漲至四五，則損失太大，束手無策，有之，厥惟三途：（一）破產；（二）逃走；（三）自殺而已。此事已數見不鮮，如前年交易所風潮，其因投機失敗而蹈海者，不知凡幾。因此危險過甚，買賣等於猜謎，故人多不敢爲。上海無九六公債之期貨交易者，亦以其危險太大也。惟北京通行慣例，對於九六間做一星期或兩星期便交交易，蓋爲期尚短，不致有劇烈之變動。然交易所仍以現貨爲限，迄未開做九六期貨也。

最好之公債如三年十一年，與最低之公債如九六二者，交易皆少，多者惟有中等公債，如金融公債與整理六釐公債。金融在六折以上，整六在五折以上，價格適居最高九九（十一年公債）九六（三年公債）與最低二六（九六公債）之中。既不如三年十一年之穩定，又不如九六之危險，故在市面上交易以此種爲最繁。但買賣金融與整六者未必皆係投機家，凡有發行權之銀行，多買金融整六，以充保證準備。

(丙)上述係就公債之本身而論，茲再以地域而論之，我國僅有兩個公債買賣市場：(一)上海；(二)北京。二處行市不一，或此高彼低，或此低彼高。設若北京今日整六行市為五一，上海為五一·五或為五二，則在北京買進，在上海賣出。如上海低，北京高，則在上海買進，在北京賣出。但其利須過於運送日期之利息及運費各種開銷之總和。債票如是往返運行，其結果可使京滬兩地價格趨於水平，故頗有功用，否則兩地價格之差，必甚大也。一國之安寧秩序與此甚有關係，此次臨城刼案，使交通受影響，即使公債票之運行生窒礙。

上海有現貨與期貨二者，北京則現貨多期貨少，其故由於北京債票少，如忽有購三百萬者，則供給上立受影響，價格立漲，倘有賣出而於此時補進者則窮矣。但北京多通行一星期便交，交易因限期愈長，危險愈大故也。但此種便交買賣不受歡迎，何以故？以一般投機家因一星期之時間太促，不易周轉，多不願做。其看低者，必賣空若干，以期市價日落而後再行補進。但一星期之內市價跌落不多(如金融之六七·五跌至六六·五)，然到期必須補進，辦理交割，交割之後，再行拋出，不能以本星期之交易抵冲下星期。次數愈多，手續愈繁，如將一星期改為一個月或二個月，則期限較長，差額自然較大，不必時時拋出補進也。且做一星期便交者，交貨之主須聽出貨者之便，隨時交貨，故買進者勢不得不時時向銀行借款，異常麻煩。若做一個月或二個月之期貨，則做票面一萬元者，只須交證據金一個月四百元，二個月六百元，手續簡單，不必時時交割，亦不必時時借款也。

(丁)投機買賣公債須消息靈通，例如金融公債買者與賣者，一人看漲，一人看落，看漲者因其以為該債票行將抽籤，看落者以爲必不抽籤。金融公債係在整理案內之公債，實際上之整理基金，則以關餘充之。關餘多則必發息抽籤，關餘少則不足發息抽籤之用，而關餘之多少視先令之漲縮（卽視金價之高低）如先令縮（卽金價貴）則關餘少，長則多，每縮一便士則關餘上須短一百萬，如連縮七八便士，則關餘涓滴不存矣。但欲知關餘之多少，非俟至年底不可，今日決不能知其多少，蓋今年年內先令漲縮之程度未可預料也。故以鄙意推之，金融決無在六月間補抽之希望。總而言之，買賣公債者固多所推測，然全靠消息，消息靈通者輒操左劵，消息不靈者必致失敗，可斷言也。

再者英美各國之投機者，大半皆係專門家，我國則各界均有，官亦在內。如財政部中官吏買進九六公債之後，欲以高價賣出，獲得鉅利，以供其揮霍。及價不漲，則思打破從前之公債基金，使九六公債得以分潤，而高其價格。故吾國之投機事業，因有官吏從中倒把，自日趨於太濫，而公債亦極受影響。

（戊）今日吾國公債之買賣，何以如此旺盛，則大有原因在焉。蓋買賣公債，如能籌算，其利誠大。譬如金融公債以六折買進，（三百八十四元買進，票面六百四十元，每號十元），該債票自今日起尚有八次抽籤，（每半年一次每年抽籤二次，每次中籤八號），又每年利率六釐，卽利息六十元，其計算利益之方法如下：

$160-(160\times6)=64$ 元　卽一年抽籤可得之數。

一年利息爲六十元。

$64+60=124$ 元　卽每年中籤還本付息後本利合計之數。

640－(80＋80)＝480 元　480×·6＝288 元　此卽中籤後尙餘本銀。是則本銀三百八十四元，除收回一部份外，實餘本銀二百八十八元，而所得利益爲一百二十四元，幾有三分二釐強，利益之大可知。苟每次中籤後，設法補進未中籤之票，累次增進，其利益更大，故有借款來盤公債者。

（己）今再述上海買賣公債票之手續，如我在北京可在上海託銀行代爲買賣公債票，在上海買妥，無須運來北京，卽可存於上海。存放之法，銀行有保管庫，庫內有保管箱，以備出租之用者。租用者，可以將貴重物品存置其中，甚爲穩妥，倘不租用保管箱，亦可將公債票寄存於上海可靠之銀行，由該行出具收據，作爲寄存品。寄存品在銀行中爲一種重要之債務，今吾以電報通知上海某銀行，將吾所寄存之金融公債代爲賣出。如與該行交誼夙厚，則彼未必從中賺錢，否則彼從中稍有微利。（譬如賣價爲六五·五，彼則以六五·二報我）銀行代我賣與股票公司，股票公司可稱謂經紀人之事務所，則售與第三者，或以期貨賣出，或以現貨賣出，可由自己決定，亦可委託銀行代定。設現貨市價爲六三·五，一月期期貨爲六五·五，是每票面一百元每月差二元，每年卽差二十四元，期貨利益大，則以期貨售出。期貨之價所以高者，係因市場與人心看高之故，純由心理作用與金融情形混合而成。市上一部份看下月定漲價，期貨需要甚盛，於是銀行卽以現金吸收現貨，隨卽賣出期貨。在銀行未得確實消息，不做投機營業，惟核算利息爲主。如現貨六三·五，期貨六四，每萬元相差五十元，在買賣公債者視之相差至微，但在銀行視之每月已有八釐弱之利息，苟一時資金無相當用途，浮存市面（卽存放銀行）至多不過月息四釐，故不如套公債得利。且每遇本月期交割將屆，丈貨者行市尙繼續看高，不忍割棄，又無力收買，不得不仰求銀行與一般資本家之出而套貨，使本月丈貨得轉爲下月之丈貨。惟有實力者，或存現貨，或存期貨，均可以利益大小爲定。倘某甲欲將公債票在北京賣出，則可賣與北京之錢鋪，蓋錢鋪一面爲錢鋪，一面亦爲經紀人也。譬如北京前門外之春華茂，係一大錢鋪，同時亦以春華茂名義在交易所爲經紀人，故某甲賣與春華茂，春華茂即賣與某乙，此就市價不穩時而言也。倘消息甚好，行市看漲，則春華茂買進而不賣出矣。交易既妥，則有『成單』（北京名批單）『成單』即一種契約，詳載某人賣出公債票若干與某人，價若干，股票公司之佣金若干，買者亦出一成單，聲明買進公債票若干，應付價若干，雙方互換收執，期限如爲一星期，本星期一賣出，應在下星期一交割。若訂定爲定期（俗稱死期）到期錢貨對交，若訂定爲便交（俗稱便期）則自賣出之日起在一星期之內，得有貨便交。在買主非得賣主之同意，不能隨時收貨，因既訂便交，須由賣主之便，惟以一星期爲限。如到期不交割，則賣買之一方均得照約隨時折價。不能履行之買主或賣主，須擔負此項折價所差之損失。經紀人佣金亦無一定，在上海大約每萬元取二十五元。北京有所謂『喫行市』者，如市價爲六五·五五，託錢莊買賣，錢莊對賣者則付六五·五〇，對買者則要六五·六〇上下，一喫，債票一萬元可得十元利益。

交割時債票之種類，在上海以千元票百元票爲合格，萬元票十元票五元票則不合格。蓋萬元數目太大，買後不易賣出，又不能破開，十元五元則數目奇零，檢點麻煩，如出貨時必用萬元票或十元五元票，則每百元須折耗五角，萬元中即差五十元矣。但在北京凡在百元以上者謂之大票，在百元以下者謂之小票。大票之價格稍大，其原因在大票之現貨甚少，不敷週轉也。故在交易時，必須預先聲明應取何種債票（大票或小票），倘於交割時，經紀人無大票或小票可交，則必設法向別家代換，但有時小票之價反大於大票，如去年金融公債小票之價高於大票，此由於小票之需要增加所致也。

上海尚有一規例，如出貨之時在下午四點鐘以前，則可以用支票，莊票本票交款，（莊票係錢莊所出之期票，本票係銀行所出之期票）若在四時以後，則必須用現洋或鈔票，蓋四時以後支票本票莊票等皆須待至次日始可取款也。然現洋鈔票檢點費事，故實際皆在四點以前交割。

譬如成交之數爲五萬三千元，買進者可以將全部取出，或可分批取出，如伊所備之款只有三萬元，則其餘之二萬五千元可以稍緩幾日來取，惟雙方必須於成單上註明，一方書收到現洋若干，交出公債若干，一方書收到公債若干，付去現洋若干。

交易所內之買賣，蓋限於經紀人與經紀人之相互交易，一般顧客不能直接與交易所買賣。惟北京交易所內另設信託部，自爲經紀人之一，亦代顧客買賣公債，猶如批發商家貪取小利，帶做零拆，但顧客之赴交易所買賣者，必須經本所經紀人與其他經紀人交易爲定，仍不得直接交易，交易所則對於經紀人負責。按民國三年十二月二十九日公佈之證券交易所法第二十一條之規定，證券交易所於由買賣違約所發生之損害應負賠償之責，經紀人對於交易所負責。交易所第十三條之規定，經紀人於證券交易所應負由其買賣所生一切之責任，故經紀人與經紀人之間，彼此不負若何之責任。若前場交易在後場時間之內發生問題，均由交易所負責，後場交易在次日前場時間之內發生問題，亦如之，過此時效，與所不相干。在北京每有經紀人與經紀人之間，爲通融情面起見，照習慣互換批單（大都一星期便交），到期如有一方不能履行契約時，交易所置之不理，此習慣法不如成文法，交易者不可不慎也。

（庚）吾國公債之危機何在？此因各人之意見不同而言各異詞。總之，公債之關係於金融界者至大，果一旦基金打破，則首受其害者爲銀行，學校，慈善機關，與夫孤兒寡婦及一切持有債票者，而尤以銀行之關係爲重。蓋銀行發行鈔票，鈔票流通甚廣，及於一般社會，以銀行爲發行之機關，以公債爲發行之準備。公債基金破壞，則銀行倒，銀行倒，存款人固受害，然其人數尚少，且大抵有錢，尚無大害，獨銀行倒，則鈔票成爲廢紙，一般人民普遍受害。貧民之以一兩元鈔票爲資產者，將若之何？故至是社會必大擾亂，可以想見。至基金之倒與不倒，全視一個英國人之好惡。中國金融界之安全與破壞，中國數萬萬人之生死存亡，惟一個英國人是賴。斯人爲誰？則總稅務司安格聯是。如安格聯肯繼續保管，則公債安全，銀行界安全，中國安全；安格聯而恝然置之，或竟毅然拒絕支付，而盡以之償還無抵押之外債，則公債危，銀行倒，中國亂。是故各界到處歡迎安氏。固然因安氏尚無負於我國民，實則因安氏有此大勢力，政府尊之，商界捧之，無異於脅肩諂笑，仰其鼻息，亦可恥矣。鉅額之關稅與關餘存之於匯豐，在昔無利息，今則僅二釐，而國人不敢問者，亦正以此耳。

有奬儲蓄存款之害及其推算方法（在北京大學演講）

高迺濟筆記

儲蓄銀行乃經理儲蓄存款之特別金融機關，卽以保管細民儲金而利殖之爲目的之金融機關也。凡世之細民，智慮淺薄，終歲勤動，飢驅不遑朝之所得，暮必罄之。無恆產而有恆心，固未之見。卽或偶有擔石之儲，又不免有盜賊之虞。如是而欲求其儲蓄心之發達，豈可得哉？惟設有儲蓄銀行爲之保管以乂安之，爲之利殖以鼓勵之，日積月累，浸以成俗。勤儉之風日益長，儲蓄之心日益熾。自是而細民養生送死盡其道，疾病顚連得其養，而自治獨立之效於以成。此儲蓄銀行所以爲社會公共必要之設備，而於營利之中寓有慈善目的者也。故儲蓄銀行與其他銀行不同，而其影響所及，概在一般細民。其業務之經營，當以謀細民之利益及其便利爲目的。揆諸吾國事實，則有大不然者。

新華儲蓄銀行成立六載於茲。其業務之經營，是否合乎上述儲蓄銀行之趣旨，揆諸事實，明達當有以辨之矣。至其信用如何，其便利於吾國國民者又如何，徵諸已往，又不難洞悉也。今年該行又辦有儲蓄存款，在一般社會，必以爲吾國國民儲蓄心薄弱，非特別獎勵之不足以養成儲蓄之美德，亦不足謀細民之便利。乃揆諸學理，則有大謬不然者。縱不能謂其爲騙局，然利於儲蓄銀行者實多，而利於儲戶者甚少，是敢斷言也。

今日我國辦有獎儲蓄之銀行，除新華儲蓄銀行外，尚有中國實業銀行，中法實業銀行等三四家。以下就某儲蓄銀行特別獎勵儲蓄辦法之規定，分下列三節說明有獎儲蓄不正當之理由。此事之不正當，在（一）喚起社會之僥倖心（二）助長當事人發財之慾望。

（甲）某儲蓄銀行特別獎勵儲蓄辦法。（此銀行之辦法，比較其餘各行爲害尚少，以其條件較他行爲和平也，故以之當今日演講之標題。諸君須知其餘各行之野心較此行更甚）

（乙）逐件解釋。

（丙）用高等代數公式與對數表推算存戶之損失與銀行之大利。

（甲）某儲蓄銀行特別獎勵儲蓄辦法

（一）特別獎勵儲蓄存款以二成開籤給獎，以八成妥實存儲生息（如三四年及七年短期公債等）十年期滿，付還本息。

（二）存款分爲四種：（甲）四千元，（乙）二千元，（丙）一千元，（丁）五百元。

儲戶認定四千元者塡甲種存單，每年應付款四百三十二元，每月應付款三十六元。

儲戶認定二千元者塡乙種存單，每年應付款二百十六元，每月應付款十八元。

儲戶認定一千元者塡丙種存單，每年應付款一百零八元，每月應付款九元。

儲戶認定五百元者塡丁種存單，每年應付款五十四元，每月應付款四元五角。

（三）儲蓄願存何種存單，應於儲款證書塡明姓名住址種類金額。按年或按月交付，均聽各儲戶之便，但須在證書註明送交本行，即由本行收款。

（四）儲蓄交款日期，北京截至抽籤前一日上午十二時，外省照分別規定之日數爲止。如逾時尚未清繳，即不得享受本期抽籤之權利。如下期補繳，仍可抽籤。但將來還本須延遲一期，停付二期以上者，依此類推。如有同號內分爲二戶或三戶四戶，屆時尙有一二戶未繳存款者，該號籤應照例入筒。倘該號碼中簽，未繳款之儲戶，不得藉口補繳月款，領獎取洋。其應有之獎洋若干，作爲公積，悉存本行，以充各儲戶將來應得之利息。

(五)本行存入儲款，除第一年至第九年，須照第二條分別收款外，至第十年應照儲戶認定儲額扣算。譬如儲戶認定甲種存單者，每年應付款四百三十二元，至第十年祇付款一百十二元。如係按月分收，則第一月爲三十六元，第二月爲三十六元，第三月爲四十元。乙丙丁種，依此推類。

(六)本銀儲入存單，滿一千號，卽定期登報。指定場所，實行抽籤，抽籤獎額，分配如左：

一等獎一籤	甲種存單	獨得洋四千元
	乙種存單	獨得洋二千元
	丙種存單	獨得洋一千元
	丁種存單	獨得洋五百元
二等獎二籤	甲種存單	各得洋一千元
	乙種存單	各得洋五百元
	丙種存單	各得洋二百五十元
	丁種存單	各得洋一百二十五元
三等獎一百六十八籤	甲種存單	各得洋五十元
	乙種存單	各得洋二十五元
	丙種存單	各得洋十二元五角
	丁種存單	各得洋六元二角五分

（七）儲入存單滿二千號時，中號籤數，一律照加。以後每加一千號，照上列籤額遞加。如屆第一次開籤時，逾過一千號，或不滿千號，應呈明財政部照所提二成數目，用比例法分配抽籤給獎。

（八）抽籤配獎，每二月舉行一次，以月之末日爲抽籤之期。除有董事蒞場監視外，各儲戶可公推二人爲臨時代表，到場監視抽籤一切事宜。如月之末日爲假期，則抽籤之期臨時改定。

（九）儲戶所繳存款，屆時如有中斷不再續付者，其所繳之款，不拘已繳期數若干，俟年限滿後，由本行發還儲戶。

（十）十年期內，各儲戶一次或數次所得獎洋，已滿認定所儲之額，謂之得獎滿額，所有以前儲款，如已提二成作爲獎金外，與應得獎洋如數發還。如儲戶願繼續儲款，應將號碼更換，作爲新儲戶。

（十一）各儲戶未經得獎滿額者，十年期滿，一律按照交足之儲額，連同本息，一併發還。譬如歷次已得獎洋三千九百九十九元，仍發還本洋四千元，再加利息，應共得八千餘元。

（十二）各儲戶所付存款，已滿二年，如有需用，可將存單抵押本行，作爲借款，利息隨時定之。

（十三）各儲戶如有身故後而付款中斷者，准由該儲戶承繼之人繼續付款。如有無力續付者，本行得將以前所存之款，全數發還該儲戶，以示優待之意。

（乙）逐條解釋

第一條　本條所謂以八成妥實存儲生息者，並未言明利率之高低，及推算方法。果用單利計算，抑用複利

計算。儲戶不察，十年期滿，所獲本息若干，將由儲蓄銀行任意決定，而無爭執之餘地矣。（其餘各條亦未言明利率）

按普通儲蓄存款，其利率特高，計算方法多用複利。今以甲種存款論之，以八釐複利計算之，十年期滿，本息總額可達六千四百十三元有奇（參閱下列普通儲蓄存款推算方法），是純息可得二千四百十三元有奇。如果照本條規定而事儲蓄，則不得獎之儲戶，幾將此二千四百十三元之利息全失之矣。即得一等獎者，僅得本息七千二百元（參照甲第十條之解釋），較普通儲蓄存款得本息六千四百十三元者，只多七百八十七元耳。不得獎者，其損失之鉅固無待論。而得二等獎者及三等獎者，其所獲之利，亦不及二千四百十三元有奇也（參閱第十一條解釋）。況吾國政府尚無取締銀行之實力，十年之後，銀行是否存在，尚未可必，即存在矣，能否還本亦屬一疑問也。

第二條　規定存款之種類及按年或按月付款之數目，簡單易於了解，無解釋之必要，故略之。

第三條　按月付款，對於儲戶，自表面觀之，似較按年付款為便利，而實際按月付款，不如按年付款。蓋按月交付，儲戶時有疏忽遺忘之虞，因而即有不得享受本期抽籤得獎之權利，並有還本延期之損失（參閱第四條與第四條之解釋）。故儲戶對於此點，不可以不慎也。

第四條　按儲戶逾時尚未清繳所應付之款，即不得享本期抽籤之權利，於理尚合。如下期補繳，仍可抽籤，乃理之當然。但將來還本須延遲一期一語，似屬太不公平。何則？所謂延遲一星期者，即使儲戶損失滿額本息一期間之利息。如甲種按月交付儲戶，以一時之誤，逾時未付三十六元。而因一期未付三十六元之故，卽使儲戶損失四千元本息總額一期間之利息，可謂不公平之甚者矣。

第五條　甲種存款爲四千元。照第二條之規定，每年應付四百三十二元，十年之內，應付四千三百二十元(432×10＝4320)。但甲種存款爲四千元，應由四千三百二十元之內扣去三百二十元，湊成四千元。故第十年祇付一百十二元(432×9＋112＝3888＋112＝4000)。

第六條(規定獎額之分配)　(1)甲種存款，每次抽籤配獎之總額，及全年六次配獎之總額。(按第八條每兩月舉行抽籤一次，故每年舉行六次。)

$ 4000·00 一等獎

$ 2000·00 二等獎

$ 8400·00 三等獎

$14400·00 甲種存款每二月間配獎之總額

6 (以六乘之)

$86400·00 甲種存款全年配獎之總額

(2)甲種存款按年交付千號配獎之總額。(按本條存單滿一千號卽實行抽籤。)

$ 432·00

×1000

5)$432,000·00甲種存款千號總額

$86,400·00甲種存款千號總額之二成（按第一條提二成作爲奬金）〔此總額 86,400 與上列之總額 86,400 相等。〕

（3）甲種存款按月交付滿千號之總額及其二成。

36·00

2

72·00

1000

5)72,000·00 二月間千號總額

14400·00 二月間千號總額之二成

6

86,400·00 全年千號總額之二成

（此數與上列二數復相等。）

第七條　此條無解釋之必要。

第八條　此條亦無解釋之必要。

第九條　儲戶所繳存款，屆時如有中斷不再續繳者，或無意繼續儲蓄者，或無貲以爲儲蓄者，依本條規定，其所繳之款須年限滿後發還儲戶。是損於儲者甚多：（一）儲戶有資財，死存於儲蓄銀行，非到期滿後，不能運用，致坐受其困。（二）即按十二條之規定，儲戶有需用時，可將存單抵押儲蓄銀行，作爲借款。然利息隨時由儲蓄銀行定之，其高低將由銀行任意操縱，當無待論。是儲戶求貸於銀行，須有利息。而其已繳之款，只言發還，並未言付息。即就此點觀之，不公尤甚矣。例如甲某認甲種存款，按年交付，已繳六次（432×6 即 $2592）後中斷不再續繳。甲某雖有二千五百九十二元之資財，非到期滿，不得自由運用。其於此十年間 $2592·00 之利息，爲數亦甚鉅矣。

第十條

$4000·00	甲種存款十年總額
−800·00	提出二成作獎金者
3200·00	十年期滿提出二成後所殘餘之八成
$4000·00	得獎滿額
$3200·00	殘餘之八成
$7200·00	十年期滿所得滿額獎金及所儲本金之總額（即得一等獎者）

據以上所述，依普通儲蓄存款推算方法，以八釐複利計算之，認甲種存款者十年期滿，可得六千四百十三

，元有奇之本息，乃所謂特別獎勵儲蓄存款得獎儲蓄滿額者，只得七千二百元而已。較普通儲蓄存款，僅多七百八十七元，何苦而冒此危險？其不得獎者，其損失在二千四百元以上。況千號之中，得獎號碼甚少，一等獎一籤，二等獎二籤，設使抽籤無弊，而得獎之機會，亦屬甚少。然在中國抽籤，又豈能無弊乎？況十年之後，銀行存在與否，尙未可必。卽能存在，到期還本，亦無把握。試問何苦存此僥倖之心，而蒙極大之損失哉？

第十一條　本條之可駁者約有數端：

（1）得獎洋三千九百九十九元爲絕無之機會。

（2）卽使得獎洋三千九百九十九元之機會，可以實現，而所謂應共得八千餘元者，亦非優待儲戶。何則？三千九百九十九元，加四千元，已足七千九百九十九元，再加利息二元，則爲八千零零一元，卽爲八千餘元。謂其乃言欺人，似非過甚也。（第十二條之不公平及儲戶之損失，已詳第九條解釋內，毋庸贅述。）

（丙）用高等代數公式與對數表推算儲戶之損失與銀行之大利

設　$a=$　每年應付之數

$r=$　利率

$n=$　年限

則 n 年終之本息總額，當如下列公式：

$$S'=\frac{a(1+r)[(1+r)^n-1]}{r}$$

今為便於明瞭起見，先述此公式之來源，然後再以實數代入。無論本息為數多寡，年限長短，均可用此公式，容易求得其總額焉。譬如每年儲 $100.00，利息3%，民國八年一月一日起，以四年為期，即：

八年一月一日儲　$100.00

九年一月一日儲　$100.00

十年一月一日儲　$100.00

十一年一月一日儲　$100.00

八年所儲之100元

八年所儲之 $100.00 至八年終（即九年初）則為

$\$100.00+(100\times.03)=\$103.00$

八年所儲之 $100.00 至九年終（即十年初）則為

$\$103.00+(103\times.03)=(1.03)^2=\$106.09$

八年所儲之 $100.00 至十年終（即十一年初）則為

$\$106.09+(106.09\times.03)=(1.03)^3=\$109.2727$

九年所儲之100元

九年所儲之 $100.00 至九年終（即十年初）則為

$100·00+(100×·03)=$103·00

九年所儲之 $100·00 至十年終(即十一年初)則爲

$103·00+(103·×·03)=(1·03)²=$106·09

十年所儲之 100 元

十年所儲之 $100·00 在十年終(即十一年初)則爲

$100·00+(100·00×·03)=$103·00

十一年所儲之 100 元

十一年所儲之 $100·00 在十一年初仍爲 100·00 (不生息)

表一

故自民國八年一月一日起至十一年一月一日止所儲本息總額爲

$100·00 …………第四期交付即十一年一月一日交付

$103·00 …………第三期交付即十年一月一日交付

$106·09(1·03)²…第二期交付即九年一月一日交付

$109·2727(1·03)³第一期交付即八年一月一日交付

$418·3627 ………第十一年初本息總額

以上每年所儲之數爲 100 元。倘每年所儲之數，增之 103 元，則至十一年初，本息總額當如下：

$103·00 ……………第四期交付即十一年一月一日交付

$106·09 $(1·03)^2$……第三期交付即十年一月一日交付

$109·2727 $(1·03)^3$…第二期交付即九年一月一日交付

$112·550881 $(1·03)^4$第一期交付即八年一月一日交付

$430·913581……… 第十一年初本息總額

倘每年所儲之數爲 3 元，即 103 與 100 之差，則至第十一年初本息總額當如下：

表二(以一元爲單位)

	1	2	3
存儲之數	$1·00	$1·03	$·03
第四期	1·00	1·03	·03
第三期	1·03	1·0609 $(1·03)^2$	·0309
第二期	1·0609	1·092727 $(1·03)^3$	·031827
第一期	1·092727	1·12550881 $(1·03)^4$	·03278181
本息總額	4·183627	4·30913581	·12550881

$ 3·00
3·09
3·1827
3·278181

$12·550881

表內第三欄存儲之數爲·03，即第二欄存儲之數與第一欄存儲之數相差之數 $(1\cdot03-1\cdot00=\cdot03)$。

故第三欄本息總額，亦必爲第二欄之本息總額與第一欄之本息總額相差之數 $(4\cdot30913581-4\cdot183627=\cdot12550881)$。

但·12550881 即第二欄之第四項 (1·12550881) 與第一欄之第一項 (1·00) 相差之數 $(\cdot12550881=1\cdot12550881-1\cdot00)$。

表內存儲之數，與本息總額，可以作成比例如下：

$$1\cdot00:\cdot03::4\cdot183627:\cdot12550881$$

$$\cdot03(4\cdot183627)=1\cdot00(\cdot12550881)=\cdot12550881$$

$$4\cdot183627=\frac{\cdot12550881}{\cdot03}$$

但 $\cdot12550881=1\cdot12550881-1\cdot00=(1\cdot03)^4-1\cdot00$

故 $4\cdot183627=\frac{(1\cdot03)^4-1\cdot00}{\cdot03}$ 即上列公式中之 $\frac{(1+r)^n-1}{r}$

此數 (4·183627) 即自民國八年一月一日起，每年存儲一元，至十一年初，所得本息之總額。

如於十一年初將此數存入，則至十一年末，應得之本息總額當如下：

$4\cdot183627(1\cdot03)=\frac{1\cdot03[(1\cdot03)^4-1]}{\cdot03}$ 即公式中之

$$\frac{(1+r)[(1+r)^n-1]}{r}$$

上列之方程式，係以一元爲計算之單位。如每年所儲之數爲一百元或一千元（以 a 字表記之），則以 a 乘上列公式，卽得其本息總額矣。

$$S'(\text{本息總額})=\frac{a(1+r)[(1+r)^n-1]}{r}$$

綜觀以上之解釋，則可知此公式之來源矣。茲假定年息八釐，就某儲蓄銀行獎勵儲蓄辦法第二條所載之甲種存款，用此公式推算，其於第九年終，應得本息之總額如下：

$$S=\frac{432(1\cdot08)[(1\cdot08)^9-1]}{\cdot08}$$

上列公式中之 $(1\cdot08)^9$ 可以對數求得之：

對數 $1\cdot08=\cdot033424$

$$\begin{array}{r}9\\\hline\cdot300816\end{array}$$

$\cdot300813=$ 眞數 $1\cdot999$

以眞數代之

$$S^1=\frac{432(1\cdot08)[1\cdot999-1]}{\cdot08}$$

$$S^1=\frac{432(1\cdot08)(0\cdot999)}{\cdot08}=432(1\cdot08)(12\cdot4875)$$

$=432(13\cdot4865)=5826\cdot168$　第九年末應得本息之總額

據第五條之規定，至第十年祇付款一百十二元。故於第十年終應得之本息總額，當以下列公式推算之：

$S^2 = (5826\cdot168)(1\cdot08) + (112)(1\cdot08)$

$= (5826\cdot168 + 112)(1\cdot08)$

$= \$6413\cdot22144$ 第十年終應得之本息

據以上觀之，甲種存款按普通儲蓄存款之計算方法推算之，十年期滿，雖無所謂得獎，已可得本息總額六千四百十三元有餘矣。而依某儲蓄銀行特別獎勵儲蓄辦法而事儲蓄，得一等獎者，不過僅得本息總額七千二百元，較事普通儲蓄存款者，祇多七百八十七元而已。至得二等三等獎者，及不得獎者，其所獲幾許，閱以後第十條及第十一條之解釋，自可了然，於玆毋庸贅述。然則所謂特別獎勵儲蓄存款者，果可信乎？

關於儲蓄存款之推算方法及儲戶之所得及其損失，以上略盡其大概，玆將儲蓄銀行所獲之利益，試述之如下：

據第六條之規定，『儲蓄存單滿一千號，即定期登報，指定場所，實行抽籤，』今故少算之。設甲種存款，僅滿千號，（有千號存款儲蓄銀行所得既多矣，如存款者愈多，則儲蓄銀行之利愈大，不待言也）每號每年交付 432 元，則

$\$432\cdot00 \times 1000 = \$432,000\cdot00$　千號總額。

$\$432,000\cdot00$ 之 $\frac{2}{10} = 86,400$（按第一條提出二成以備開籤給獎。）

$432,000\cdot00 - 86,400\cdot00 = 345,600\cdot00$ 殘餘之八成。而此殘餘之八成，至第九年終，其本息總額當爲

$$S' = \frac{345,600(1\cdot08)\cdot999}{\cdot08}$$

$$=\$345,600\times13\cdot4865$$

$$=\$4,660,934\cdot40$$

按第五條至第十年，每戶祇付款112元，則十年期滿，本息總額當如下列算式：

$112\times1,000=112,000\cdot00$　第十年交付者

$112,000-86,400=25,600$　第十年提出獎金後殘餘之數

$S^2=(4,660,934\cdot40+25,600\cdot00)=4,686,534\cdot40\times1\cdot08$

$=\$5,061,457\cdot152$　第十年終之本息

是十年之間，千號所殘餘之八成，如以八釐複利推算之，其本息總額尙有 \$5,061,457·152 之譜。而儲蓄銀行於第十年之末付還儲戶本息總額則只有 \$4,000,000·00。儲蓄銀行所獲之利益，當爲 1,061,457·15 (5,061,457·15－4,000,000·00)。由斯論之，十年之間，有千號儲蓄存款，儲蓄銀行即能博得一百零六萬一千四百五十七元一角零五釐之利益。倘儲戶愈多，其利益當愈大。夫儲戶之損失既鉅，而儲蓄銀行之所獲反如斯之多，則謂有獎儲蓄存款之有害於社會，豈過言哉？

按第一條之規定，儲蓄存款提二成開籤給獎，則第十年應減之二成爲 22,400(112,000 之$\frac{2}{10}$)，而計算之方式當如下：

112,000－22,400＝89,600

S^2＝(4,660,934·40＋89,600·00)(1·08)＝(4,750,534·40)(1·08)＝5,130,577·152

減去 4,000,000·000 第十年末付還本息

1,130,577·152 銀行之利

以此數比較以上所得之數，尚多六萬九千餘元(1,130,577·152－1,061,457·152＝69,120元)。故用第二法推算銀行之利爲一百十三萬有奇，是眞發財之妙法也。

格來森法則之研究

格來森(Sir Thomas Gresham)者，英倫之商人也，當伊利沙白女王(Queen Elizabeth)在位之時，幣制不良，經濟困頓，王乃命格氏往西班牙調查。格氏歸國，乃上書於王，言所以改良幣制，整頓經濟之道，其書中論發行新幣一事，主張須一面將舊幣收回；蓋英亨利八世(Henry VIII)時所發舊幣，已屬磨損，名價實價不相一致。苟與新幣並行於市，則新幣重而舊幣輕，人民之窖藏鎔化者，必皆以新幣從事，而仍以舊幣爲支付之具，是國家雖發行新幣，而市場仍只見舊幣流通也。王納其言，乃自一五六〇年始，所發新幣，皆令其名價與實價相等；所有舊幣，一律收回改鑄。其敕令中有『惡貨驅良貨』一語，惡貨指舊幣，良貨指新幣，以舊幣實價輕於名價，而新幣實價等於名價故也。

夫一般人之使用貨幣也，即明知舊幣輕而新幣重，然以出入有限，所關甚微，故未嘗一一加以注意；至於富商巨賈，一出一入，盈千累萬，其差匪細，其利不徵，當然一一取而分別之，良貨則以之爲窖藏鎔化，或對外支付之用，惡貨則仍以之在國內支付於人，故新舊幣並行，新者必日見減少也。

現在日本之在東三省也，由朝鮮銀行發行紙幣，以吸收其現金；尋見東三省現金之日減，而紙幣之日增也，可慨也夫！

一八五八年馬克勞(Henry McLeod)著經濟要論，以專章論格氏之言，稱爲千古不磨之定則，而冠以格來森法則(Gresham's Law)之名。自是而後，凡經濟學者言及貨幣，無不以爲名言；而所著書，亦無不論及之者，可以知其重要矣！

我國自前清以來，各省競鑄貨幣，爲政者不知其害，轉相仿效，至於今日，猶未已也；故幣制之紊亂已極，經濟之困頓已甚，有識之士，無不承認整頓經濟爲要圖，改良幣制爲先務，故特取而論之。

吾人觀貨幣之流通於市場也，因時時發現良貨之被驅於惡貨矣；而惡貨果以何方法而能若是歟！此實研究格來森法則之先決問題也。請分別詳論之於次：

(甲)惡幣驅逐良幣之方法

(一)良貨利於對外支付　夫貨幣者本以法律之保障而後始能完成其性質也。國際之與國內，當然不相一致；國內固各有其法律以自拘束，而國際則斷非各國法律之所能彼此拘束也；即所謂國際公法者，將來能否完全具有法律之性質，誠屬一疑問，但在今日實不能不承認其去法律尚遠也。以是之故，無論何國之貨幣，一出國門，未有不失其在法律上之效力與金銀塊相等也。夫良貨惡貨之在國內，其可以同一使用者，正以其法律爲之保障也；一至國外，既必失其保障，則良惡既殊，貴賤自異，而同一使用之效力乃一變而爲計分量以爲高下；如此，則以良貨對外支付，其必較以同額惡貨支付之價値高也可知矣。此特就新舊幣並用者言之耳，至若兩種金屬貨幣並用之時，則何者之價値高，亦必以何者對外支付矣。夫以惡貨支付於內，因有法律之保障，既不患有所損失，而對外支付，又以良貨爲宜；則一般商人，又誰能不擇良貨以作對外支付，而以惡貨取損失哉？例如須支付百萬元於國外者，設以惡貨往，則因分量之較輕，或價値之較賤，一經折算，必支付百萬餘元無疑，豈非大愚者乎？故必以良貨往焉。良貨既往，其額必減，惡貨遂得而代之。故日感增加。此惡貨因良貨利於對外支付之故，而驅之於國境之外也。

(二)良貨利於私藏　夫人之恆情，其擇取以爲私藏者，必以較貴者無疑；良貨既貴於惡貨，則有力私藏者，雖本有爲惡貨，亦必一一設法易爲良貨。例如現在金銀並行之地，雖因歐戰影響，銀價騰貴，但將來經濟現狀恢復，則銀價之下落可知；以是，則銀之不良於金也，明矣！故此時之人，苟有餘財，可以私藏，則雖所餘者爲銀，亦必以之易金也。有銀者既必以之易金，而金一入私藏者之手，一時又不可復出，故市場之上，必將見金被驅於銀也。當英國改革印度幣制之時，有欲以金鎊行使於印度者，後以印度窖藏之風甚熾，此議遂不果行；尤足以證明良貨之利於私藏也。此惡貨因良貨利於私藏之故，而驅之於篋穴之中也。

（三）良貨利於鎔化　金屬之於吾人，不特可以供貨幣之用，亦可以供美術之用。人之恆情，在美術上，當然以貴者爲上。例如有法定等値之二種貨幣於此，將以其一作貨幣以支付於人，而以其一鎔化之，取其純質，以供美術上之用，而令吾人選擇之。使其爲異金屬之二種貨幣，則吾人必取貴者鎔化之，以其實價較高也。使其爲同金屬之二種貨幣，其差不過新舊之不同，則吾人必取新者鎔化之，以其純質較多也。取良貨鎔化既有是等利益，而以惡貨支付又無絲毫之損，則焉有不以良貨鎔化以供美術上之用者乎？此惡貨因良貨利於鎔化之故，而驅之於冶爐之內也。

上之三方法，其一雖根於國際貿易而發生，而其二其三則不與他國相干；以是知格來森法則雖閉關時代亦不免也。且吾人之於良貨，非謂其必歸於此三途也；特以其利於是三者，故一入市場，不免日趨於是三途而漸減少耳。方法既明，請進而研究其適用之場合！

（乙）格來森法則適用之場合

（一）新舊幣並用之時　夫舊幣以歷時既久之故，當然不能毫不磨損，既經磨損，當然分量減輕；若與新幣並行，則一輕一重，良惡自分，故格來森法則因以實現。此即格氏建議時英吉利之情形也，故不再詳論。

（二）有法貨資格之不換紙幣與硬幣並行之時　格來森法則不單實現於新舊幣並用之時，使有法貨資格之不換紙幣與硬幣並用，亦能實現。蓋紙幣既爲法貨，則支付於本國之人，自可不受拒絕；既爲紙幣，則當然不能以之鎔化或對外支付；既不兌換，則當然不能與現金同値，故人不喜用爲私藏矣；鎔化私藏及對外支付，既均不能用是等紙幣則必皆用硬幣無疑；如此，則格來森法則尚有不實現者乎？

（二）兩種金屬幣並用之時　格來森法則不特於上二種情形時實現，即兩種金屬幣並用之時，亦可實現。蓋兩種金屬幣並用則在法律上自不能不規定其比價；然兩種金屬之市價，斷不能時時與法定比價相等，或高或低，變動不定，既有高低，自分良惡，於是而格來森法則實現矣，故採用複本位制之國家，其結果往往有名而無實也。

格來森法則既必適合以上三種情形始可實現，則在其他情形之下，其不能適用，自不待言，惟即在是等情形之下，亦非毫無限制，此又不可不知者也，故卽論之於次：

（丙）格來森法則不適用之場合

（一）惡貨爲其社會否認而被拒絕使用之時　惡貨之所以驅逐良貨者，乃因其與良貨並行於市也；今既被否認而拒絕使用，則不能與良貨並行，焉能驅逐良貨哉？當我國金劵條例頒行之際，上海商人羣起反對，至今因未實行則被拒絕之貨幣其不能流通明矣！又如一八六二年美國南北戰爭之時，北政府軍費缺乏發行一種不兌的綠背紙幣 (greenbacks)，各省通行，惟加利福尼亞省 (California) 之憲法，本有禁止信用證劵爲貨幣之規定；且綠背紙幣發行之後，其價竟跌至六折以下，倘一入其境，則前此所結而未履行之契約，至支付之時，一般奸商必以此種紙幣支付債權者，於是乎大受損害，則經濟界豈不大擾亂乎？況一般人以支付紙幣之於己大利也，雖自損其道德而不顧，則風俗之善良，亦將受其影響；故加省人民拒絕之，其方法甚多，茲順次列之於次：

(A)禁止私相授受　加省人民之拒絕緣背紙幣也，首即採禁止私相授受之法。但一般人民不知其害，故遇有稍貶其價以相授者，亦受之而不辭，輾轉授受，禁止遂歸無效。此證以我國中交票停止兌現之時，國務院即頒佈嚴令禁止跌價授受，而終無毫釐之效，更可明矣！

(B)宣佈授受者之名　私相授受既不能禁止，加省人民乃出於宣佈授受者姓名之一途。以爲授受者或恐因此而損及其名譽，可以希望其不相授受；不知一般人民只顧目前小利，寧犧牲其名而不顧，且授受者日益加多，則視宣佈爲常事，絲毫無所損，故拒絕之目的，終不得達。

(C)提高利率　宣佈姓名既無效，於是乃提高利率以爲消極拒絕之法。例如貸款萬元於人者，照市年利一分，則一年之後，本利合計應收一萬一千元。今以預防紙幣償還之故，則照紙幣之市價提高利率；使紙幣之市價爲八五折，則提高年利至三分以上；一年之後，本利合計應收紙幣一萬三千餘元；以八五折合算，仍可得一萬一千元之硬幣而毫無損失。但此種辦法，表面上雖似可行，而實際則大謬不然；蓋既提高利率而使用紙幣，則紙幣之使用額增加，勢必下落至八折以下，仍不能毫無損失。况紙幣之下落，可以由八折七折以至於二三折；利率之增加，斷不能無限，蓋利率過高，則他人將不復借款也；故亦歸於無效。

(D)呈請免除實施　加省人民見提高利率之仍歸於無效也，不得已乃呈請國會免除實施；而國會爲全國立法，當然不能厚此薄彼，且一旦承認，則他省必援例請免，豈非將等於不發行乎？故終遭駁斥而仍無可奈何。

就以上情形言之，僅人民之否認，豈非終歸於無效乎！其實以此之故，格來森法則終不能充分實現，此其所以不能不認爲有限制之力也。況加省人民被國會駁斥之後，乃自籌一拒絕之法，而終達其目的，然則社會之否認，其能限制格來森法則明矣！至其方法，特論於次：

（E）預以契約載明所使用之貨幣　加省既被駁斥於國會，於是乃籌此最後之方法，以爲拒絕綠背紙幣之手段。一八六四年，加省法庭承認之，拒絕之目的乃達。蓋凡屬法貨，固以無限授受爲原則，但在交易之上，商人或恐將來債務者之以惡貨支付而受損失，故預於契約中載明其所使用之貨幣；將來支付之時，當然根據契約支付，斷不能再以惡貨塞責。法庭爲尊重契約之故，亦不能不保護債權者而責債務者之履行其契約；於是惡貨不能代良貨行使，則格來森法則當然不能實現。至一八六八年，美國最高法庭亦承認之，而全美通行矣。我國之聘用外國人員，其人亦往往在契約中先行指定所使用之貨幣，故中交票跌價之影響，未及於外國人員；愈足以證明預以契約載明所使用之貨幣之可以達到拒絕使用惡貨之目的也。

（一）良貨惡貨之額均屬有限時　無論何國何地，其使用之貨幣，必有一至少之額，設在此以下，則將不敷使用，而價值因以增高。例如某國所使用之貨幣，最少須一千萬元，而良貨惡貨各有五百萬元，使此時而驅去良貨，又因良貨惡貨之皆有限也，則必無以補其額者，於是而總額必不足一千萬，市場之上，將立感貨幣之不敷，而惡貨之價必因之漲高，則良惡將無有差異；甚或至於變惡貨爲良貨。如此，則究將誰驅乎？故格來森法則於是不能不受其限制也。

（二）良貨有限惡貨無限而當實業勃興之時　良貨惡貨均屬有限之時，其能限制格來森法則固矣！使惡貨而爲無限，則驅去良貨之後，即自代之，則其額不患不敷，而格來森法則將無限制矣。然此若在實業勃興之時，則使用額因勃興而增加，惡貨雖陸續發行，亦自有其用途而不致跌價；惡貨既不跌價，良貨自無被逐之理；格來森法則亦不能不受限制也。

（四）良貨惡貨均屬無限而當貨幣需要大於供給之時　前之所論，以貨幣之中有一種或二種有限之故，格來森法則遂受限制，然使二者均屬無限，則亦有受限制之時乎？此亦爲應有之疑問，故不可不一研究之。市場之上，有時貨幣需要大於供給，則雖兩者均屬無限，亦將受限制。蓋以兩者之產數合併使用，猶不足供給，則斷不能彼此相代，格來森法則自無實現之理。例如歐戰發生之後，歐洲各國需要貨幣之數暴增，金不足用，繼之以銀，當歐洲戰爭將起之時，銀價甚低，一旦與金並行於歐洲，依格來森法則，應即驅金幣而代之；金幣既去，則銀幣將充滿於市場，而價應日落；然至今日，銀價不惟不落，反較前高；此無他，歐洲各國需要貨幣之數暴增，雖金銀兩幣皆無限的供給，猶不足用，故格來森法則受其限制，而不能因此實現也。

吾人既已略知格來森法則適用之場合及其限制，又已知惡貨驅逐良貨之種種方法，則可以得其實現時種種條件如下。

（丁）格來森法則實現時之種種條件

（一）必須有兩種實價不等之貨幣　格來森法則者，惡貨驅逐良貨之定則也。既有良貨惡貨之分，則當然爲兩種不等實價之貨幣，此甚易明。蓋貨幣而爲一種，或即爲兩種，而其實價相等，則自無貴賤之可言。無貴賤，則何從而分良惡？無良惡，則是與格來森法則之根本已不相合，安能再實現哉？故以此爲第一之必要條件。

（二）兩種貨幣必皆爲無限法貨　使其一種爲有限法貨，則此種貨幣授受之時，若過法定限度，則受者可以拒絕收受而授者亦不能勉强；如此，則此種貨幣已失其充分代用之能力，焉能驅逐良貨乎？惟此有不可不注意者，鄉愚之人，不識法律，往往受奸商之欺，雖有限法貨，亦不知有所謂拒絕收受之規定；則格來森法則亦有時不以皆爲無限法貨爲條件矣。

（三）兩種貨幣皆須爲自由鑄造之貨幣　使其一種爲限制鑄造之貨幣，則其驅逐良貨時，不能充分產出；不能充分產出，則不能充分代用；如是，則失驅逐之力矣。惟於此有二例外，亦不可不注意焉：

（A）不兌換之輔幣　輔幣以差名價過遠，故無論何國皆爲限制鑄造。夫以差名過遠之輔幣，與主幣並行，則是顯然有良惡之分矣。然則何以不驅逐主幣乎？以其爲有限法貨，且係限制鑄造也。然使不得與主幣對換，則有之者必設法先以支付於人；如是，則主幣亦不能毫不受其驅逐，故可以兌換主幣實爲其重要之原因；不然，則亦不能收此全功也。例外一。

（B）不兌換之紙幣　紙幣之非自由鑄造，此甚易知也，而其所以能與硬幣並行者，亦以對換爲一最重要之原因；使不兌換，則人亦必以之亟亟支付；如是，則紙幣雖非自由鑄造，而格來森法則亦可實現矣。例外二。

格來森法則苟適合於上之三條件，則其必實現固矣。然則果將至何程度乎？此亦爲研究格來森法則所必有之問題，請得論之於次：

（戊）格來森法則實現後呈何程度而止

（一）至惡貨之市價與實價相等之時　惡貨之驅逐良貨也，以惡貨之名價大於實價之故；然既漸驅良貨而代之也，則市場之上，惡貨必日漸增加而不能維持其名價，以致下落；苟至市價與實價相等之時，則以惡貨支付與以良貨支付無異，則格來森法則之實現停止矣。今舉兩例於下，以證明之：

（A）兩種實價不等貨幣並用時之例　假設良貨之名價與實價相等，惡貨之實價僅爲良貨二分之一，兩者並行，則格來森法則自然實現；實現之後，惡貨之名價不能維持，必日漸下落；若至等於良貨二分之一之時，則須支付一千良貨於人者，苟同惡貨，則必支付二千；而二千惡貨之實價，既確等於一千良貨，則無絲毫之利矣。於是人之使用貨幣者，將不必以惡貨從事，則格來森法則之實現，尙有不停止之理乎？惟吾人所研究至此，有不可不先注意者，卽在惡貨幣質之產額加多，採費減少，或需要減少之時，則其本質必因是跌價，而惡貨亦因之跌至良貨二分之一以下矣；反之產額減少，採費加多，或需要加多，則不必跌至良貨二分之一之程度而止矣。

（B）新舊幣並用時之例　新舊並用之時，本亦可用前例推之；惟有不可不注意者，故特專論之。新舊幣之差，本爲磨損所致，故不甚相懸，倘在貨幣公差之內，則爲一般人所承認，格來森法則自不實現；倘在公差之外，則當視其差以定其程度矣。例如公差爲千分之三，則舊幣之減輕在千分之三以內者，與新幣無異，故不實現；若在公差之外，其差爲千分之五六，以至於千分十餘，則實現亦將至此程度矣。

（二）至良貨之額爲必要額時　良貨之被驅於惡貨也，非貨幣之使用額因此減少也，惡貨必將代之，至良貨之額減至必要額時，則惡貨已不能再爲之代，故實現停止。例如某地貨幣之使用額爲一百萬，現在良貨惡貨各五十萬，並行之後，惡貨日增，故漸驅良貨而代之；設良貨之必要額爲十萬，則良貨被驅去四十萬之時，惡貨已增至九十萬，其餘十萬良貨既爲某地必要之額，惡幣不能代之，故至此時，良貨已無可再驅者，則格來森法則之實現當然停止矣。至於此時而復增發惡貨，則亦僅見物價之騰貴，而無惡貨驅逐良貨之現象矣。

上之所論，於格來森法則實現之程度既明，再次請論其實現後之結果。

(己)格來森法則實現後之結果

(一)物價騰貴　惡貨之實價既遠不如良貨，又驅去而自代之，則向之物價値一良貨者，至此不得不取一以上之惡貨以補其損失，如此，則商人雖屬幸免，而消費者無不被其毒矣。

(二)工人風潮　因物價之騰貴，工人之薪俸必照其比例增加，然後始能維持其生活；不然，則向之以十元可以生活一月者，今以物價上高一倍之故，僅能維持其半月之生活，將何所恃乎？然商人之提高物價也，權屬諸己；屬之己者易，屬諸人者難，斷不能成正比例之增加也；於是乎而生活不能維持矣。故乞丐，盜賊，娼妓因以增加，其害不亦大乎！不然，罷工怠業日有所聞，豈經濟界之利哉？

(三)投機事業勃興　惡貨跌價之後，若能一定不易，則爲害尙小，無如高低不定，變動不常，奸商乘之，乃競趨於操縱惡貨之途，以遂其投機暴富之心；於是而資本之將以營正當業務者，一轉而爲此，況乎此等心理，實爲一種不道德之表現，積之既久，則於風俗亦有影響，其害孰大焉！

（四）利率增高　債權者因防債務者之以惡貨支付，故提高利率以自衛。利率既高，則借貸減少，社會資本遂失其運用之能力矣，豈經濟界之利哉？於此尚有須注意者，前三種結果皆在格來森法則實現之後，此則在發行惡貨之耗傳出之後，即可發生也。

（五）實業停頓　以貨幣不良之結果，能使內外資本之投於實業者異常停滯，請分別言之：

（A）內資　有資本者，未必皆知生產之人，知生產之人未必皆有資本，實業之發達，又必賴乎資本在生產者之手；則貸借之重要可知矣！今以惡貨充滿市場之故，不惟利率提高，債權者藉以防其損失，而不易貸出，即債務者亦將因市價之不定，而恐償還時市價反高，以致大受損失，而不願借入；於是資本將無由入生產者之手，而實業停頓矣。

（B）外資　外人因恐受惡貨之損失，亦將停止投資，則實業亦必因此停頓，例如以十萬元投資於我國者，至其將歸國時，本利雖得十五萬元之多；而此等惡貨之實價，僅等於良貨二分之一，則是只值七萬五千元也；較其原本已減少二萬五千元；此等損失，又非出乎營業之不當，則誰願冒此危險乎？

（六）交易上之不便　交易有大小，故貨幣不能不分貴賤；是以方今各國，對於貨幣，無不採複雜制度；對於大交易，則用金銀；對於小交易，則用鎳銅。使格來森法則實現之原因，為輔幣之不對換，或賤金屬之需要特別增加。在前者，主幣見驅於輔幣，而減少其額，則大交易不便；在後者，輔幣見驅於主幣，亦減少其額，則小交易不便。

（庚）發行惡貨之理由

格來森法則之實現，其最大原因卽爲發行惡貨。夫一國之政府，本應爲人民謀福利，又何爲而樂於如此？其故有三，請述之於次：

（一）政府之貪利　惡貨名價既與實價相去甚遠，則發一元之惡貨，卽可得若干之餘利；如此輾轉收發，則獲利甚厚；政府不良，貪此利益，遂不顧其害，此證之我國各省之競收制錢而發行銅元，卽可知矣。

（二）礦主之運動　金銀之用途，雖不止貨幣一端，然究以鑄造貨幣爲大宗，倘政府不發行新幣，則金銀之銷路停滯，礦主將蒙其害而受損失；是以必多方運動政府之收賣，此證以美國一八九〇年因礦主運動之結果，其政府承諾每月購買四百五十萬盎斯之銀塊，更可知矣。

（三）債務人之歡迎　債務人履行債務，倘有一種惡貨可以支付，則當然減少其負擔，故對發行惡貨，表示歡迎，亦未嘗無影響也。

（辛）防止格來森法則實現之方法

因政府之不良，及其他人的關係，而造成發行惡貨之原因，已如上述。然卽政府亦有發行惡貨之必要，蓋主幣雖不能使之爲惡貨，而輔幣則又不能不使之爲惡貨也。輔幣既爲惡貨，則與主幣並行，格來森法則當然實現，故不可不預籌防止之策焉。其策有四：

（一）限制輔幣之重量　輔幣之數量若過多，則人民將以之對換主幣，以流於國外，故不能不加以限制。限制之法，卽不許自由鑄造，而收其權於政府。政府知國內需要輔幣之數量，於其額內發行，故無過多之弊。

(二)限制其爲法貨之資格　輔幣若能任意支付於人，則猶不足以防止格來森法則之實現，故必限制其爲法貨之資格，而使不能充分代主幣支付。

(三)與本位幣互相兌換　設輔幣而不令與主幣互相兌換，則其價必落，人將以之儘先支付與人，而主幣亦不能不受影響。

(四)減輕其質量　例如以銀爲輔幣，而不減輕其重量或減少其純分，則一旦銀價騰貴，人民必鎔之以爲銀塊而售買。如減輕其重量或減少其純分，則名價與實價相去甚遠，銀價雖騰貴，亦難過此而上之，則自無此危險矣。

上之所述，爲國家發行輔幣而防止其驅逐主幣之方法，至於非實現於主幣輔幣間者，則惟有以契約載明其所用貨幣之一策。雖然，此在大交易固可適用，至於一二元之小交易，則斷不能用契約，惟有望政府之愼重耳。

(壬)格來森法則未嘗反乎經濟上之普通原則

格來森法則在貨幣學中無不論及，故稍研究貨幣學者，亦知之；然有兩大弊，不可不注意也。

(一)以格來森法則爲非普通之原則　吾人一觀察百貨之競爭於市場也，無不以良者驅逐惡者，而貨幣獨反是，於是遂易疑其反乎經濟上之普通原則；殊不知其與普通原則亦適合也。請分別言之：

(a)適合經濟上『取良捨惡』之原則　吾人對於百貨無不取良捨惡，卽貨幣亦然。因對於商品，吾人處於買者之地位，故擇必取良；而對於以貨幣支付於人，則與處於賣者地位無異，故受者苟不拒絕支付，自然以惡貨與之；是卽所謂『捨惡』也。例如吾人購買某物。設二者之價既相等，而一良一惡，則吾人必擇取其良者。然試設身處於賣者之地位，則必望人之取其惡者矣；特以法律無不許拒絕其惡者之規定，故賣者不能強以惡者與買者，而買者遂得取其良者以去；賣者因惡者之無人願購也，故亦不樂販賣；則商品之競爭，當然爲良者戰勝矣。至於以貨幣支付於人，則必以惡者，正與賣者願人之擇取惡商品同一心理，因法律禁止拒絕收受之故，而支付者遂得達其目的矣。此與『取良捨惡』之原則，豈不適合乎？且試問良貨之何爲而被驅也，則豈非吾人之擇取良貨以作私藏鎔化或對外支付之用乎？私藏鎔化及對外支付，其利乃屬之私藏等人之本身，故取良貨；至於對內支付，則其不利，乃屬之受者，故以惡貨與之而不顧。則格來森法則之實現，卽謂因於『取良捨惡』之原則亦無不可矣。

（b）適合經濟上『貨物向上』之原則　貨物之轉移也，必因其在所來之地之價値高於在所至之地之價値；如其不然，則斷無轉移之發生，此卽所謂『貨物向上』之原則也。良貨與惡貨之實價，設爲二與一之比；以法律關係之故，並行於市場，則相一致；及至乎國外或冶金之工場，則斷乎不能不照其實價計算，故良貨之在國外或冶金工場，其價爲二，若以在國內支付於人，則與使用惡貨無異，是其價等於一；故以良貨言，國外及冶金工場爲其價高之地，而國內爲其價低之地，依『貨物向上』之原則，其流於國外及冶金工場宜矣。又試再論惡貨，在國內支付於人，與使用良貨無異，是其價等於二，及至國外與冶金工場，則照實價計算，僅値一矣；其地位高低之關係，適與良貨相反，則其充滿於國內市場，又何疑乎！至於私藏之取良貨，似與『貨物向上』之原則無關；不知良貨將來之價値仍爲二，而此時與惡貨相等，則反不及二，故良貨當然向私藏之途；惡貨將來有跌價之虞，而此時與良貨相等，則當然宜於此時使用，皆適合『貨物向上』之原則也。

（二）以爲格來森法則實現則良貨將絕迹　良貨與惡貨並行，雖爲惡貨所驅，而日漸減少，但必無絕迹之事，以吾人有不能不用良貨之處，固非惡貨所得而盡代之也。各國各地其所需良貨，亦有一最少之額，可以謂之『良貨必要額』，在此額之內，惡貨不能驅逐之，故良貨必無絕迹之事也。至於吾人必用良貨之事，請列之於次：

（a）政府以之支付公債利息　政府爲維持其公債之信用，故支付利息必用良貨。

（b）人民以之完繳關稅等　各國之關稅郵政等照例須繳良貨，故人民對之不能不使用良貨。

（c）國際貿易上之支付，必用良貨。

（d）契約上載明使用良貨之支付。

研究至此，吾人對於格來森法則已可謂得其大略，惟其他原則，尚有與之有密切關係者，不可不研究之；如不換紙幣之原理及複本位制等是。若有志研究格來森法則者，幸先注意焉！

吾國公司之弊病

吾國公司有優點，亦有缺點。吾人今何以祇論其缺點，而不及其優點耶？蓋（一）則以吾人作事，優點係屬本分，缺點卽屬非分。雖則獎善罰惡本係平行；但彼等如有優點，亦無庸吾人爲之讚揚，早已自行宣佈。（二）則彼等缺點，局外人不易明知；惟其局外人不易明知，故局中弊病，非但不見減少，並且日見增加。所以今日鄙人特別提出討論，或許社會方面知有此項弊病，起而監視，公司方面，因此改良，卽屬萬幸。惟是今日之所言者，並非指一個公司而言，亦非指某一類公司而言，乃指中國一般公司而言。吾人固不敢決定云中國公司，皆有弊病；但我敢說中國公司犯下述之弊病者確屬不少。

（甲）從前吾國人經營企業，大概皆爲個人企業（就是以一身一家之單獨計算之企業），卽或集合親朋，合資營業，在表面上似爲共同企業，但細考其內容與其組織，實遠不及今日所謂之共同企業也。至於公司企業，固係共同企業之一，不過公司之創辦，在中國可以說爲最近二十年內之新組織。此項組織，在中國又有 close 與 open 之區別。何謂 open？open 一字，含有公開之意義，卽無論何人，均可購買公司之股票，來作該公司之股東。何謂 close？close 之意義恰與 open 相反，對於公司之股本，完全由該公司之發起人認定，非至不得已時，不願招素無關係之外人入股，如浙江興業銀行，商務印書館屬於後者（close）；中國銀行，交通銀行屬於前者(open)。以兩者數目而言，似前者較後者爲多，以治理而言，亦似前者較後者爲難。何也？公開之公司，股東對於公司之關係不甚注意，彼等專以公司之紅利爲依歸，至於公司眞實之內容，轉不聞不問。譬如某公司歲杪結帳，淨贏一百萬，當開股東會時，倘董事經理一方面以公司之實在情形報告，而一方面又主張以贏餘十分之四分派股東，作爲紅利，十分之六存於公司，作爲公積。在股東聞之，對於經理董事之辦事，固然滿意，而對於彼等之主張，必竭力反對；結果，非將贏餘之百萬，盡數分配於股東不可。然則各股東何以不允提存公積，使公司之基礎愈增穩固乎？大約此種股票極易自由受授，購股之人祇求目前一己之利益，不顧日後公司之危險，至於公司事業之發展與否，以及公司壽命之永久與否，於彼更覺淡漠。其最大原因，卽因彼之股票既可自由買入，亦可自由賣出，今年之贏餘，則股票確在彼之手中，然而明年虧本或許彼已出賣於別人，與彼全無關係。所以在股東會開會之前，經理董事對於所餘之貨物與房屋機器等一切資產，在估定成本時卽多打一折扣，譬如點存一件機器，估價可值十萬，彼祇算七萬或六萬，務使六十萬之利益皆隱匿於資產之中，而以四十萬之利益分給股東。此種方法，吾人固不能不承認爲經權達變之處置，然而股票之眞實價值已不能表現矣。局外之人祇知該公司之贏餘爲四十萬，而不知其贏餘實有一百萬，此該票之所以不能漲至應漲之程度也。但此種缺點亦不能卽稱爲公司之弊病，不過有幾多狡黠之董事與經理，卽利用此種缺點，從中作弊。彼固知公司實在之內容者，當市上股價未漲至極點之時，彼卽至市上收買該公司之股票，其目的所在：（一）以有大宗股票，公司權利，可以操縱；（二）則以賤價收買股票後，徐圖宣佈公司之內容，使該項股票價值增加，再行出賣。是爲最大之弊病，亦爲最大之黑幕。至於不公開之公司，庶可免除此種弊病。因該公司之股東皆係彼此十分親信之朋友，對於公司之利害，非常密切，對於公司之內容，非常熟悉，對於公司之責任，更非常認眞，自對於上述之誤會，缺點，弊病，不致發生。

（乙）一種公司之改進(betterment)固係極佳，但所謂改進，所謂發展，總須量力而行，方可無誤。譬如北京晨報，年來銷數愈見增加，大約每天可銷一萬份左右；惟因彼之舊有機器，每天祇能印三千份，現在不能不買每天可印一萬份以上之新機器，此卽爲改進，亦卽爲發展。倘使晨報銷路，仍舊爲三千份，而欲另買一部新機器，卽未免耗費已甚。所以『改進』二字須求營業方面有眞正之發展，並且發展之後，有實在之生產；苟其爲虛榮而傷元氣，尙不如不改進之爲妙也。又如京漢鐵路，其路線爲由北京直達張家口，但現已經擴張至綏遠，此種擴張，吾人頗認爲樂觀。因此種擴張，在路局方面可以增加收入，爲其能增加收入，所以可先動用資本。但近年以來，有幾多公司，因翻造房屋，裝潢門面，而動用極大之資本，鄙人實不敢贊同。要知此種改進，決不能使收入增加，即或有裝修之必要時，如能以歷年公積項下撥付，尙可，倘使無有公積，亦何必多此一舉哉。或言表面之觀瞻，於公司至有關係，如天津之興業銀行，自從改造房屋後，存款項下增多幾百萬，可爲明證。不知興業存款之增加，與翻造房屋原不無幾微之關係，然終不能爲根本之原因。假使興業平日之信用不甚昭著，則無論房屋如何華美，恐亦不能增加存款之數目矣。如僅因房屋壯麗，即可增加營業，則其他公司直可悉數仿效。無怪近年初創之公司，資本雖小，外表均甚華麗，而其營業之內容，却成爲一反比例。所以公司當以信用爲最關緊要，而於外表之裝飾，尙屬小事。倘使公司之公積甚多，則提出數成，裝修外表，亦屬分內之事，是可謂有百利而無一害，不過股東方面少分一點紅利已耳。從前商務印書館之資本，祇有二百五十萬，後以營業發達，合計公司之各項財產，已經超過原有資本二倍，於是擴張資本，自二百五十萬至五百萬，此添增之二百五十萬，即爲財產之增價，亦即爲歷年未經分配於股東之贏餘。當時曾議決以二百五十萬之十分之一，贈給服務年久之工人，作爲股東，使工人對於公司方面，有切身利害的關係，不致有罷工等事發現。其餘十分之九（二百二十五萬）分給舊股東，所以從前有十股之股東，現在不出一錢，變爲十九股之股東，似此贏餘之處分，確係最佳之辦法。在市面上對於舊股票之價值雖屬稍跌，（以前值一百八十元者，現在祇值一百四五十元）然一股變爲兩股，在該公司之股東仍屬合算。

(丙)各國公司增添資本方法甚多:(一)招老主顧加入。(二)先讓舊股東方面承認,不足,再招外人入股。不過在公司營業發達之時,局外人決不能經易插足;反言之,卽在公司營業不佳之際,外人始有插足之餘地也。但在此時,公司如非給以優待之條件,彼亦決不願加入。(三)由銀行墊款承買。(四)在交易所中拍賣。惟後述二法,在外國固屬可行,在中國則不能行。何也?據鄙人之觀察:(1)由銀行無充分之資本,不敢冒昧投資,萬一公司辦理不善,忽而倒閉,則銀行墊款之損失,都在自己身上。(2)中國之公司,旣如前述有不得不守秘密之苦衷,以致局外人對於該公司之股票,皆不敢買賣,所以交易所對於股票卽有行市,亦無人過問,此股票之流通所以不及公債之便利也。近日公債票之上漲,其原因卽基於是,至於基金之可靠與否,尙屬極小原因。一般頗以關餘鹽餘作抵之公債,必定可靠,其實不然。一則因付還外債用金用銀之關係,往往金價上漲,銀價下落,卽無款可餘。二則南方政府已經提用關餘,此後倘使一般不受北京政府命令之軍閥起而效尤,卽使有餘,亦與公債基金無有關係,可見某種公債之上漲,固有因於基金之可靠,但其最大之原因實大半由於求過於供之故。(3)中國之公司,對於每年結帳時所有資產負債表(balance sheet)不肯登諸報端,宣佈大衆,因此非但彼之眞實內容,不得而知,卽其大概情形,亦不易明白。所以局外之人,對於公司之股票,裹足不前,不願接受矣。

(丁)中國公司所定之官利可分爲二種:一爲一定的,一爲不定的。例如官利,最初定爲一分,以後年年如是,此爲一定的。又如每年官利,以贏餘之多少爲標準,則今年一分,明年二分,後年或係八釐,此爲無定的。不過一定之方法,比較不定之方法爲佳。何也?官利之忽多忽少,在不公開之公司方面,股東對於公司內容之贏虧,非常熟悉，決不致因分派利息之多少，發生別項問題。至於公開之公司方面，往往股東不明內容，不知利害，對於分派利息之多少，容易別生枝節。彼輩目的祇在預計之利息，倘使公司之贏餘，年多一年，而分派利息，亦年多一年，則股東固求之而不得。且由少而多，彼等當然歡迎，若由多而少，彼等決不贊成。因此種種疑慮，都由之而發生。或恐董事之從中作弊，或恨經理之處置不善。其結果，卒使公司起絕大之風潮。故公司官利，如其一定，則公司雖或有贏虧，彼亦可以截長補短也。惟有數種營業，須隨自然之趨勢而定。如招商局在歐戰方酣時，營業非常發達，此種情形，董事經理無從隱匿。倘使仍照前定之利息分派，股東必起反對。然則如之何其可耶？鄙人以為經理對於以後營業之贏餘，確有不減少之把握，則儘可以提高利息。否則，可用下二法處置該年度所得額外之贏餘（1）為分給特別紅利(extraordinary profit)，(2)為分派紅股(stock dividend)是也。

（戊）吾國各種實業公司成功者少，失敗者多，推厥原因，極為繁複，大都可分為遠因與近因兩種。如關稅之不自由，無能謀實業之保護；銀行不肯做長期放款，不能圖實業之發展；凡此皆屬於遠因。創辦之人無專門智識，復不肯求教於人，辦事疏忽，不知利害之關切，擅用股款，以圖肥己，侵蝕公資，以入私囊。（例如此次上海金融恐慌，錢莊倒閉者五六家，其中有一匯劃莊，開辦多年，平日信用尚好，不料其東家中有一蔣某者，前以販賣古董起家，近因受歐戰影響，生意衰頹，遂致一蹶不振，於是不得不以三成股子之資格向該莊挪用，少則二十萬，多則三十餘萬兩，因此內容空虛，風潮之來無法抵抗，因而倒閉。）在股東方面，則當公司發達時代，吹牛拍馬，無所不為，一旦稍虧其本，則宴會不至，開會不到，欲其追加資金，殊非易易；凡此皆屬於近因。

吾國公司中之管理方法完善者甚多，可以紗布交易所爲譬喻。該所之優點，即在定章三條：（一）款存銀行，每家不得逾十萬，如存錢莊，每家至多五萬，在此範圍之內，應存數目由會計課酌量增減。如是，則理事長與理事不能授意於會計課串通舞弊。（二）該所股東皆係紗廠紗號棉行等商業機關所有，應繳之款必需依限繳納，不得延期，蓋同立於股東之地位也。（三）凡在所內辦事之人，非自爲紗廠紗號棉行之東家，不得在所內交易。如是，則不開棉行紗號之人，不得入所買賣，免有買空賣空之投機行爲。

（己）吾國人民素好賭博與投機，惟投機爲賭博之尤者。從前紗價大漲之時，一般資本家不知經濟學中生產盛衰因果循環之理，貿然投資過於踴躍，一旦投機過分，險象環生，而活資已成爲固定之物，欲罷既有所不能，欲賣亦難尋買主。其甚焉者，竟冒先令漲落之風險，對於機器之貨價，懸而不結，希冀鎊價低下，從中漁利。不料歐戰方息，鎊價繼長增高，不得不受金銀滙兌上之損失。因此機器之成本加大（以銀計算），獲利自難有把握。凡此皆吾國紗廠失敗之主因也。近來因吾國棉花出產，爲數甚少，多空兩方易於操縱，加以政府從未定有嚴確之標準，故不能視棉之精劣以定價格之升降，更予投機家以操縱之便利。至吾國棉花交易，其取通陝爲標準者，其數量亦不過年約二三百萬擔。每至青黃不接或新棉上市之初，中外投機者流往往集合雄厚資本力圖壟斷，不知者入其圈套，不能自救，以致破家蕩產，可慨也已。

中國外債之特色

十三年八月二十五日在北大畢業同學會湖北分會演講

胡志方 田元魁 筆記

今天所講的題目是『中國外債之特色』，中國外債之特色很多，小小的地方不必細講；祇舉其犖犖大者略而言之：

（一）擔保品　歐美各國彼此借款，均無擔保品，但歐戰後亦間有用抵押者，然不多見。而中國向歐美各國借款，必須有抵押品。此是第一特色。

（二）無公私之分　歐美各國間政府互相借款，須經外交上手續。若永遠不還，或者用武力解決；政府與他國私人借款，直接向私人交涉，不經外交手續；若將來不還，只可向法庭起訴，以法律解決。乃中國無論向歐美政府或私人借款，一律均用外交上手續，外人所以用外交上手續者，因為外人見中國甚弱，借本國政府的勢力保護，以取得合同上之勝利。其結果則外人與中國簽訂合同後，往往不來履行，蓋將合同上之權利，轉售他人，如得高價，即來履行契約，否則擱置不理。外人向中政府取得一種權利後，回去將此權利轉售諸他人，獲了善價，然後才動工。若不能得利，則久不興工，美國人尤其慣於如此，故美國私人借款，成功較少。此是第二特色。

（三）以銀行為代表　各國對於中國借款，在財政上的利益，均以銀行為代表。如：

（1）日本代表有三：（A）正金銀行；（B）臺灣，朝鮮，興業合組之銀行團；（C）中華匯業銀行。

（2）美國代表有二：（A）（甲）J. P. Morgan Bank；（乙）Kuhn and Laeb；（丙）First National Bank of New York；（丁）First City National Bank；此四行為一團（B）International Banking Corporation。

(3)英國代表有二：(A)匯豐銀行；(B)福公司。

(4)法國代表有三：(A)東方匯理銀行 (Banque de L'Indo Chine)；(B) Credit Lyonnais；(C) Comptoire de L'Es-Compte。

(5)俄國代表爲道勝銀行。

(6)德國代表爲德華銀行。

各國所以要銀行爲代表者，蓋各該國均以銀行爲總司庫，將來還本付息，必由銀行處置之此是第三特色。

(四)借款國之優先權　上次向某國借款，下次關於此項借款必須先向該國接洽，若該國不借，或無款可借，然後才能向他國借貸。此是第四特色。

(五)勢力範圍　譬如京奉鐵路借款，在沿線八十英哩以內所有借款建築，必須仍向原國借款。再如英之於長江一帶日之於南滿福建，法之於雲南俄之於東清，皆其勢力範圍其有再次借款，必先向各該國接洽。此是第五特色。

(六)管理權　凡以某項財產或稅源作借款抵押者，關於某項之收入，均歸外人管理。例如善後借款二千五百萬鎊由英，法，日，德，俄承受，以鹽餘作抵，鹽餘不足以關餘充之，故關於鹽餘收入之管理，北京設有稽核總所，各省設有分所，由外人經管，所有收入，均存外國銀行，故管理權操於外人之手。又如支加哥銀行借款五百五十萬，以煙酒稅(從前向法借款，煙酒稅早已抵押於法，後向美國借款，又以此稅作抵，法人質問中政府無法應付，遂答以一爲煙酒稅，一爲公賣費，其實不過一稅兩名目耳）爲擔保，美國亦可設稽核總所及分所，但美國因爲借款數目太小不屑爲之，故祇派一顧問，所以無有實權，每月僅支出數千元薪水而已。此是第六特色。

（七）債賠各款均存入外國銀行　債賠各款存於外國銀行，是很重要的事情。例如海關收入八九千萬元，從前分存於德華，道勝，匯豐各銀行，今則僅存於匯豐一行，前此並無利息，現經中政府交涉，僅有二釐利息而已。又加鹽稅八九千萬元，亦分存於英，日，法，美各銀行，因現款存於外國銀行關係，因而發生銀根問題。譬如中國出口貨多，外人付款亦多，現款由外國銀行流入華商銀行及錢莊，則銀根寬；反之，進口貨多，華人付款多，現款由華商銀行及錢莊流入外國銀行，則銀根緊。是中國之銀根寬緊，乃就國內的外國銀行與華商銀行之現金出入而言，並非如外國銀根之寬緊，乃就國外的外國銀行與國內的本國銀行現金之出入而言也。此是第七特色。

（八）各種特權　例如以鐵路爲抵押，凡關於該路之（A）購買材料，（B）建築鐵路，（C）委派總工程師及總會計，（D）實行路成後之監督。如京奉鐵路及滬寧鐵路借款，即此類也。

外債的起因，由於發行債劵者，例如向英國銀行發行債劵，面額一百元，包與外國銀行承銷，以九折計算，如外國銀行賣九十七元，則可得七元之利益，若賣八十九元，則虧一元。債劵募足後，即用爲築路，路成則提成本總額百分五元數（5% total cost）作爲報酬。此外承認募債之銀行又有與中政府共管之權（joint control），但實際上中國局長常受外人之牽制，以致大權旁落在外國之持劵人（bondholder）因路遠不克親自稽核，只有將一切委託於承受之銀行及公司而已，於是此銀行或此公司儼然成了董事（trustee bondholders）握有全權。此是第八特色。

（九）政治作用　外國借款於中國，均有政治的野心，如日本之於南滿，俄國之於東淸；又如西原借款，係日本完全造成中國內亂，以便從中漁利，美國見日本野心勃勃，卽謀抵制之方，發起新銀行團，由英，美，法，日四國各組銀行分團(group 此國亦可加）後以四分團合組一銀團(consortium)，從前之舊代表，仍不解散，各國新銀行皆可以隨時加入新銀行團，初意政治與實業借款，均歸該團經理（後將實業借款劃歸各該國直接交涉）因日本借款多藉實業爲名，政費其實，所以政治與實業界限不易分開。此約成立四月後，美國新銀團代表拉門德到日本，邀其加入，日本要求山東內蒙南滿權利除外，方能加入，其結果美國已有應允之意，惟中國以新銀行團條件太苛，大受限制，因新銀行團係四國團結，勢力太大，磋商條件，互相牽制，反不如向各國直接交涉之易於成功，不贊成新銀行團，故未成立。中國此時外債既不能借，內債亦難募集，祇有濫發紙幣而已。此是第九特色。

今天爲兄弟在武昌最後一點鐘講演，因近日在漢口酬酢甚忙，腦筋昏亂，講得不好，很抱歉的，如有不對的地方，諸君儘可批評，期得眞理，是兄弟非常歡迎的。

金佛郎問題之研究　在武昌中華大學演講

蕭貞昌
蔡正棟　筆記

今日所討論者爲甚囂塵上之金佛郎問題，內容極爲複雜，鄙人對此無大研究，不免有班門弄斧之嫌。故今日祇述辦理此案之經過情形，與夫贊成與反對者雙方之意見，請諸君自行判斷可也。茲將應討論者數點，次第陳述之如左。

（一）辛丑和約第六款關於賠款之規定

辛丑條約訂立於一九〇一年，當拳匪亂後，條約第六款規定賠款海關銀四萬五千萬兩，由十三國分得，各國所得之數，表列如左：

國	成數	總數
俄	28·97126	130,371,120
德	20·01567	90,070,515
法	15·75072	70,870,240
美	…………	…………
英	…………	…………
日	…………	…………
	餘略	
十三國	100%	450,000,000兩

據上表，俄國所得最多，德次之，法又次之。

據條約所規定，中政府之債務以四萬五千萬爲限，至此數究能購買若干金幣，則非所問。然各國皆採用金本位制，而金銀比價又不定，因之各國所得金額時有變動，金銀比價變動之危險，由各國負之；因此各國要求中國改用金付，並定海關銀一兩，等於各該國幣若干，以法國而論海關銀一兩等於三佛郎七十五生丁。

賠款分三十九年償清，自一九〇二年至一九四〇年，每年分十二次付款。每月一次，並須加上三十九年內之利息。如是法國對中國之債權，加上利息，應償還銀一五四，七〇九，五八二兩。（連以上之七千零八十七萬之賠款在內。同時法國又要求用金佛郎給付，改爲五六〇，一六〇，九三五佛郎。（一五四，七〇九，五八二乘三·七五）。

（二）一九〇五年之換文關於以電匯交付之規定

自一九〇二年某月付第一次賠款，次月付第二次賠款。適是月銀價跌落，各國拒銀不受，要求中國付金，將金銀比價變動之危險轉移於中國。銀價愈跌，中國應付之銀款愈多，此即鎊虧之由來也。中國當然不允，爭執至三年之久，至一九〇五年始以換文解決，由中國指定三種付款方法，任各締約國選定一種：（一）付銀，即每次按照倫敦銀價交付銀兩；（二）金錢期票；（三）電匯。法，比，西，義等國遂指定用第三方法，在爭執三年之中，中國未付各國賠款，由中國補償關銀八百萬兩，由各國按成分配，至此辛丑和約賠款問題，始行解決。

（三）民國十一年七月九日之中法協定

金佛郎問題發生最大之原因，爲中法實業銀行之倒閉。該行倒閉，於法人信用不無影響，故法人不得不極力謀維持之方。但歐戰後瘡痍未復，無餘力經營此事，故欲步美國後塵，退還庚子賠款於中國。以一部份興辦教育，以一部份作該銀行復業之用。此事由法國駐京公使暗中與當局進行甚久，直至十一年七月九日在顏內閣任內始成立中法協定。

（四）中法實業銀行復業協定之要點

（甲）管理公司之包辦　中法實業銀行既倒，在復業之先，須設立一管理公司，凡銀行之債權及債務，皆歸該公司清理清理明白後，銀行始能復業，該公司在北京現已設立。中國政府尚欠繳該行股款，該行又欠有中國政府借款及私人存款而未交付者亦不少故此管理公司與中國之關係甚大。

（乙）還款中之大部份之處置　由法國發行五釐金券，換回債權人之證劵，如某甲存佛郎一萬於中法實業銀行，銀行卽對某甲負一萬佛郎之債務，某甲之債權經管理公司審查確實後，由管理公司給某甲一萬佛郎之無利證劵，此卽某甲債權之憑據。管理公司同時又在美國發行五釐金劵，以庚子賠款作基金，以後債權人卽以無利證劵換五釐金劵，規定在美國發行。五釐證劵在美發行之原因，或以美國富足，票價可以賣得高利率，可以稍低，大概內中恐尚有別種原因。

（丙）小部份賠款之處置　每年以退還賠款之一百萬金佛郎作爲興辦中法教育之用，共二十三年，計二千三百萬佛郎，合中國銀元每年不過二三十餘萬元，以些微金錢不過向吾國教育界討好而已，於實際上無甚補助。

（丁）以小部份抵充中國政府欠繳中法實業銀行股本。

中法實業銀行復業協定一共十條，以此四點爲重要。

（五）張紹曾內閣用金佛郎支付之承認

以上所講協定乃顏內閣所訂，當時往來公文，屢見有金佛郎字樣。顏閣未加注意，及協定成後，法人以爲中國承認交付金幣，蓋法國之意非付金幣不足以敷五釐金劵之基金；而中國則以爲雙方協定只將賠款退回，至若此項退回之款是否足敷基金，則非所過問，因此顏閣並未明白答應中國用金交付，不過於來往公文中『金佛郎』三字未加注意。彼此爭執甚久，直至張內閣時代始慫恿黃郛向法使正式承認用金佛郎照付，迄今張謂此協定乃顏內閣所承認，顏謂彼未承認，其實顏內閣應負疏忽之咎，而明白承認乃張內閣之過。此協定經張內閣明白承認後，全國輿論譁然，遂釀成今日重大之金佛郎問題。

（六）反對用金佛郎交付者之理由

（甲）辛丑和約於一九〇五年之換文中所稱『金款』『金債款』『金貨幣』及『用金給付』等等字樣，皆有一種特定的意義。所謂金者，即指各國金本位之金而言，並非指各國硬幣之金，所謂金款者，即用以區別銀款而已。

（乙）用電匯付給之方法，行之已久，從無異議，今法國於中途要求改電匯爲金佛郎付給，不知置該換文之效力於何地？

（丙）法國採用金本位制度，國家銀行發行紙幣，亦以金本位爲基礎，故紙幣面上印有『憑票即付現金』字樣。所以金即紙，紙即金，從無金紙之差。我國倘照換文購買電匯，僅可持向法國中央銀行兌現，誰得謂電匯非金佛郎？縱使紙幣暫時停兌，其責任當然由法國自負之，與我國何干？

（丁）法國紙幣停兌，與我國京鈔停兌，迥不相同。因爲吾國那時有兩種物價，即京鈔物價與現金物價是也。而法國祇有一種物價，並無紙物價與金物價之區別，故金即紙，紙即金也。

（戊）歐戰後各交戰國之國幣漲落無常，究竟各國國幣之跌價從何時算起，跌與不跌之界限如何劃分，證諸往事，捉摸殊難。吾人若假定目前金佛郎之匯價爲標準價，則安知將來不再跌落？因此金佛郎之標準匯價，難得一適宜之確定數。

（己）辛丑和約訂立之時，各國訂約代表俱不能想到後來金紙之有差別。至各國國幣之跌價，乃今日新發生之新變態，並非一九〇一年之各國締約代表所能預料及之。

（庚）法國對於自發之內外債，還本付息盡用紙佛郎；但對中國，則要求金佛郎支付，殊欠公平。

（七）贊成用金佛郎交付者之理由

此層乃中政府顧問寶道（Padoux）所主張，並著有金佛郎問題一書，其裏面贊成之理由：

（甲）凡關於庚子賠款之往來公文中，有『金債款』(debt in gold)，『金額』(sum in gold)，『金幣』(gold currency)，『用金付給』(payment in gold)，及『金佛郎』(gold francs)等等字樣，甚爲明晰。所謂金者，即五金之金。『金貨幣』(gold currency)與中國之『銀貨幣』(silver currency)相對照，中國銀貨幣即指銀幣而言，非紙幣所能冒充，則金貨幣亦必指定金幣而言，並非紙幣也明甚。

（乙）辛丑賠款總款除利息外，海關銀共四萬五千萬兩，易爲金款。此款爲一總賠款(single sum)。至各國應分得之成數，則以各國之損失爲根據。以俄國爲最多，等於百分之二十八強，德次之，得百分之二十強，法又次之，分得百分之十五強。以各國所得之成數相加，則得一百。此數即是總賠款。若法國所得之百分十五，以紙幣計算，則一百不成爲一百矣。

（丙）辛丑各國訂約代表，腦筋中均有貨幣跌價之先見。法國紙幣曾於一八四八年革命時代跌價一次，一八七〇年普法戰爭時又跌價一次，俄國自一八五六年起至一八九六年止，曾有長時間之一大經濟恐慌。其時俄國採用銀本位，而俄政府不能使紙盧布與銀盧布一律行使，故一八九六年俄國改用金本位，發行金盧布。美國於南北戰爭時代，亦有紙幣跌價之恐慌，故辛丑締約代表，不能謂其爲無紙幣跌價之先見也。

（丁）法國電匯所以不用金佛郎計算者，因金佛郎與電匯無大關係也。比方由上海匯解一千佛郎至巴黎，與某甲收用，而某甲固可指定收入眞金佛郎，但是與金佛郎有同等效力之貨幣仍然收入，其他種方法將金佛郎折成金鎊或美金亦可收入。設電匯中指定金佛郎，則付款人非付金幣不可，於事實上殊多阻礙。故電匯不用硬幣計算者職是之故。但中國政府對於賠款須用金佛郎付給者，係條約所規定，不能因無金佛郎電匯行市而改用紙佛郎也。

（戊）法國係複本位制，金固爲本位，銀亦爲本位，二者立於同等地位。法國銀行所發行之紙幣，可以兌換現貨(specie)，而現貨又包括金貨與銀貨兩種。倘有人持紙幣向銀行兌現，銀行可以銀子交付，而銀子再不能兌取金子，所以中國以紙佛郎交付法國，法國可以拒絕，因爲法國銀行可用銀幣兌換紙佛郎，無用金幣兌現之必要。但中國對法之債務，指定用金，銀幣不能抵償金債務。

以上所述之二派意見，皆有充分的理由，惟欲研究何者理由正當，乃一極困難之事。因此問題牽涉甚廣，討論此題者，要有較好的法律知識，熟悉國際條約，明白法國貨幣制度的歷史，以及國際匯兌與經濟常識等等。兄弟對於法律未深加研究，經濟知識亦嫌薄弱，故只將各派之意見介紹於在座者，至何者對，何者不對，則不加一語，使聽者自行評判。蓋大學教授不過多看幾部書，其意見亦未必定皆精到故也。兄弟今日亦倣此法，只將二派意見介紹於諸君之前，至何者理由正當，還請質諸諸君。

無確實抵押品之內外債問題

十三年八月在武昌中華大學暑校演講

（一）無相當抵押品之內債

中國現在最危險之問題，首推無確實抵押品之外債，而內債次之。蓋外債不還，則有破產之危險；內債不還，則失國家之信用。政府當局對此問題，非常重視，而一般財政學者亦特別注意，於是整理之說興焉。但依兄弟個人之意見，則似可不必多此整理一舉。蓋當紛亂時代，無事不亂，必欲一一整理之，吾恐整不勝整，理不勝理，從前之紛亂方去，以後之紛亂又來。例如家有四子，不肖者三，成器者一，設其不肖之三子在外借債，肆行揮霍，試問其餘之一子能否得一概整理而清償之？吾恐不惟不能清算整理，且恐彼三不肖者反因此有所依恃而愈借愈多也。背道而馳，豈非大謬？然今日之討論財政者多欲先從整理內外債入手，其主張大致如下。

茲先將我國一切內外債務表列如下：（據劉大鈞先生之『無抵押內外債之分析』，載在北京銀行月刊第三卷第五號。）

	財政部十一年十月宣佈數目（每鎊八元）	經濟討論處十二年六月修正數目（每鎊九元）
1 有抵押內債	208,409,592 元	233,841,372 元
2 有抵押外債	992,684,575 元	1,087,500,100 元
3 德債	2,231,056 元	2,230,000 元
4 奧債	35,090,516 元	39,500,000 元
5 無確實抵押內債	130,400,000 元	95,148,890 元
6 無確實抵押外債	220,930,000 元	224,000,000 元
7 短債審查會審定鹽餘借款餘數	23,500,000 元	23,500,000 元
8 國庫券	33,700,000 元	55,389,339 元
9 短期借款	40,890,000 元	22,068,427 元
合　　計	1,687,835,739 元	1,783,178,028 元

據上表自第一項至第四項皆無問題，惟第五項無抵押品之內債，財政部數目大，經濟討論處數目小，因此項數目已經討論處修正故也。例如前者包含九六公債全數，而後者則將日金部份之九六公債剔除。第六項無

確實抵押品之外債爲本題之最切要者。第七，第八，及第九等項亦在應討論之列。第七項鹽餘借款餘數係審查合格但仍未以九六公債償還之鹽餘借款。第八項國庫劵係不付息之借款。財政部十一年十月所宣佈之五六，七八與九諸項合計爲四四九，四二〇，〇〇〇元修正數目合計爲四五九，六〇六，六五六元，此外加上利息，財政部之數目爲三九，五二〇，〇〇〇元，修正數目爲六六，〇〇〇，〇〇〇元。整理公債之意見各人主張不同，法人寶道主張無論內外債一律以二五附加稅整理之；美國商會主張先整理外債，有餘然後整理內債；中國財政部以此主張太偏不可實行。因爲外債不見得皆是正當的，如日本之西原借款（卽交通借款，礦林借款，吉會借款，滿蒙借款，高徐借款及參戰借款等共計七項）爲數達一萬五千萬元之鉅，日本明知中國安福系用於戰爭，故意助長中國內亂，彼乃從旁攫取利權。美國從前對中國政治上外交上無野心，自歐戰後國富增加，遂想在中國方面排除日本之勢力，難保其以後對中國絕對無野心。舉凡不正當之內外債，皆是强盜之性質，決不因其爲外債而特別優待之。內債亦非盡係不正當的，正當之內債當然應整理清償。

外國借款團要求中國先以關餘整理外債，而後整理內債。中國反對此說，謂債務之整理，應以關餘爲擔保之優先權成立之先後爲標準，不應以內外債爲標準，如九六公債首先以關稅値百抽五實行後之鹽餘作基金，九六公債有優先權，外債不能侵奪之。其實借款團亦非絕對無理，由中國人之反對係出於誤會，蓋各國政府對於債務之整理，首先注重外債。內債可不整理，而外債則不可不整理。因內債不還，不過對人民損失國家之信用；外債不還，必致牽動國際交涉，從前印度與埃及俱以外債亡國，言之痛心，此借款團之所以主張整理債務當從外債着手也。然自吾人觀之，整理外債，亦應審其性質若何，如遇有不合格之外債，應否淸償，尙有斟酌之必要。

上表五七八與九諸項相加，則爲無抵押內債之總額，其數目爲一九六，一〇六，六五六元，與內外債總數四五九，六〇六，六五六元相較，則內債之成數佔總債額 43%；而外債佔 57%。債額數目各家所記不同，計有七種，大概以經濟討論處之數目爲可靠，因爲中國慣例，金錢可買祕密，經濟討論處經費充足，且有專門人才，故其所得之數目較爲確實也。第一爲財政部數目，第二爲張英華數目，第三爲李景銘數目，第四爲寶道之數目，第五爲恢之數目，第六爲經濟討論處之數目，今列表如下：

	本金	利息	截至何日止
1 財政部	449,420,000	39,520,000	十一年九月
2 張英華	494,525,000	82,450,000	十二年年底
3 李景銘	472,800,000	40,000,000	
4 寶道	503,396,000	66,000,000	十二年六月
5 恢	400,000,000		
6 經濟討論會	460,000,000	66,000,000	十二年六月
六數平均	463,350,000		

內債中最大者爲九六公債，其數額爲九千六百萬，故名，原民國八年安福系倒後，中國對外之信用已失，而向例籌款辦法只有（1）借債（內外債）（2）加稅；（3）發紙幣。

（1）（2）兩項爲財政關係，（3）項爲金融關係，二者迥然不同，而中國常局往往將財政與金融混爲一談，例如湖北款項不足時，發行官票，以官地作抵；鼓鑄銅元，共流通於市面。隨意增加，財政金融混合不分，故政費不足則增發官票，軍餉不足亦增發官票，在湖北然，在北京亦然。政府信用既失，借債不可得，加稅不能行，故只有發行紙幣之一途，此係金融問題，茲不贅述。而外債內債及加稅三者之中，惟內債比較容易舉行，因國內各銀行每好貪圖高利，故不惜以鉅資借給政府也。北京乃政治中心，非如漢口一大商埠，然而北京銀行林立，不亞於漢口者，大概各銀行皆爲作此種投資而設。

張弧長財政時，以董康作審查短期債款委員會長，博『財政公開』之美名，不意董康辦事不苟，將各銀行借款黑幕和盤托出，據董康之報告，利息有達八九分者。西洋人常以猶太人專放高利爲不齒於人類，今北京之各銀行，其苛刻程度實較猶太人遠甚。各種債務條件宣佈後，其利息多在三分以上，其原因如下：

（A）折扣　如債款一萬元，只交九千四百元，此之謂九四交款；

（B）匯水　借款作爲在上海成立，由上海匯至北京，故要匯水幾百元；

（C）兌換上之盤剝　銀行交付之款有用外幣者，如日金或佛郎，以外幣折合規元，以規元折合公砝，復以公砝折成洋錢，層層盤剝，獲利不少。

三項總計，再加以利息，為數甚鉅，因借款於政府者有若是之大利可圖，故北京銀行林立，而政府亦因自民八以來，無外債可借，只受其要挾，直至今日，此項零星借款已達一萬萬元以上，未始非銀行助桀為虐鑄成之大錯！

總稅務司安格聯曾提議發行九千萬元內債，以鹽餘作擔保，但鹽餘須歸彼掌管。中國因此層太危險，未從。是後各銀行組織一團體，名之曰鹽餘借款團，與政府公開商議償還之方法。

『鹽餘』一語，乃指中國鹽稅收入九千萬中除去抵押外債外所餘之款項而言。如有鹽餘三百萬，政府以此作擔保向銀行借款，銀行不知政府有無鹽餘，或有鹽餘是否曾作基金，不敢輕信，要求洋稽核簽字證明，其實鹽餘乃中國所有，本可自由處分，以無信用之故，遂非外人證明不可。設鹽餘不足擔保或無鹽餘時，外人不肯簽字，中國政府乃商通外國銀行之買辦，由買辦證明，以此方法，政府每每向各銀行借款，其結果則借款數宗，未見有一元鹽餘。至張弧請董康整理內債時，董康將內容盡行宣佈，凡利率在三分以上者認為違法，盡不承認。但已經審查合格之內債，均給以九六公債。

九六公債因發行之數量而命名，既如上述，其中日金部份為三九，六〇〇，〇〇〇，極確切可靠，因有鹽餘作抵押品，而鹽餘又先由日本正金銀行扣除。國幣部份之五六，四〇〇，〇〇〇極不可靠，因在關稅值百抽五未實行以前，名義上以鹽餘作擔保，實際上已無鹽餘之可言，不過政府設一騙人之局耳。即切實值百抽五實行後，所增收之關稅，歸納於關餘之內。但關餘為整理案內各債之基金，抽籤還本須按一定之程序，述之如下：

(A)金融公債　每年抽籤兩次每次償本約五百萬元，第一期在三月，第二期在九月。

(B)軍需公債　此項公債爲數甚少，每次償還金融公債之關餘有餘額時，卽作爲償付軍需公債之用。

(C)整七公債　金融與軍需公債償還有餘額時償還之。

(D)金融公債第二次抽籤。

(E)整六公債爲最後一次之抽籤，至五年與七年公債現尙未屆償還期間，每年只付息兩次，並不甚急。惟五年自民國十五年起還本，七年長期自民國十八年起還本。

更有述者金融公債雖經財政部規定如是，業已實行數次但十二年九月應還本之金融公債，至今日（十三年五月）始行補抽還本而整七，整六因之尤無抽籤之望，則中國部份之九六公債，實無基金之可言。總稅務司安格聯又不負責任，搖搖動動，只付過一次利息現時變作市面上一種投機品，職是之故。

舉凡一種公債付息還本皆能如所定期限，其價錢上下必無大變動，而投機家亦無所施其技能，九六公債旣未如是確定，所以北京之一般無恥議員，官僚，政客及比較富厚之婦女等等皆大發展其投機本領，竟不惜孤注一擲，醜態百出，運動與包圍財長及造謠，以圖達到獲利之目的，故北京之證劵營業特別繁盛。漢口從未設立此項交易所，未受其害，誠爲莫大幸事。從前上海初設立交易所時，鄙人極力提倡，厥後設立至百數十餘所，其時並有磚瓦蔴袋泥沙等等交易所之設立，概以各所之股票作投機品，其紛亂及流毒社會之情形，已可想見，雖然，社會上目前受痛苦，吾人不能承認交易所不良，證以美國從前之歷史，大致與中國情形相同，現時却有大進步，上海近來僅剩有數個，安知將來無進步？

此外將交易所裏面之名辭亦連帶說明之：

(甲)賣出或拋出　此層係賣者看落手中無現貨而賣出之謂。

(乙)長貨　卽買進公債，祕密運動付息，使之提高價格而賣出之謂。

九六公債既危險如此，而投機之弊竇又如彼，吾人倘若加以整理之法，恐猶治絲而紛之。論者主張政府下令禁止期貨交易，但公債之漲落，在還本付息之無定期，苟政府早定辦法，使本息有着，價錢或不至有劇烈之變動，則投機者將不禁而自消滅矣。

前表所列之第五項無確實抵押品之內債，財政部係以九六公債全數算入，故其數目爲一三〇，四〇〇，〇〇〇，但此數係九六，〇〇〇，〇〇〇與三四，四〇〇，〇〇〇相加而成。民國元年公債可以換取整理六釐公債，八年七釐公債可以換取整七公債。按整理基金之辦法，元年公債每百元可以換取整六四十元，八年公債每百元可以換取整七四十元，此項公債係以關餘作擔保，付息有定期，但其中有以吃虧太大，不願意換取者，元年與八年之公債仍自繼續有效。上述之三四，四〇〇，〇〇〇，卽包括未換之元年及八年之公債也。此兩項公債皆係無確實抵押之內債。

(二)無相當抵押品之外債

外債不如內債之糟，其整理之法亦有數種難關，不能一致待遇：

(1)利息之高低不同　自大體方面言之，外債以七釐之利息居多，而八九釐以上者則甚少。大概英美利息低，而法日利息高，因為美國有一次借款利息五釐，三次為六釐，兩次為八釐，可以事實證明的。其整理之法當然不能視同一律，必有一種區別。

(2)期限之遲早　借款屆期之遲早不同，而訂約之期限亦有長短，其未到期者似可稍緩。

(3)抵押品之性質　某項借款以某種物作抵押品，其性質亦各異，例如以菸酒稅及建築物等等作抵押品。大概用作抵押品之物不外大宗收入，而又為一國之財源者居多。美國從前借款與中國本無野心；日本則反是。現在美國對中國之心理如何，殊難斷定。

(4)地位不同　例如日本人借款於中國之安福系，欲以借款手腕操縱中國政權，乃日本借款之特殊地位。

(5)經手人之不同　例如中法間借款多由中法實業銀行經手，今中法實業銀行尚未復業，不必亟亟。

以下再就英美及日本之借款略述之：

英國借款未屆期者甚多，例如阿模士莊借款，貨物未交，當然不必急還；又如漢口埠頭借三妙爾公司之款，實為必須償還之急債，因為修築商埠乃指正當用途。

日本借款之總額為一四一，二四九，一一四，此係十二年六月底之計數，至此時又須加上年餘之利息，其中如吉會，高徐，順濟及滿蒙各鐵路借款共五〇，〇〇〇，〇〇〇元，尚有林礦借款為三〇，〇〇〇，〇

○○，此兩項總計爲日金八○，○○○，○○○，折合國幣七○，○○○，○○○元。高徐，順濟並未指定償還期間，而林礦借款尚有四年，幾乎亦不急之債務。以上借款就已知者言之，其餘因不易探求，祇暫時擱置勿論。

美國當歐戰時國富陡增，日本次之。然而日本地震後，得不償失，此時惟美國甲全球，美國禁止日本移民入境，說者謂爲日美戰爭之預兆，藉美國之勢力以壓制日本，將來日本一敗塗地，不亦中國之大幸耶？不知日本經濟勢力比較美國小，倘若將來日本戰敗，美國操縱吾國經濟，其痛苦更有甚於今日者。故吾不希望日美有戰事發生，無論誰勝誰敗，於中國必無裨益。美國對於中國之債權爲二二，一三八，二六六；十年及十一年屆期者如支加哥之五，五○○，○○○及太平洋拓殖公司之五，五○○，○○○，此兩項借款皆極正當，不如日本之西原借款含有惡意者，故當首先清理之。

以上所述之債務既如是之多，其整理之方法亦未能一概而論，總而言之：（甲）當化散爲整；（乙）減重利爲輕利；（丙）展長期間。此三種爲中國方面之利益。（丁）擔保確實，即以二五附加稅爲擔保，使外債基金穩固，此係外人方面所獲之利益。

政府發行五釐或六釐新債，換回各種舊債，如舊債之息高於新債，則可將新債票折價交換，例如六釐舊債，可付以五釐新債，債權者當然不甚樂從，如此可打一九扣，以合於六釐之息。至延期還本一層，例須斟酌，如果定期太長，則中國政府付息之損失太大；倘若太短，則政費無着，無從償還，最好定爲十七八年。

（三）結論

以上所述主張整理者之意見，不過今日之中國，軍閥專橫，窮兵黷武，雖竭全國之財源，難塡無底之餉窟與私人之慾壑，以致國貧民病，高築債臺，近且紛亂如蔴，整理莫由，成爲今日之一大問題。貧窮之政府，當盡押絕借債無門，除賣國而外，別無籌款之法。彼有識者憂蹈埃及印度以外債亡國之覆轍，主張如何整理，爲國家計固未可厚非，獨惜其未慮及將來之大害耳！蓋不加整理，則外資無從投入，內債亦難借得。如果一旦加以整理，則債額日增，餉糈有出，軍閥更可展其殺人之伎倆，助長政府之罪惡。借款與政府者固罪不容於死，而整理者亦未辭其咎。整理卽間接增政府之罪過，此鄙人之所以主張不整理之意也。

中國幣制問題

十三年八月二十一日在武昌中華大學演講

中國幣制問題，非常複雜，各派意見，亦極不一致。欲一一說明之，決非短促時間所能畢事，茲略舉一二以討論之。有人主張中國應經過金匯兌本位，然後進至金本位，但據兄弟之意見，在未用金匯兌本位之先，必須統一銀本位，因中國現時之銀本位複雜已極，如上海用規元，天津用行化，北京用公砝，漢口用洋例等等，其他各地及各種名目，不勝枚舉。而各處平之大小，銀之成色，又極不一致。若不預先統一，而驟用金匯兌本位，則銀本位紊亂之情形內，又加入以金，則金融紊亂之情形，當變本加厲矣。

又有人主張先就海關方面改用金本位，其理由如下：

（一）以便外債之確定　外國用金，中國用銀，金銀比價，常有變動。銀落金漲，則中國吃虧。例如中國應償還英國金鎊一百萬鎊，每鎊八元，則須八百萬元，若每鎊九元，則須九百萬元，若每鎊十元，則須一千萬元。如是則外債時增時減，其數目不能確定，故不如用金幣之便於清算也。

(二)以便關餘之確定　關稅為外債之擔保，關餘為內債之擔保。關餘之由來，係以銀幣購買金幣清償債賠各款時所餘下之銀兩。譬如關稅淨收入為一千萬元，今日一鎊八元，則一百萬鎊之外債，只須洋八百萬元，即有二百萬元之關餘。明日一鎊九元，則一百萬鎊之外債，只須九百萬元，即有一百萬元之關餘。設後日一鎊十一元，則一百萬鎊須洋一千一百萬元。不惟無關餘之可言，且生出一百萬元之鎊虧，如此，則內債之擔保品無着落矣。若海關用金，則無此種危險。

(三)以便整理案之實施　欲整理內外債，必發行新債券，化散為整，如此，必用擔保而須基金。基金用銀，則時漲時跌，不能確定。於整理案之實施，必生妨礙與困難。如用金則基金固定，擔保確實，自便於整理案之進行也。

本以上三種理由，故有人主張改用金本位制，先由海關着手。其餘田賦及內地各項稅收暫用銀本位。初以海關一方面為試驗，然後逐漸推廣至其他各方面。其所用之金，以金鎊為主，不用美金及日金，因進出口貨用金鎊者，佔十之八九，此蓋援例於俄國。從先俄國貨幣只有銀紙二種，迨一八七六年，乃改海關方面用金鎊。懷疑者曰，中國海關用英國金鎊，國家體面之謂何，解之者曰，是無妨也，美國德國於未確定本位以前，皆用外幣為法償幣。歐戰以後，歐陸諸國紙幣紛亂，契約上多用英金美金為單位者，先例俱在，庸何傷哉？故仍主張改用金鎊為是。兄弟意見，此舉如能辦到，固妙，然銀本位未統一以前，決不宜用金本位。換言之，即內地貨幣不統一，而驟用金貨，則金融情形更加紊亂矣。欲統一內地貨幣，非用袁世凱洋元不可，蓋中國各種洋元總額爲八萬萬元，而袁頭洋爲數已達六萬萬元。故以之統一銀本位，實爲事半功倍之舉焉。

在銀本位未統一之先，海關不能改用金貨之理由：

(一)政府損失　外貨入口，貨單上用金價(起岸價)上岸買賣用銀價(市價)，二者比較，自必以市價爲大。我國海關值百抽五，例如某貨起岸價爲十鎊，市價爲一百元，如以鎊價八元按起岸價計算，應抽四元，按市價計算，可抽五元，則多抽一元，如改用金貨，則中國無此一元之得，而政府受其損失矣。

(二)外人反對　起岸價與市價之比較，各國大小不同，大概英國起岸價多，德國起岸價小。若海關一律用起岸價值百抽五徵收，則英之負擔重，而德之負擔輕，待遇不平，外人必起反對。茲將各國起岸價與市價之差額表列如下。

起岸價比市價

英	……13強
法	……15強
美	……16強
德	……26強
意	……54強
其餘	……17

觀上表，可知英貨之市價大於起岸價百分之十三強，而德國則爲百分之五十四。若一律按起岸價徵收，殊欠公允。

(三)標準無定　有多少國家無起岸價，如新加坡，香港，日本三處所來之貨，並無貨單，無由知其起岸價，則以何物爲標準耶？且民國九年此三處之進口貨佔進口貨總額52%，欲改用金本位，事實上萬難做到。

(四)調查困難　例如德國金錶進口，分甲乙二批，甲開貨單十五元，乙開貨單十二元，究竟誰實誰虛，海關有懷疑時不能直接打電報到德探問，則此疑團無法解決。若用市價，則只將市上行市略事調查，卽可知其實矣。如下圖：

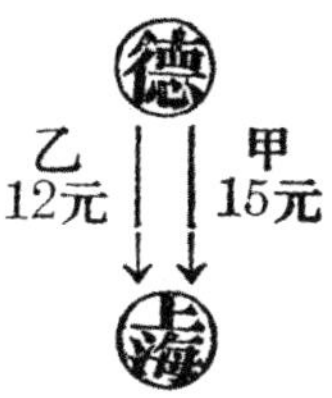

（五）違反經濟原則　凡外貨入口零星價目必大，大批價目必小，價大則稅多，價小則稅少。但按經濟的原則，殊欠公平。蓋財力大者稅應多，今則反少，財力小者稅應少，今則反多，與經濟原則大相背馳。

（六）給予奸商取巧之機會　例如日本某公司設總行於日本，設分行於上海，貨物由日本運到上海，總行來貨成本假定爲一萬元，加上盈餘二千元，則其貨單上應開一萬二千元。乃其事實上不然，彼入口時只肯報一萬元，將盈利二千元隱匿不報，蓋總公司對分公司不能計算盈餘也。迨入口後，賣與華人則仍爲一萬二千元。蓋以値百抽五之稅率，就貨單一萬元計算，只須稅五百元，就市價一萬二千元計算，則須稅六百元，而實際上日人可以利用此種方法以取巧，而海關竟莫可如何也。

要而言之，一國有一國特別之情形，故俄國可用金，而我國不可用金，德國可用金，而我國不可用金。以上關於海關不能單獨用金之理。既不能單獨用金，則必統一銀幣；以下請言統一銀幣之方法。

銀幣統一方法，可分數類如下：

（一）廢兩用元　欲用元則用袁頭洋卽爲已足，因其勢力非常之大。至廢兩問題，則非此篇所能畢述，可於（1）北京銀行月刊及漢口銀行雜誌（2）上海總商會月報（3）東方雜誌（4）錢業月報中參考拙著。約略言之，兩之種類非常複雜，牛莊有牛莊的兩，北京有北京的兩，天津有天津的兩，上海漢口亦各有上海漢口之兩。廢兩之法，第一在廢去上海之規元，因其勢力甚大，規元去，則兩自可漸趨於廢棄之地位矣。

（二）統一造幣廠　茲特就洋元而論，各處銀元成色不同，重量亦異。因奉天，南京，杭州，安徽，廣東各處之洋元，各自爲謀，不相關聯，故欲廢兩用元，必先打倒規元，欲打倒規元必先劃一洋元之成色與重量，欲劃一成色與重量，舍統一造幣廠外，其道末由。造幣廠收爲國有，化衆爲一，切實整頓，則自統一矣。

（三）自由鑄造　造幣廠既統一矣，繼之以自由鑄造政策，實爲改良幣制者所必採取。民國三年之國幣條例，許人民以自由鑄造，但現在事實上不如此。例如上海，南京，杭州三處，只杭州南京二處有造幣廠可以鑄洋，上海商家無論何人，欲造洋錢，則以大條銀或元寶運往南京或杭州造幣廠，請其鑄造，給以鑄造費，是爲自由鑄造。但實際上並不能令商人自由實某某二行所操縱。二行與二廠訂有條約，專代二行鑄造。每次遇風險各處須洋者，必須向二行收買，於是洋元乃發生虛價，例如洋元實價爲六九，而虛價（洋釐）變爲七一，而洋元因供求關係，時有變動，不能作爲本位，而規元乃利用其劃一不變之優點，代之而爲本位矣。以上係就主幣言之，茲更就輔幣言之：

輔幣分（1）五角（半元）（2）二角，（3）一角，（4）銅子四種。國幣條例規定十釐換一銅子，十銅子換一角，十角換一元。

如上規定辦法，豈不直截了當？無如現在制錢（卽一釐）旣已絕迹，而一角二角之洋元又係名不符實。例如北洋造幣廠造出小洋（輔幣）發與銀行，銀行發與錢莊，錢莊發與鄉人，鄉人乃以小角返至銀行與錢莊，換取大洋，迨錢莊小角集多時，再往造幣廠兌大洋，實爲正當。乃造幣廠翻改面目，不肯兌換，錢莊與銀行，莫可如何，只得自受虧折，徒呼負負。錢莊旣首次吃虧，二次不得不圖自衞之法，乃將大洋價値擡高，小角因之跌價，向之十角換一元者，至此必十一角換一元也。欲救此幣，惟有由政府切實整頓，認眞辦理，不許造幣廠帶營業性質，不許多造輔幣，則此種弊病漸去，民困漸蘇，貨幣前途庶有望乎。

夫銅元愈多，則物價愈貴，彼之收入以洋元爲單位者，受害猶淺。其最吃苦者，一般貧苦之小民耳。彼蚩蚩者流，日揮其血汗而不得一飽，其致命之傷，卽在此處。夫身爲中國之人，深悉中國之病，而隱忍苦痛不肯輕於一吐，坐視同胞之病於不顧，豈有心肝者所願爲耶？今兄弟明知言多必敗，遭人怨尤，然爲良心計，不可不本所知以爲大家告。諸君皆係年富力强之青年，來日方長，前途成就，必較兄弟爲優，倘望本其所學，以爲吾國全體之人民謀幸福，則尤兄弟之所深盼而渴望者也。

德發債票問題

十三年八月二十二日在國立武昌商科大學演講

金國珍
蕭貞昌　筆記

兄弟自到武漢以來，已講演十餘次，自已以爲重要之問題，都已陳述。今日應貴校之召，來此講演，祗好將已過之『德發債票問題』討論之。此問題雖已成過去事實，但此事之解決，未經國會通過，亦有討論之價値。

何謂德發債票？中國外債之債票係分在歐美各國發行。在英發行者，則名英發債票；在法發行者，則名法發債票；則德發行者，則名德發債票。中國在德發行債票與本問題有關係者一共三種：計津浦原債票，津浦續債票與湖廣債票，總名之曰德發債票。

歐戰開始後，協約各國要求我國加入戰團，並許中國兩種利益：（一）庚子賠款延期五年。庚子賠款四萬五千萬兩，連同利息計九萬幾千萬兩，分三十九年償清——自一九〇二年至一九四〇年，因延期五年，故改至一九四五年還清。（2）改訂稅則。以中外條約協定中國稅率，對進口各貨，一律値百抽五。本來訂定稅則，本國家主權，進口貨品類有不同，稅率應有差別。如酒係奢侈品，進口之酒，理應重抽關稅；布爲必需品，稅不宜過重。今外國進口之酒，皆一律値百抽五，中國紹酒如欲運往北京則有煙酒稅，牌照稅，煙酒公賣費，釐捐等等盤剝，計稅率約百分之七十，而所經各處之釐金尚不在內。反之，吾國抽外貨之稅，名雖値百抽五，其實不及此數。因關稅有：（1）從價稅（ad valorem），（2）從量稅（specific）二種。從價稅者，即按貨物之價以稅之之謂，如鑽石一個，估價千元，即按千元抽百分五之稅，計共五十元；從量稅者，即按貨物之重量尺寸而抽之之稅，譬如一九〇二年白布一疋，估銀十兩，抽稅五錢。以後每疋納稅五錢。從前白布每疋値十元者，至今已漲至二十元，今仍納稅五錢，則僅値百抽二·五矣。故外人許中國以修改稅則之利益，使之適合値百抽五之實數。此點與本問題無關，姑略附帶述之。

以上外人所許中國之利益，第一點實弊大於利，因彼非退還庚子賠款，不過許中國緩交五年。中國所得之利益，不過得利用此緩交之款而已。詎中國政府有一大餘款，卽以此作基金，發行七短七長兩種公債，收回京鈔，該時京鈔之價甚低，一般投機者流竭力收買，掉換公債，大發其財。第二點修改稅則，乃中國應有之權利，外人不能以此作爲條件，此端一開，將來無事可辦矣。

協約國向我國要求加入後，中國人意見分贊成反對二派。是贊成者得勢，遂對德宣戰。

德戰敗後，協約各國要求德國賠款。中國要求：(1)戰爭賠償損失約一二三，〇〇〇，〇〇〇元，(2)戰時費用一〇〇，五〇〇，〇〇〇元(小數從略)。此乃民國十年成立之中德協定所規定之數目。然照凡爾賽和約原則，各國只可索償海陸空中戰爭或作戰行爲直接所致之損失，須免除參戰費的賠款。如此，則中國應得之賠款，減少一半，而損失之中(一二三，〇〇〇，〇〇〇)又須免除：

(一)間接損失，如(a)材料煤斤加價，(b)路工延期利息等。

(二)商人之損失，如德商人欠中國商人債務，約計三千萬元，德商歸國應戰而死，則華商之債權無由索取。此等賠償，政府決定不與戰爭損失並案辦理，由華商直接要求德商賠償，如此減而又減，中國應得之款，爲數已無多矣。

民國十年中德協定成立時，德政府交付中政府洋四百萬元。其餘應付中國之數，以下列諸項抵償之：

(A)湖廣債票　津浦原債票與津浦續債票兩種債票，以及到期利息票等共三百六十六萬二千二百七十鎊，合銀元約三千零八十三萬九千餘元，連同民國十年已交之四百萬元，計共三千四百八十三萬九千餘元。

（B）善後借款到期息票一百零八萬鎊，民初袁世凱與英，德，法，日，俄五國所借之款，名曰善後借款，計共二千五百萬鎊，以鹽稅作抵，德國部份自宣戰後停付德人的利息，至今已達一百零八萬鎊，存於倫敦銀行的約合洋一千萬元。

（C）中國政府所欠清理德僑財產款項及欠德商各種債務，由德國政府代為還清之數，約計四千萬元。

以上三項連現洋四百萬元，共八千四百八十三萬元。其中現時可望提回者惟存於倫敦銀行之一百零八萬鎊之利息而已。不意中政府向銀行提取，該銀行竟不付款，因協約各國戰後組織一賠償委員會向德討債，德人不付款，法人即依畢斯麥包圍巴黎之舉佔據魯爾（Ruhr）區域，以報復德人。凡德國之財產，皆可作賠款之用，此款非經委員會許可，不得作其他用途。賠款委員會認此利息為德人之財源，故中政府向英銀行提不出來。中政府只有對英銀行提起訴訟之一途。（目下已經取回，且款已用罄。）

以上乃德發債票之大略情形，至各派對此事之意見，有極滿意的，亦有極力反對的。滿意者乃政府當局，反對者大都係輿論界，滿意者之意見，以為中國除前述所得之權利外，尚得有下列之好處：

（一）捕獲德國船隻作為戰勝品，不必復還；

（二）無償收回天津漢口之德國租界；

（三）停付庚子賠款，約計一萬零八百萬元。

以上三項加上賠償損失八千四百八十三萬元，中國所得共計約二萬五千萬元（連同船隻估價及租界代價一併在內）以中國未出一兵之參戰，坐得如此利益，已屬過分，豈可猶覺不足？

反對方面，亦有極正當之理由，茲試舉之：

（一）違法　此案解決未經國會通過，按照法律，凡與人民負擔有關係者，均應交國會通過。

（二）凡爾賽和約之原則，中國可以不守，凡爾賽會議中國代表將中國要求賠償損失單交與賠償委員會，委員會不收，中國代表即退去，未簽字於凡爾賽和約，既未簽字，即不承認和約，既不承認，即無遵守之義務，中國可向德要求賠償參戰費，一萬零零五十萬元。

（三）中國參戰雖未損失一卒，然中國因參戰向日本借參戰借款五六千萬元，此項戰費，乃我國借來之款，今我乃戰勝國之一，設仍由我國償還，實無此理。

（四）庚子拳匪之亂，不過天津一部愚人蠢動。聯軍進京，德人作首領，彼要求中國賠償戰費及損失至四萬五千萬兩之鉅，使中國人民擔負，德人且搬去中國古物不少，當時未聞有免除戰費之議，何獨中國不能向德要求賠償戰費？

（五）中國商人損失三千萬，則由中國商人自行向債務人索償，而德商之損失，如原借之禮和，瑞記，德華銀行各款，本有英金馬克各種，今概以國幣抵還，而於德華房產，竟賠償還二百萬元，何政府厚於德商而薄於華商！此項條約，殊欠公平，況負華商債務之德商，多半回國，或死戰場，或遭破產，試問華商向何人追索？

（六）賠款在民國八年時已成立，以五釐計算，每年應索賠款利息一千一百萬元，至今六年，約共六千六百萬。如此鉅額，政府何以不向德人索還？反之，中國之庚子賠款，則須如期起息，此點尤不近情理。

（七）中國之舊欠德債，爲數不下二萬萬元。按理凡德國部份之債務，我國可以冲銷。乃在德人手中之債票，亦有流於英法美等國人民之手者，所有債權人須向駐倫敦之中國公使署註册。凡未經註册之德債劵票，中政府卽宣告無效。現在向使館註册者，計已有一百六七十萬鎊之多，其餘之額，定在德人之手，中國政府爲何不宣佈無效？倘中國政府對未註册之德債，仍照常支付，則德人未必能沾實惠。因賠償委員承認此乃德國之財源，卽以充賠款之用故也。

以上二派意見雖不同，然各有理由，究以何派之理較爲充分，請諸君自斷可也。

一年來之金融

吾國經濟事業，如運輸，保險，會計，工廠，幾無一不在幼稺時代，無足述者。其最堪令人注意者，莫如財政與金融。以故今日吾國之經濟學者，討論研究，均不出乎此兩問題範圍之外。茲篇所述，亦不能逃此例。爰將民國十三年一年來之金融情形，約略述之於次，藉以覘其變遷焉。

（甲）上海票據交換所　上海銀行公會各會員銀行以去歲年底與外國銀行及各銀行各種票據匯劃找銀各項，時有朦混冒充情事，加以近年票據流通，爲數繁多，收解匯劃，極感痛苦，急欲設立臨時交換所，以資救濟。

嗣以此項交換所如正式成立，必須設置獨立機關，自僱所員自立金庫，手續綦繁，籌備需時，決非倉卒間所能成立。況銀行公會會所建築未成勢必累次拖延，故由會員銀行議決，暫於中國銀行樓上，設立臨時票據交換所，以圖票據交換之便利。並議定簡章十三條，凡交換所所員銀行，各得向中國銀行開立劃頭銀，匯劃銀，劃頭洋，匯劃洋四戶，各存交換準備金若干，由中國銀行給以相當之利息，所有所員銀行應收應解各款，均以劃帳方法相互冲銷，餘額概由中行轉帳。其對於未入公會之銀行及錢莊，一切收解，均委託中行代理。此項辦法，極爲簡便，本屬易行，嗣因交行亦立於中央銀行之地位，要求轉帳之權，遂由中行以匯劃銀，匯劃洋兩戶讓於交行，改由交行轉帳，自己仍保留劃頭銀，劃頭洋兩戶，乃交行堅持不允，要求劃頭洋匯劃洋兩戶，未得中行許可，雙方相持不下，此議遂作罷論。

（乙）銀洋並用問題　滬上大宗貿易，皆用規元銀，小宗交易則使用銀元。近年來商務日繁，銀不敷用，以致銀根一緊，拆息驟漲，有時直漲至七錢以上，實屬駭人聽聞，苟無相當救濟方法，使銀用減輕，則一切營業因受拆息之累，勢必停止，市面恐慌，當可想見。上海銀行公會爲救濟市面起見，主張銀洋並用，即以一千三百八十元與規元銀一千兩互用，此即有銀解銀，無銀即可以銀元一千三百八十元代之之意也。其受之者，亦可按此轉解他行。照此計算，每銀元一千三百八十元兌銀一千兩，約合洋釐七錢二分四釐六毫三七一（·7246371×1380 元＝1000 兩）。如此，則銀少以銀元補之，銀根可望寬鬆，如行之有效，即可更進一步而將規元廢去，此議提出之後，上海錢業藉口鑄造不自由，鈔券整備不公開，竭力反對（不能謂其毫無理由），以故迄未見諸實行。此次江浙風雲陡起，銀根奇緊，又有人主張銀洋並用者，但以附和者少，恐又成為畫餅耳。

（丙）寧廠規元成色低減問題　此問題發生之初，頗引起一般人之注意，上海某外國機關由南京造幣廠取得新鑄銀幣四元，送至滬江大學工業研究化驗室，當由該化驗室主任梅皮博士實行化驗，結果第一元內含銀質八八·二一，第二元八八·二七，第三元八八·〇六，第四元八八·〇九，按一九一四年（民國三年）公布之國幣條例，袁頭銀元為國幣之標準，應含銀質百分之九十，銅質百分之十，後又公布修正條例，將銀質減為百分之八十九，銅增至百分之十一，如梅皮博士所得之結果極為精確，則今日寧廠鑄幣之成色已減為八十八矣，以視國幣條例所定之標準，相差遠甚。但寧廠所用之化驗方法，係蓋路塞法，而所用之天秤又為極精之試金天秤，其感量為萬分之一公分，當不致有如梅皮博士所述之錯誤。以後一再化驗，化出高低並無不勻，皆在千分之三公差範圍以內，國幣信用，不致喪失，國內貿易，不受影響者，未始非重驗之功也。

（丁）上海錢莊領用中鈔問題　上海著名錢莊十餘家，與上海中國銀行訂立領用中鈔合同，領用之數，據滬報所載，有一千五百萬之鉅，因此京滬各報紛紛立論反對，議員動議質問，南北金融界頓起風波。查錢莊領用銀行鈔票在吾國已成為普通事件，滬上銀行較多，競爭較烈，為營業上關係，每有錢莊以五天期票向銀行領用鈔票者，近且有收受一月期者，此次滬中行與各莊所訂合同，言明須繳現金六成，不計利息，即期莊票一成，其餘三成為整理案內之各種公債，須按時價折合，市價上落，隨時增減，或上海租界內貴重房屋契據，須經中行認可，估價照七折核計，估價如有變動，亦可隨時增減，所訂合同，各莊一律，惟領券限額不同，有為五十萬元者，有為二十五萬元者，各莊得按限額分批陸續領用焉。

(戊)香港華商銀行擱淺後之影響　上海華商銀行自受香港總行倒閉影響後，暫停營業，迄今毫無辦法，總行倒閉原因，在拋做先令，因行市變動，交割之時，週轉不靈，不得已遂由董事會開緊急會議議決清理。查近數年來新設之銀行，時有增加，開幕之後，即設法以高利吸收儲蓄，昔日之惠工，今日之華商，皆倣此法。自惠工倒閉，華商擱淺以來，一般儲蓄存戶，受累不淺。而滬上金融及一般銀行之信用，對內對外，不免因是而大受其影響。香港外國銀行因華商倒閉事，對於華人所辦之銀行，不論其爲英籍華籍，均有積極排擠之表示。推厥原因，則香港麥加利銀行被欠美金十二萬五千元，正金被欠美金二萬五千元，皆係由華商購進者之故也。

(己)京滬金融恐慌　此次滬上金融吃緊，錢業先後擱淺達六七家之多，同時大連龍口銀行，亦虧倒一百數十萬，各地金融，因之驟形緊漲，漢市申匯由九百八十餘兩，陡漲至一千零十兩(即洋例一千零十兩換規元一千兩)湖北官票受現金缺乏之影響，由三錢一分餘，逐漸跌落，至今日已有三錢破頭之勢。現擬由各莊向官錢局領用流通券二百萬，以維持節比金融。濟南金融界，亦因江浙問題，頓呈恐慌之象，一時銀根緊急，現洋奇絀，利息由一分漲至二分八釐，活期放款漲至三分，其受最大之打擊者，莫如北京公債價格暴落，致長貨者受莫大之損失。交易所迄未開做，八月份交割雖已實行，而九月份交割迄無辦法，究應如何處置，始可了結，議論紛紛，大旨約有三說：(一)此次行市之狂跌，認爲有人倒把，交易所自身違法，從中播弄所致，因之取不承認所做交易之態度。(二)主張公定適當價格，爲交割之標準。(三)謂仍當交割，交易所既有徵收佣金之權利，即有負責之義務，且更取證據金以保障其責任，既有責任，當辦交割，倘交易所自身不能交割，無異破產，對方之銀行號不能交割，亦無異破產，委託人不能交割，亦當宣告破產。以上三說，孰是孰非，亦各有其理也。